Dorothea Katharina Schmidt

DIE Pappmaché WERKSTATT

Modellieren mit Papier, Wasser und Kleister

CV

Inhalt

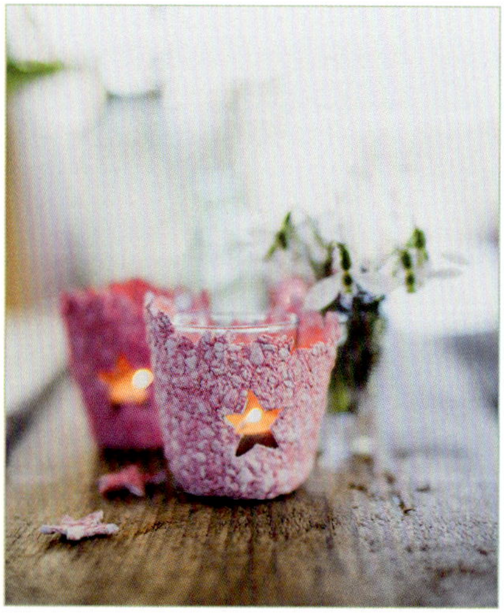
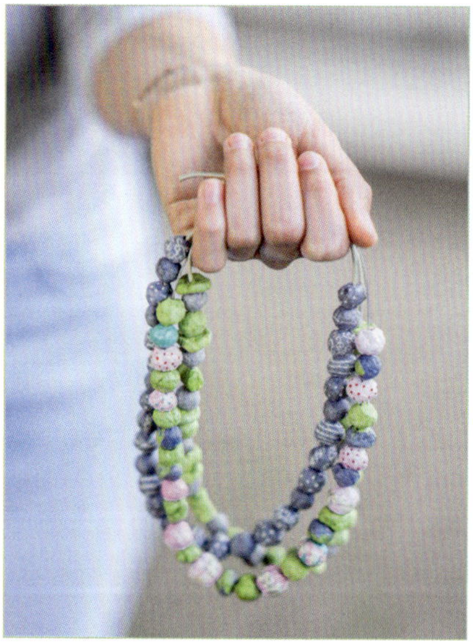
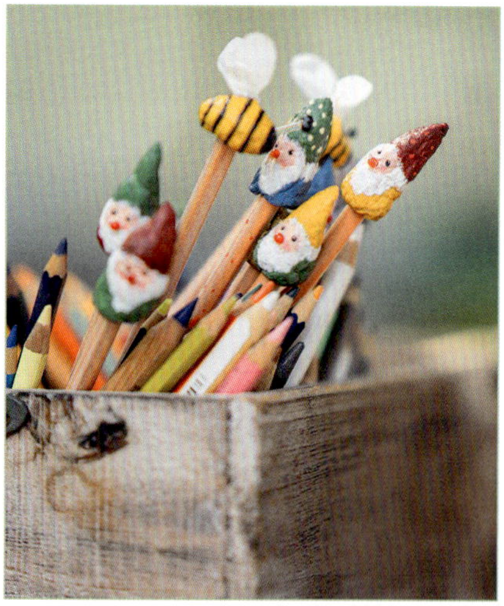

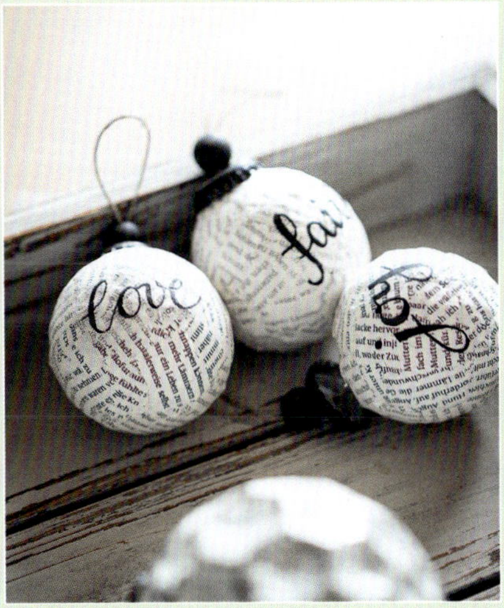

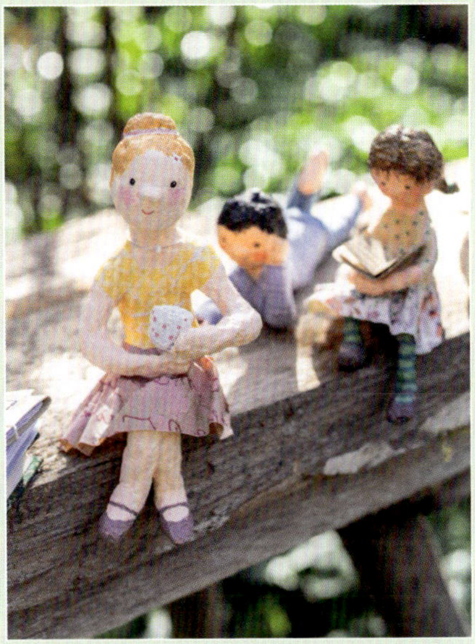

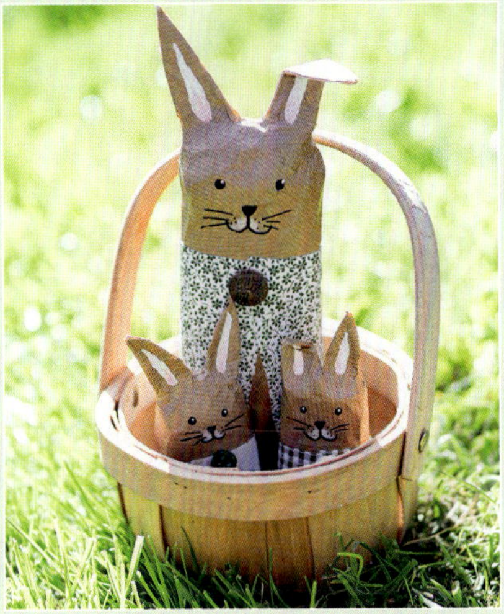

Anleitungsteil

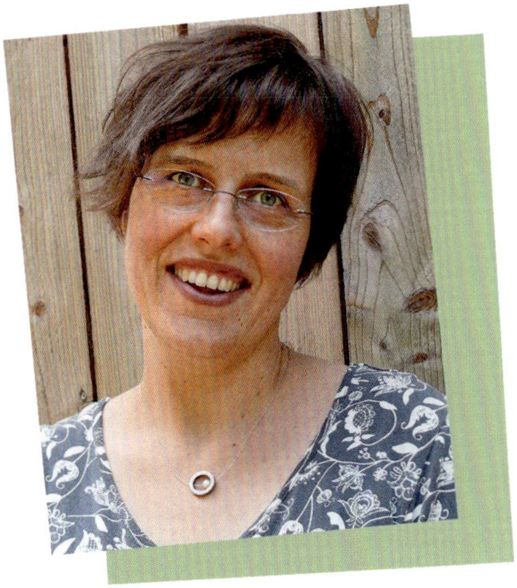

Schön, dass du da bist!

Es braucht nur so wenig, um Modelliermasse aus Papier herzustellen …
Warum fängst du nicht gleich an? Ein paar alte Zeitungen herausholen, Tapetenkleisterpulver bereitstellen und schon geht es los!

Ich mag dieses Material: Wenn ich Pappmaché in meinen Händen spüre, wenn ich die geschmeidige Masse forme und modelliere, bin ich ganz bei mir, vollkommen im Hier und Jetzt. Ich fühle mich dann wieder ein bisschen wie ein Kind, das mit Knete spielt oder im Sand Straßen und Türme baut …
Sind meine Objekte aus Papierteig trocken, bin ich jedes Mal aufs Neue überrascht, wie leicht und doch stabil sie sind. Die Festigkeit lässt es sogar zu, sie mit Säge, Feile und Schleifpapier – fast wie Holz – nachzubearbeiten.

Du siehst also: Es lohnt sich, Pappmaché auszuprobieren! Um dir den Einstieg zu erleichtern, habe ich möglichst genaue Rezepte erarbeitet und mich vor allem auf kleine Objekte konzentriert, die sich meist ohne viel Aufwand herstellen lassen. Lass dich inspirieren!

Viel Freude dabei wünscht dir

Dorothea

P.S.: Für weitere Inspirationen kannst du gerne auf meiner Website unter www.pirlipause.de vorbeischauen!

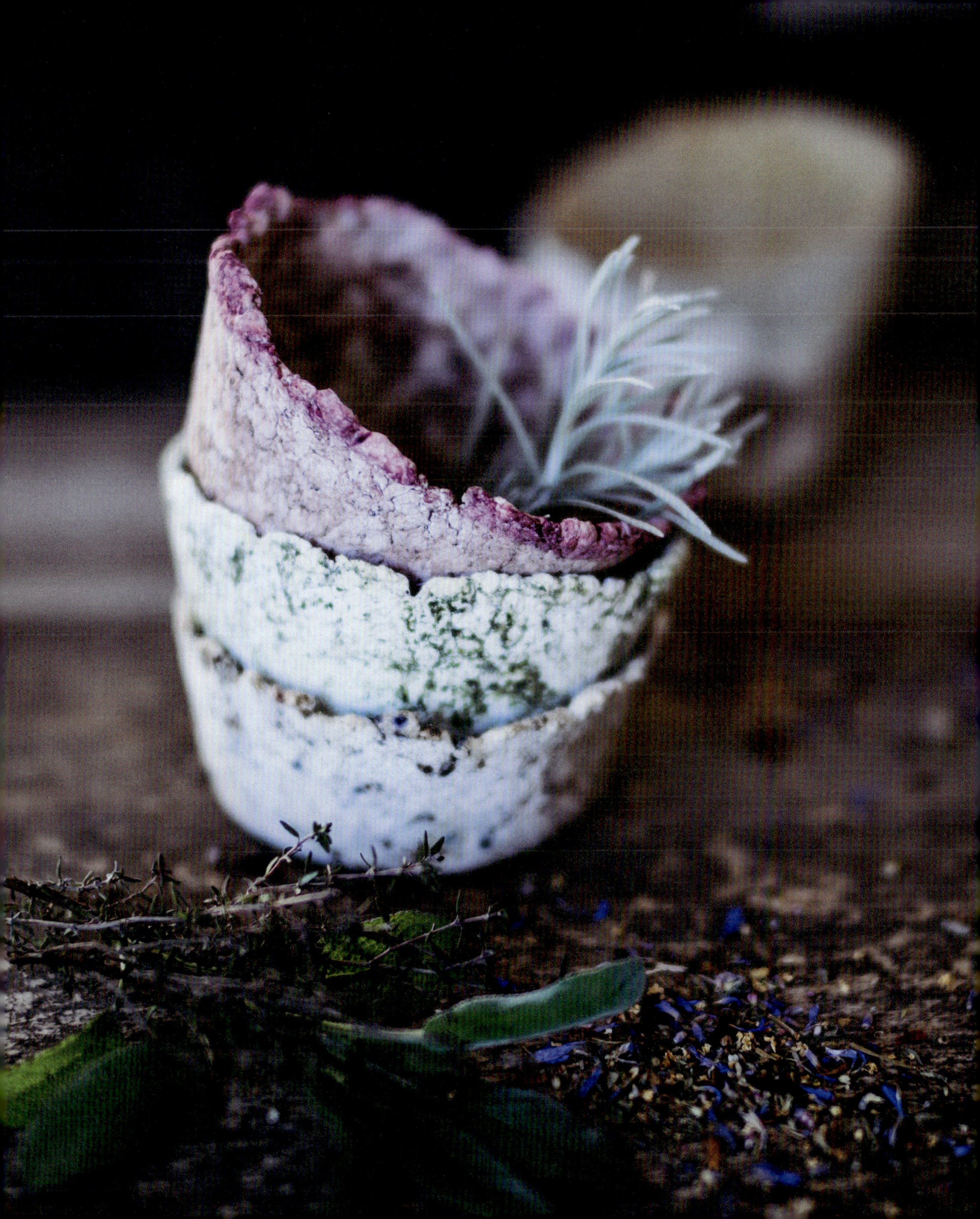

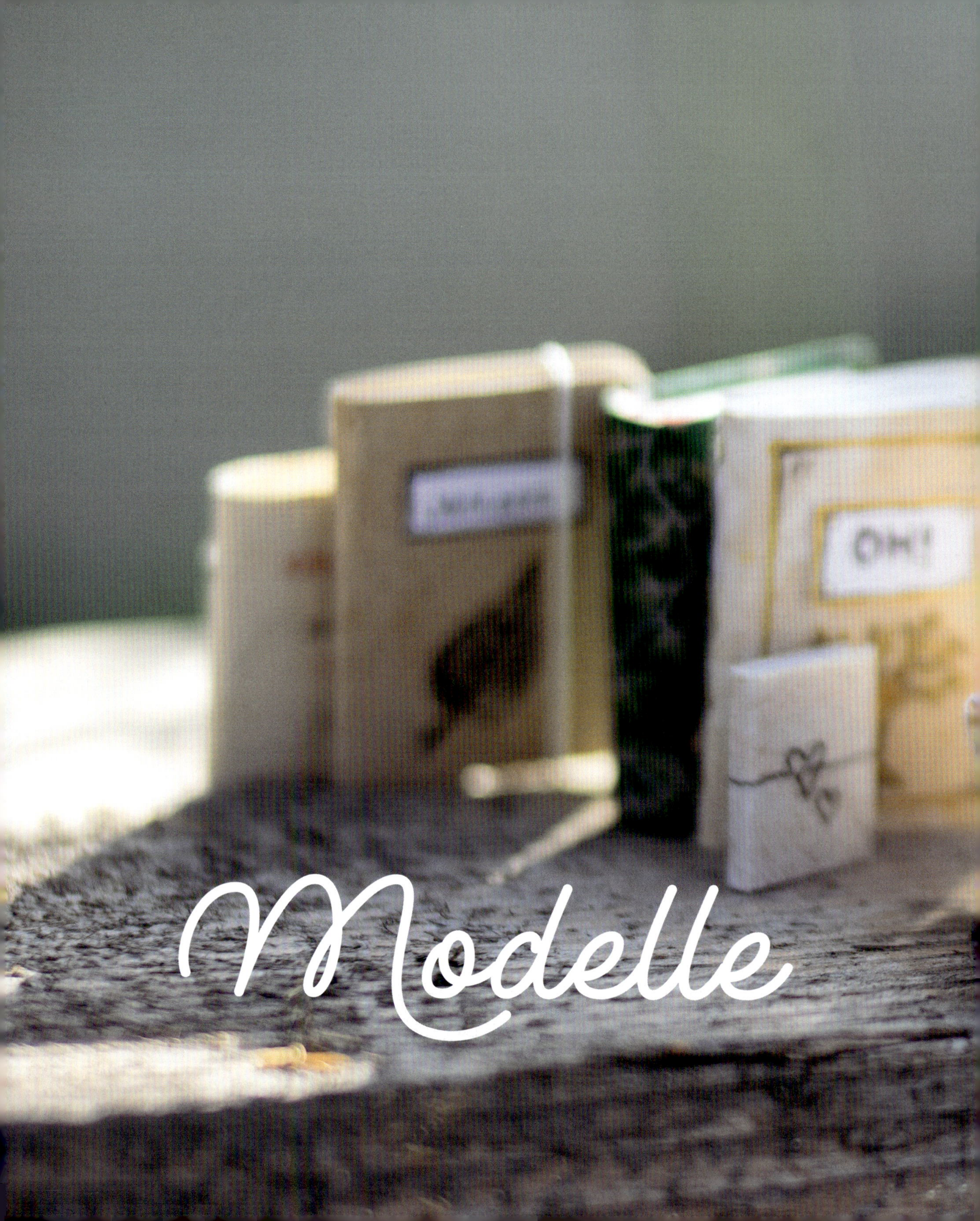

Modelle

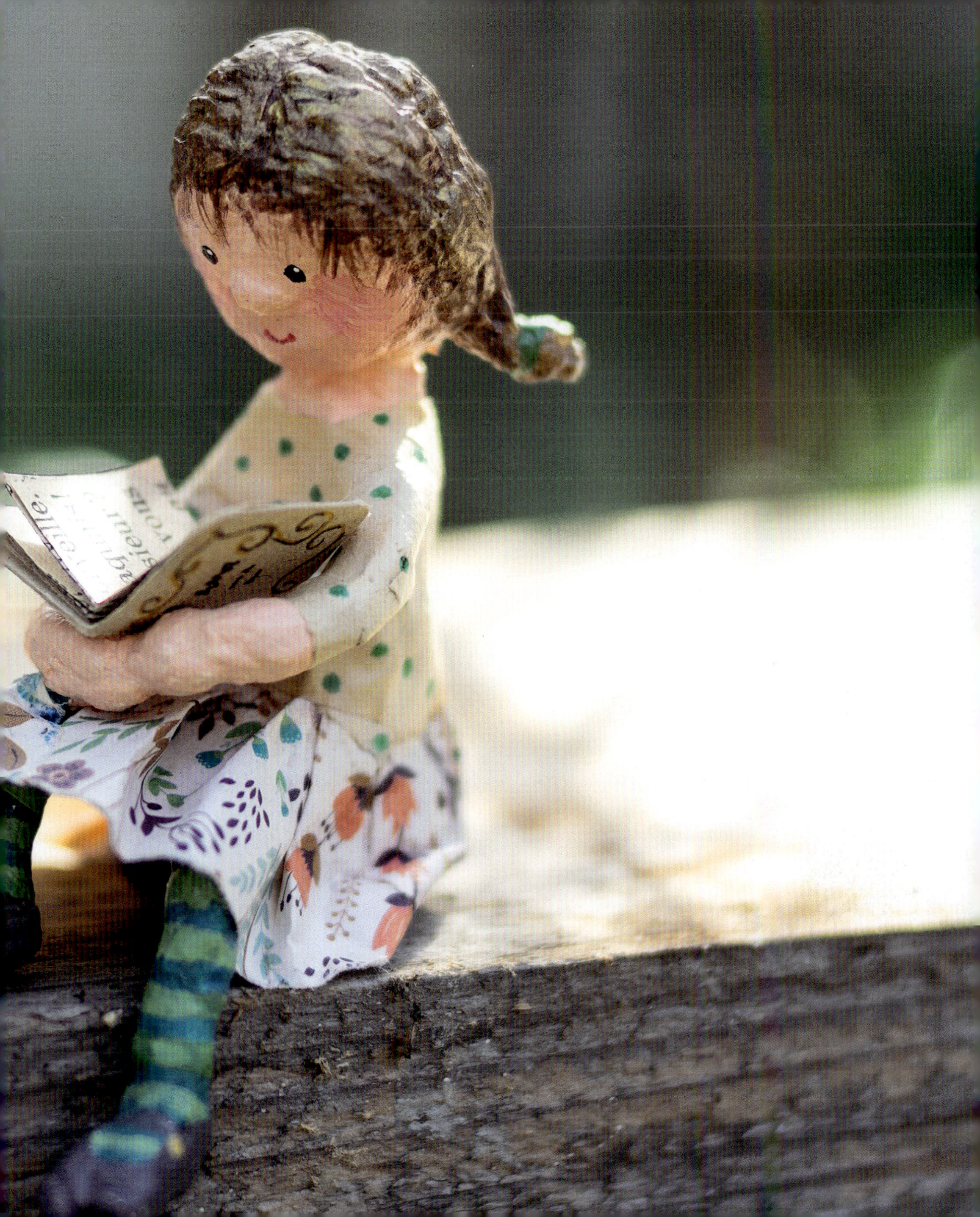

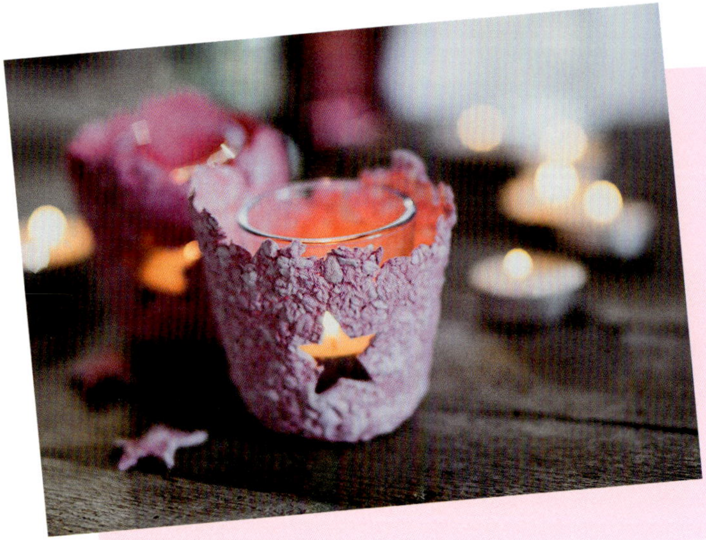

Sternstunde
WINDLICHTER

Diese Windlichter verbreiten eine gemütliche Stimmung. Der Papierteig bekommt durch die Verwendung von Farbpigmenten eine ganz besondere Färbung. Die herausgeschnittenen Sterne lassen sich als Streudeko verwenden.

Das braucht du:

- nur grob gekneteten Papierteig (s. S. 113, verwende helles Papier)
- Pigmentpulver in Pink oder andere Farbe (s. S. 125)
- 2 Becher als Form (sie sollten größer sein als das Glas mit dem Teelicht)
- Schmierfett als Trennmittel (s. S. 119)
- Bleistift
- Skalpell
- kleine Schere
- 2 Teelichter
- 2 kleine Gläser, die breit genug sind, um je ein Teelicht zu fassen

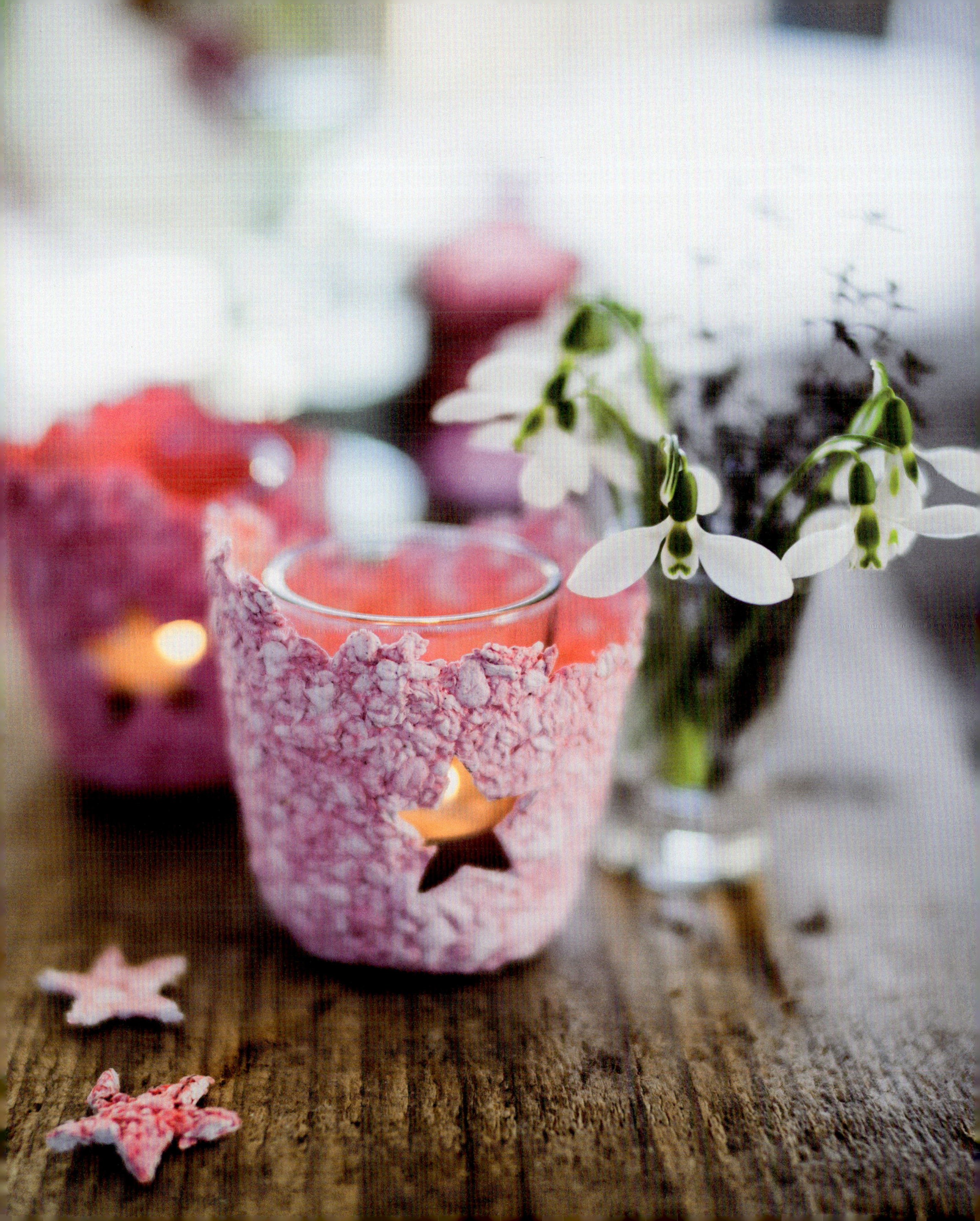

Und so geht es:

1. Gib etwas Pigmentpulver in den Papierteig und arbeite es sorgfältig ein (evtl. Handschuhe benutzen!). Der Teig soll für das erste Windlicht nur hellrosa werden, das zweite soll eine intensivere Färbung erhalten.

2. Bestreiche die Außenseite der (auf ihre Öffnung gestellten) Becher mit dem Fett und umkleide den ersten mit der Papiermasse. Gestalte die Ränder bewusst unregelmäßig.

3. Gib in den übrigen Teig noch einmal zusätzlich Pigmentpulver. Verfahre dann wieder genauso und umkleide den zweiten Becher. Trocknen lassen.

4. Wenn alles gut getrocknet ist, entferne die Becher und zeichne mit dem Bleistift einen Stern auf die Außenwand des Pappmaché-Gefäßes. (Vorlage Stern kann unter www.pirlipause.de heruntergeladen werden).

5. Mit einem Skalpell ritzt du die Linien des Sterns immer wieder nach, bis er sich herauslösen lässt (das kann eine Weile dauern!). Falls der Stern einen noch etwas unsauberen Rand hat, arbeite ihn mit einer feinen Schere nach.

6. Stelle ein kleines Glas mit Teelicht hinein.

Varianten

Statt der Sterne kannst du auch mit einer Lochzange unregelmäßig Löcher in den oberen Rand stanzen. Verwende fast weißen Papierteig und bepinsele den oberen Rand mit etwas Goldfarbe – so erhält das Windlicht eine festliche Note.

Du kannst auch mit den Papierteigen der Gewürzschalen auf S. 98 experimentieren – die Naturfarben würden auch den Windlichtern gut stehen!

2

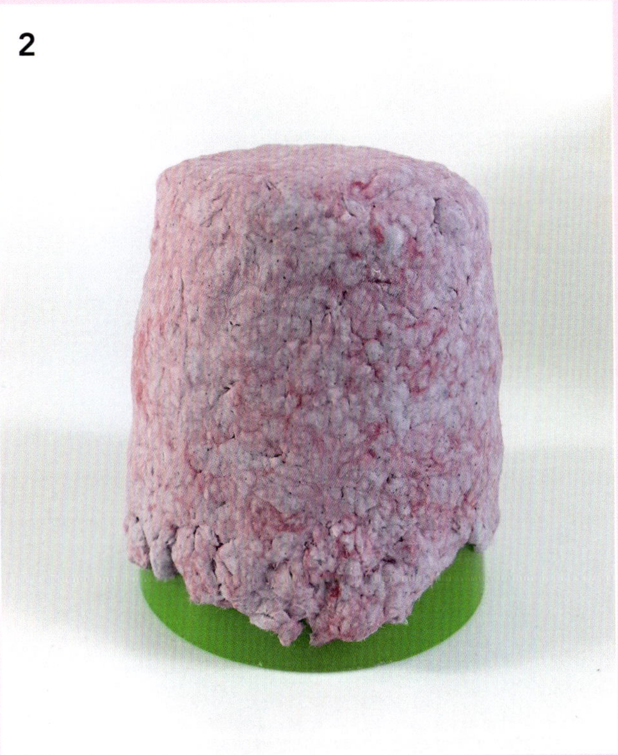

4

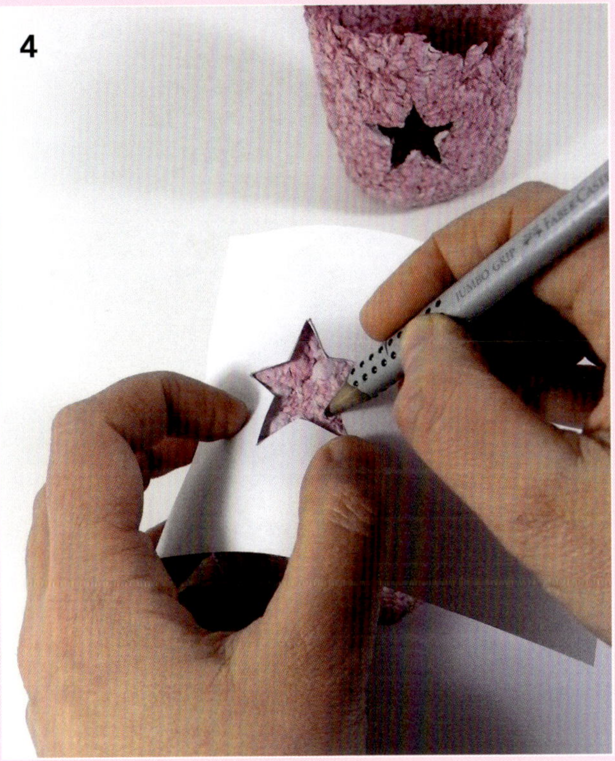

5a

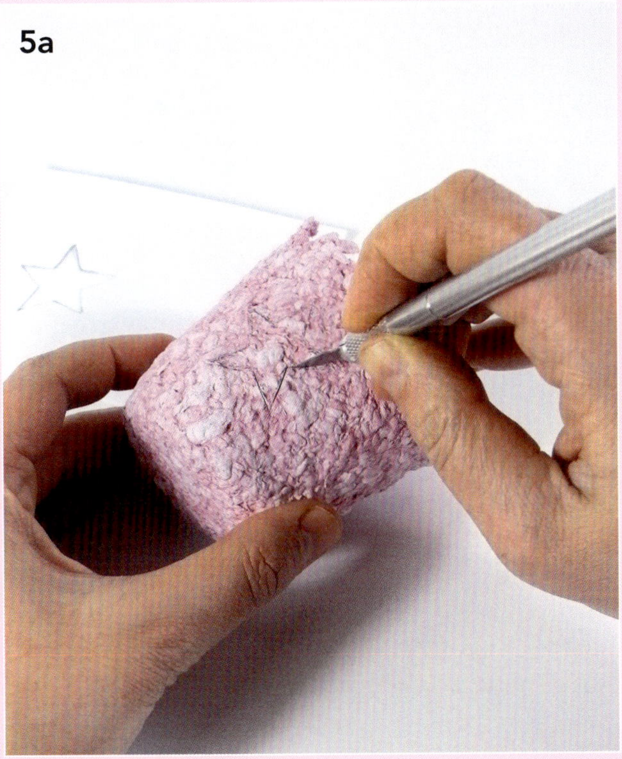

5a

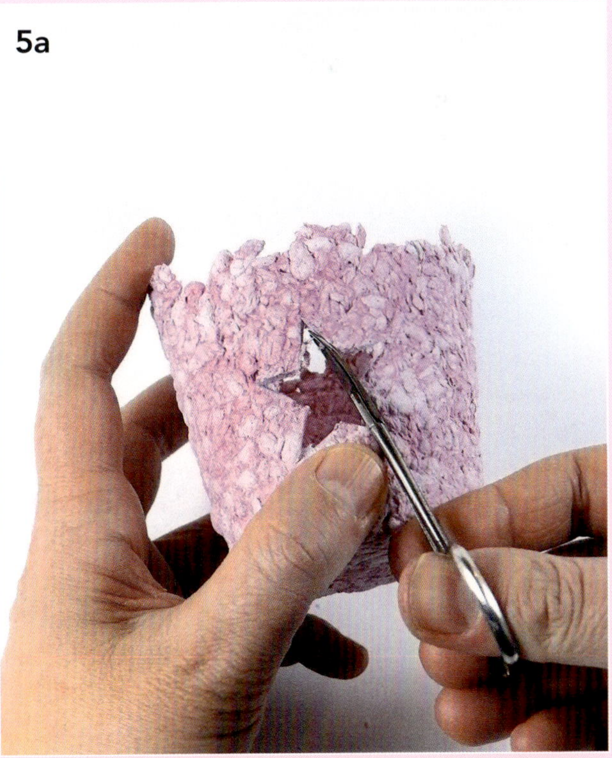

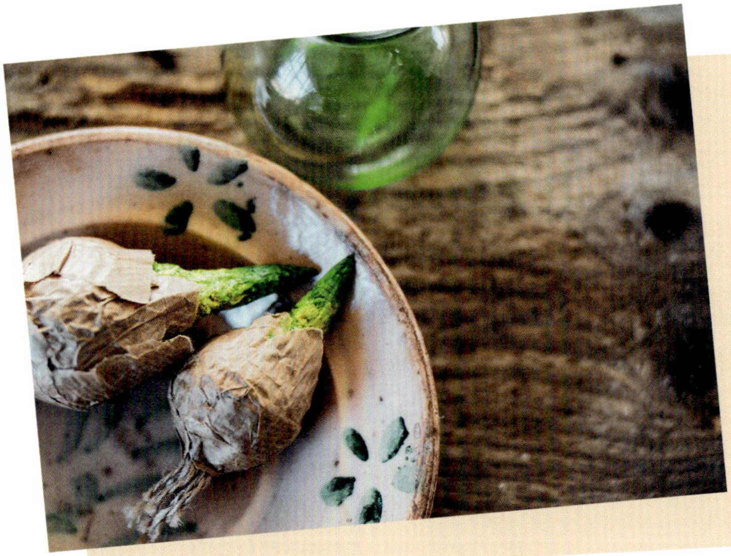

Keimlinge

BLUMENZWIEBELN

Hyazinthenzwiebeln auf Keimgläsern sind im Winter wunderschöne Vorboten des Frühlings. Hier zeige ich dir eine dauerhafte Version, die von echten Blumenzwiebeln erst auf den zweiten Blick zu unterscheiden ist!

Das braucht du:

- 1 Rezept Pappmaché-Teig (Farbe egal, s. S. 113)
- Juteband
- Malerkrepp
- etwas Zeitungspapier
- braunes Packpapier
- etwas grüne und gelbe Acrylfarbe
- Gesso oder Wandfarbe
- Kleister und/oder Kleber
- Feile oder Schleifpapier
- Pinsel

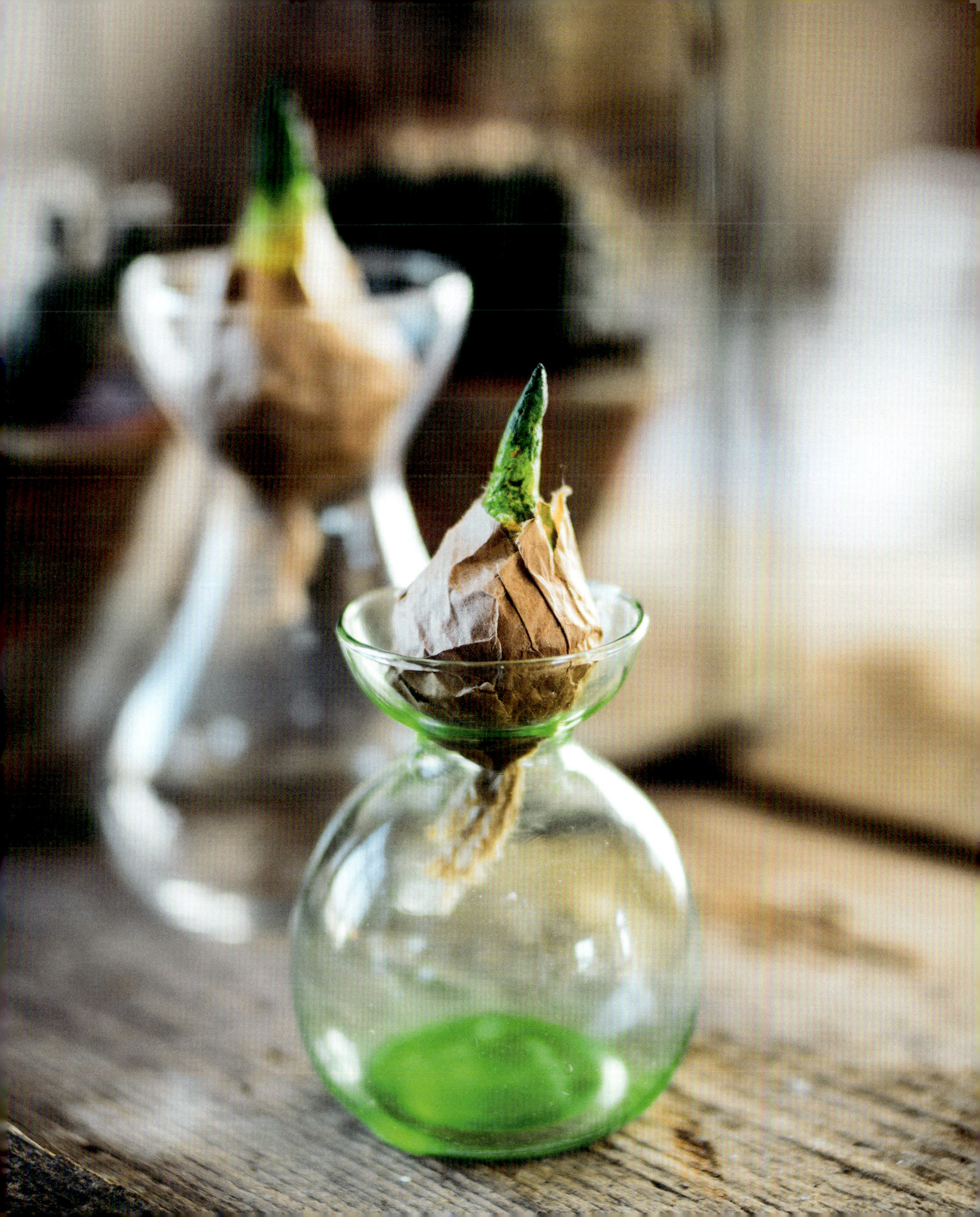

Und so geht es:

1. Wickele das Juteband 3- bis 4-mal um 3 Finger und klebe die eine Seite des Bündels mit Malerkrepp an einen kleinen Ball aus geknülltem Zeitungspapier. Schneide die Schlaufen aus Juteband mit einer Schere auf.

2. Umwickle den Ball komplett mit Malerkrepp, sodass die „Wurzeln" aus Juteband gerade vom Ball wegstehen.

3. Umkleide den Ball mit Papierteig und gestalte ihn zwiebelförmig aus. Oben (gegenüber der „Wurzeln") formst du einen spitzen Keim. Trocknen lassen.

4. Den Keim habe ich glatt geschliffen und mit Gesso angemalt, um ihn besonders echt aussehen zu lassen. Trocknen lassen.

5. Die Wurzeln mit einer Schere auf unterschiedliche Längen kürzen. Das sieht natürlicher aus.

6. Tupfe einen kleinen Klecks gelbe Acrylfarbe und einen noch kleineren grüne Farbe auf ein Stück Zeitung. Mit dem Pinsel malst du den Keim und den oberen Teil der Zwiebel nun gelb an, nimmst dann ein wenig Grün dazu und mischst es direkt auf dem Keim. An der Spitze ist das Grün am dunkelsten. Trocknen lassen.

7. Zerknülle etwas Packpapier und reiße es in ca. 3 cm x 3 cm große Stücke. Umklebe die Blumenzwiebel mithilfe von Kleister und/oder Kleber mit den Packpapierstücken. Das kann etwas knifflig sein. Drücke einfach alles immer wieder mit der ganzen Hand an. Auch bei echten Blumenzwiebeln steht die Schale manchmal ein wenig ab und sieht zerknittert aus – das ist also erwünscht!

Tipp

Falls du keine Acrylfarbe verwenden möchtest, kannst du die Blumenzwiebeln auch aus Pappteig machen, den du aus hellgrünen Eierkartons hergestellt hast (s. S. 125). Dann entfällt das Anmalen (oder du trägst nur noch an der Spitze einen Hauch dunkleres Grün aus dem Schulfarbkasten auf).

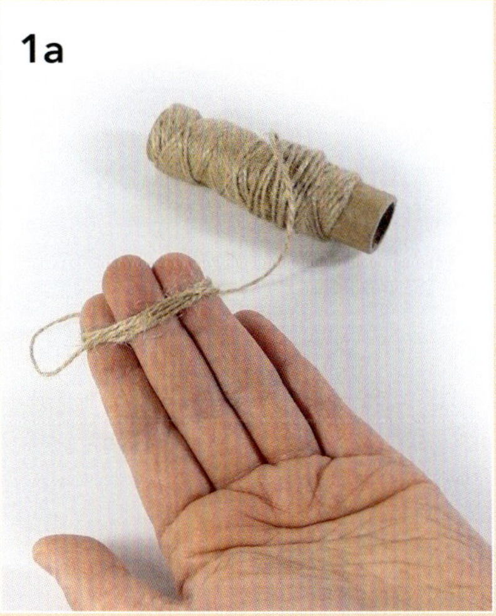
1a

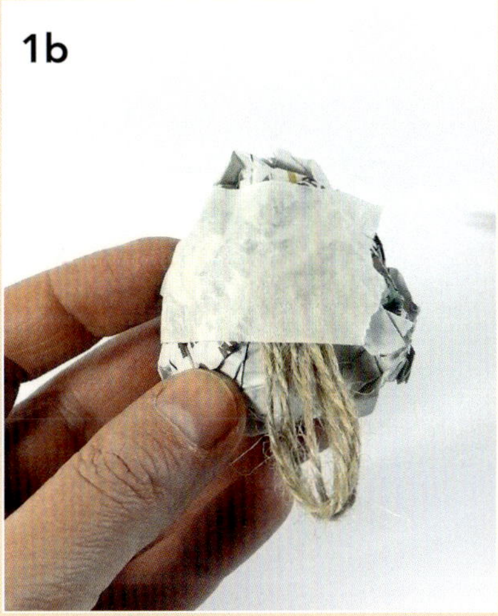
1b

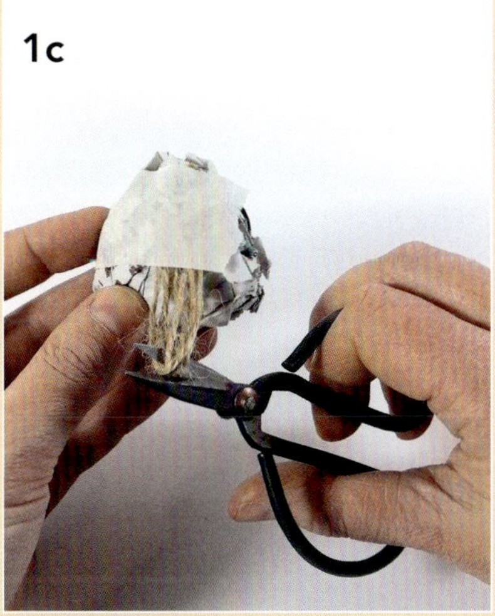
1c

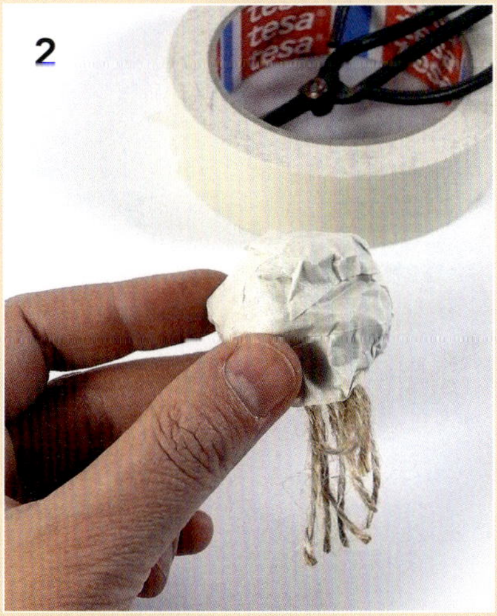

2

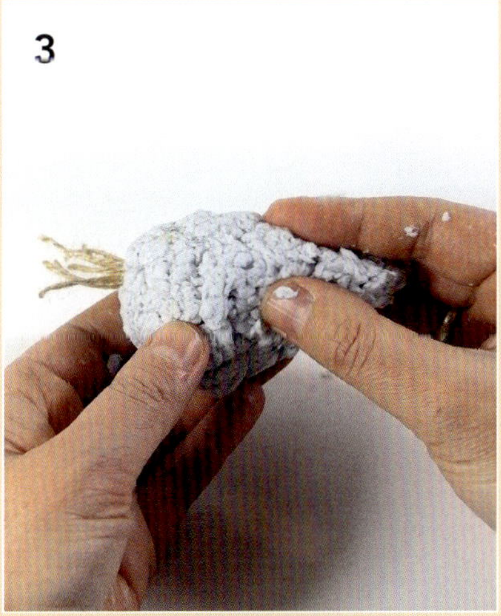
3

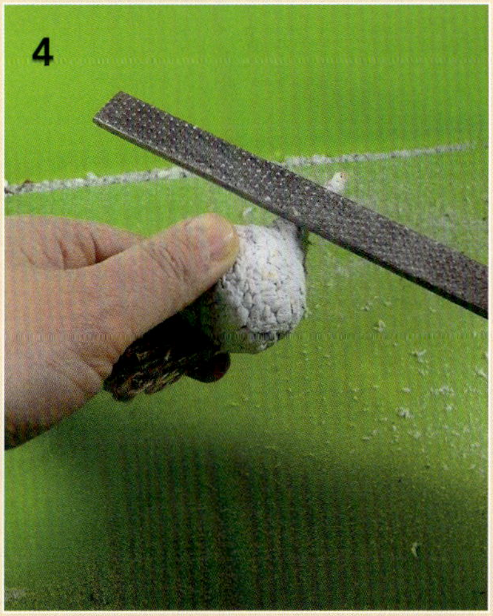
4

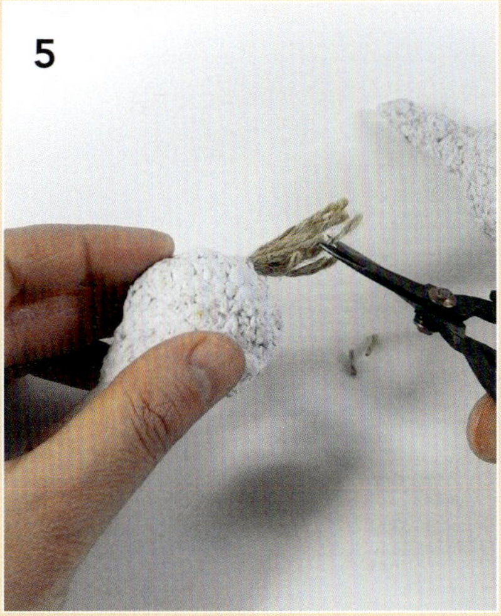
5

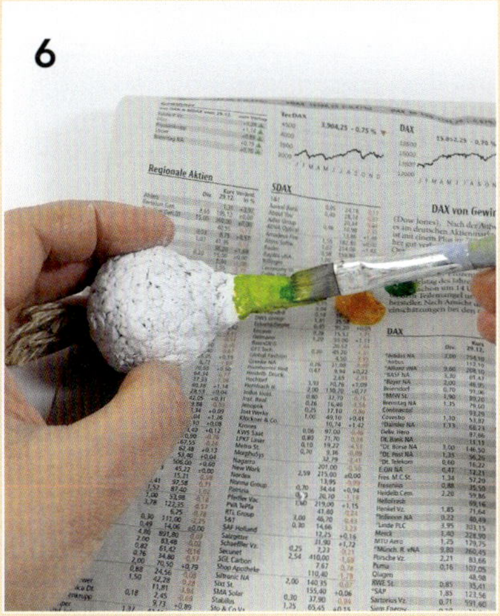
6

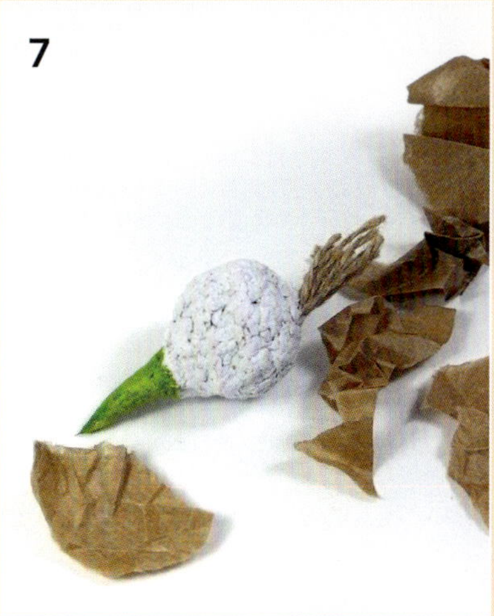
7

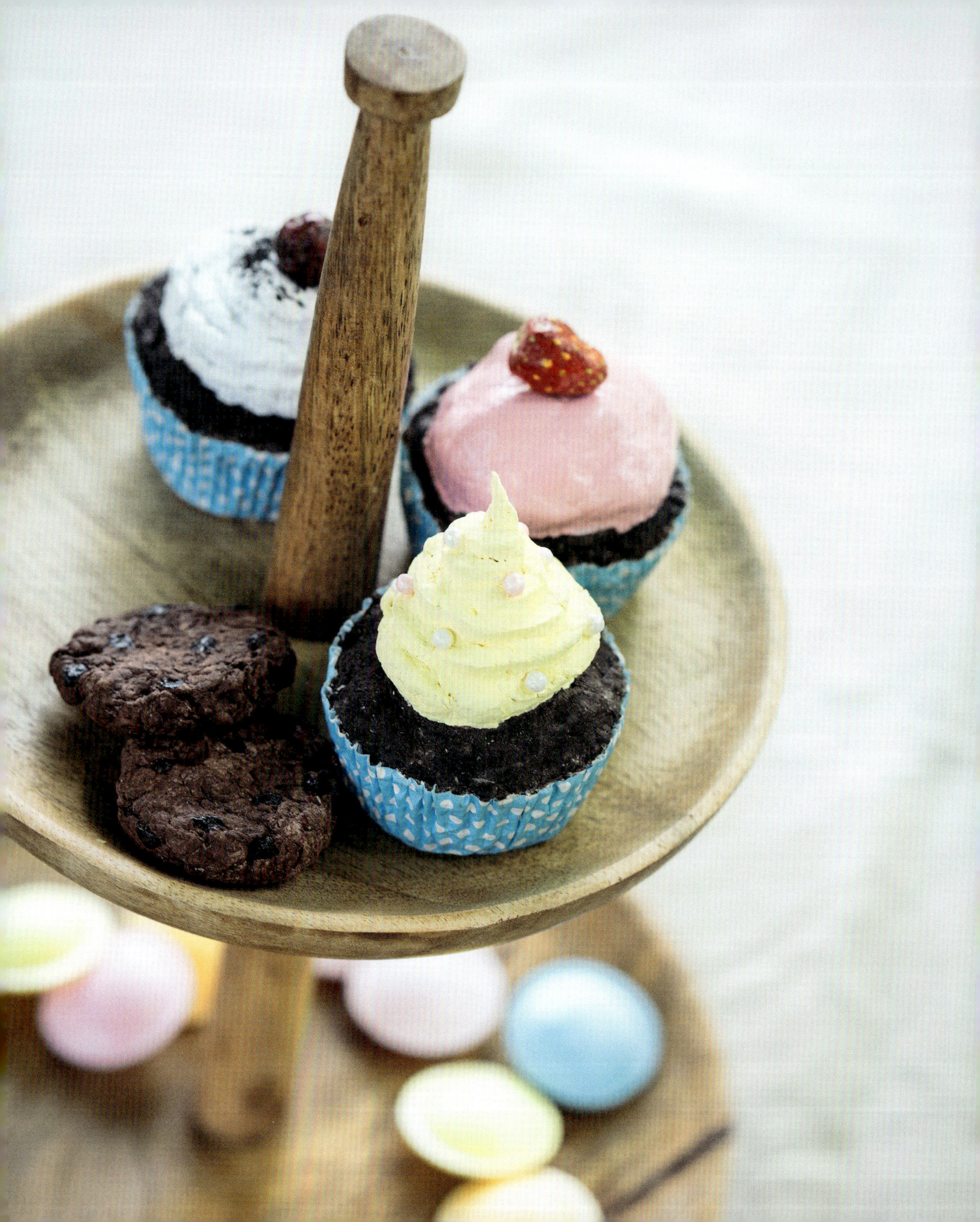

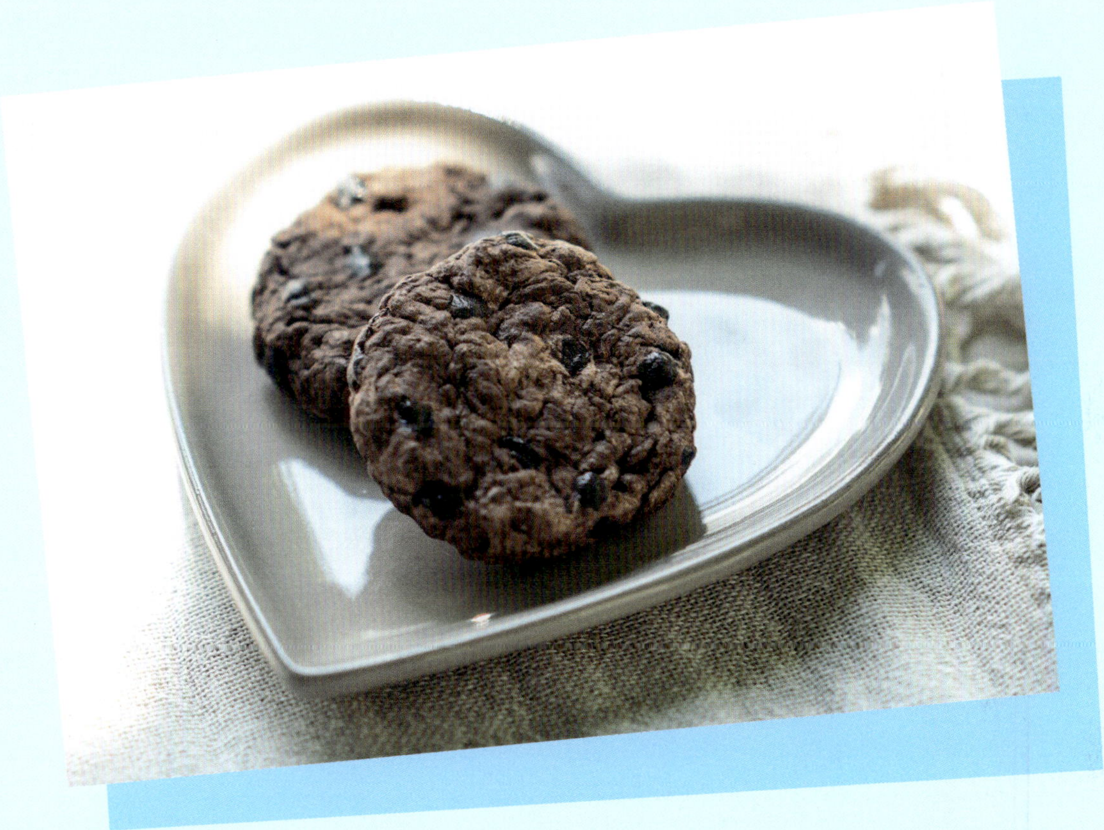

Süße Illusionen

CUPCAKES & CO

Frisch gebackene Cupcakes und Kekse sehen einfach zum Reinbeißen aus. Nur schade, dass sie immer in Nullkommanix aufgefuttert sind. Diese hier sind aus Pappmaché, halten ewig und machen garantiert nicht dick!

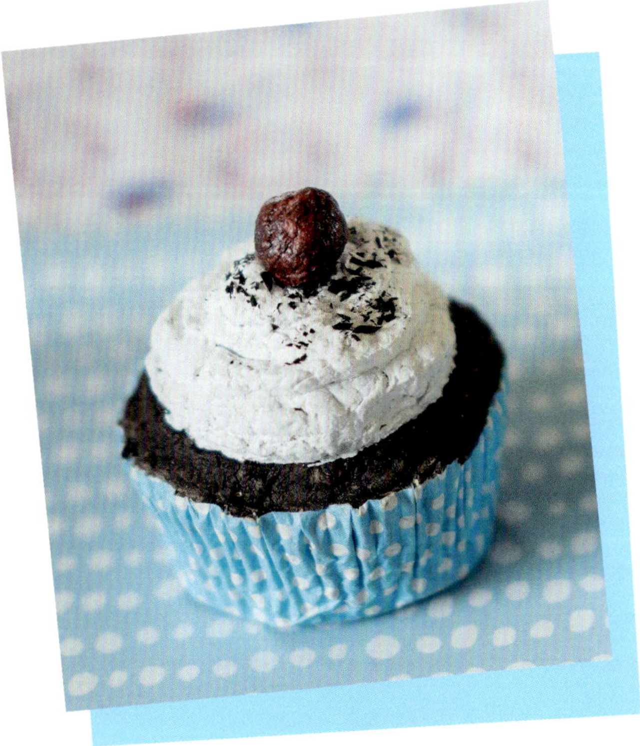

Die Cupcakes

Das brauchst du für 2 - 3 Cupcakes:

- Muffinblech
- Papierförmchen
- 1 Rezept braunen Pappmaché-Teig (s. S. 113 und S. 125)
- Zeitung
- Malerkrepp
- Acrylfarben (Matt-Weiß, Braun und versch. andere Farben nach Wunsch)
- optional: echte Zuckerperlen oder alternativ Bastelperlen
- Klarlack
- Modellierwerkzeug
- je einen feinen und breiteren Pinsel

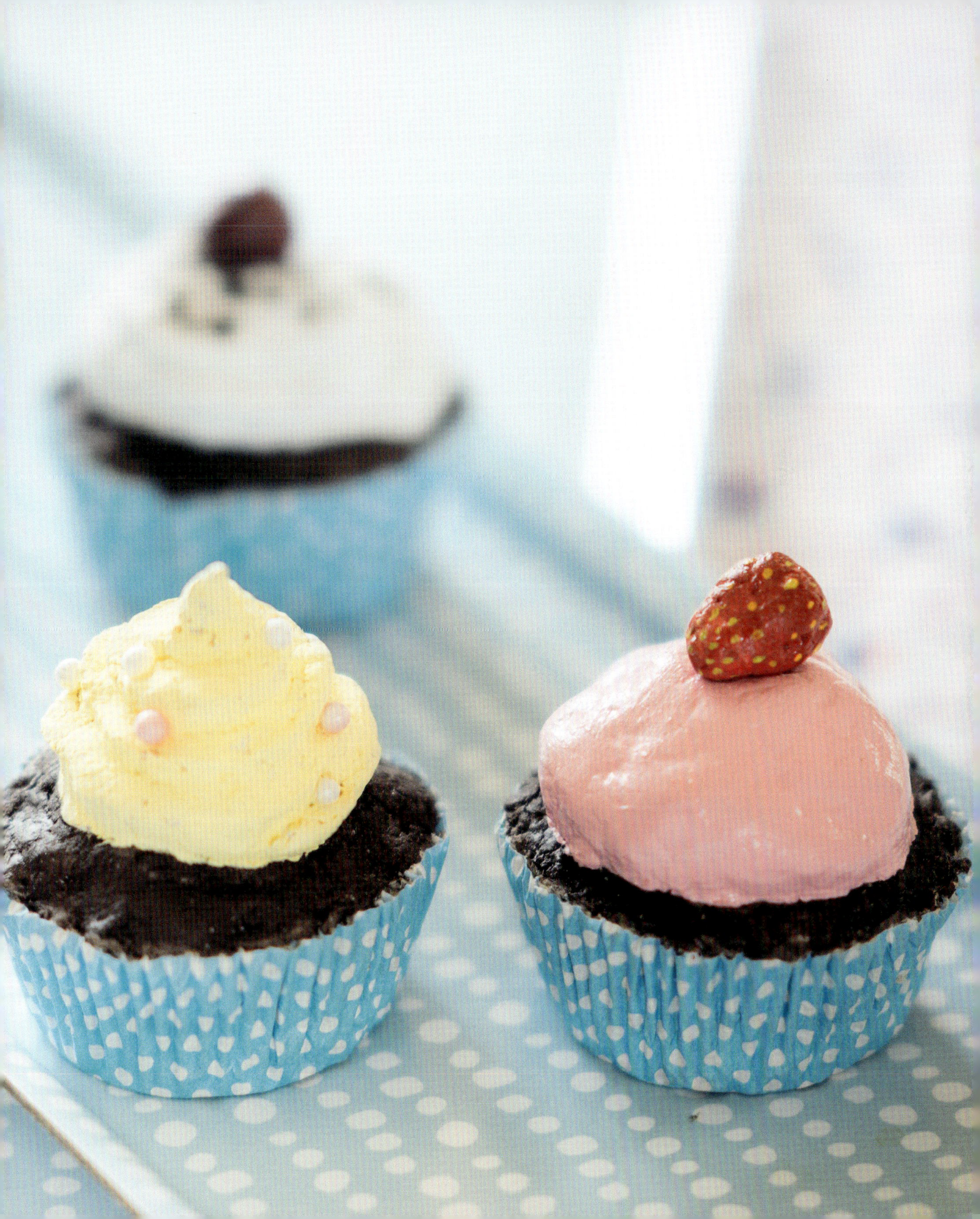

Und so geht es:

1. Lege die Papierförmchen in das Muffinblech. Drücke eine Portion Papierteig in der Handfläche platt und lege den Teig in das Papierförmchen. Füge genug Teig hinzu, um das Förmchen bis zum Rand auszukleiden. Drücke nicht zu stark, damit die Falten des Förmchens erhalten bleiben. Im Muffinblech trocknen lassen. Stelle den Rest Teig in einem verschlossenen Behälter kühl.

2. Nimm die Förmchen aus dem Blech und zerknülle Zeitung zu einem Ball, der hineinpasst und oben herausschaut. Umkleide die Kugel mit Malerkrepp und lege sie wieder hinein. Pinsele etwas Kleister auf den Rand des getrockneten Muffins. Bedecke alles mit einer Schicht frischen Teiges.

3. Modelliere dann den Cupcake heraus: Forme eine weiche Cremehaube oder ziehe mit einem Modellierwerkzeug spiralförmige Linien rundherum wie bei einer Sahnehaube.

4. Die Cupcakes kannst du entweder durch eine fein ausgeformte Spitze krönen oder mit einer Kirsche oder Erdbeere. Für die Früchte drücke eine kleine Mulde in die Spitze, forme die Früchte separat und lass sie auch getrennt trocknen. Dann kannst du sie später besser anmalen. Alles trocknen lassen.

5. Wenn der Papierteig nach dem Trocknen eine Farbe hat, die wie echter Teig aussieht, kannst du den Rand oberhalb der Papierförmchen einfach so lassen. Falls nicht, mische Dunkelbraun oder Ocker (als dunklen Schokoteig oder hellen Mehlteig) mit Wasser. Trage die Farbe mit einem sehr feinen Pinsel vorsichtig auf, ohne das Papierförmchen zu bemalen.

6. Die Creme mit Weiß, Hellgelb oder Rosa gestalten. Die Früchte möglichst naturgetreu anmalen: Kirschen mit einer Mischung aus Rot und Schwarz, Erdbeeren in leuchtendem Rot mit gelb-grünen Punkten. Früchte zuletzt mit Klarlack überziehen und aufkleben. Auch echte Zucker- oder Bastelperlen können nach dem Trocknen aufgeklebt werden. Die feinen Schokospäne auf der Sahne machst du so: Ein dunkelbrauner Buntstift wird schräg in einen Spitzer gesteckt und gedreht, so dass nur Mine abgespitzt wird – Späne auf die noch feuchte Farbe streuen!

Idee

Schaue dir Fotos von Cupcakes an und entwirf deine ganz eigenen Varianten!

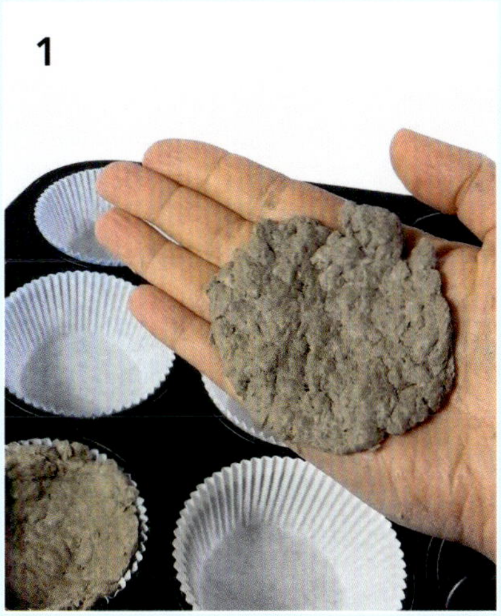
1

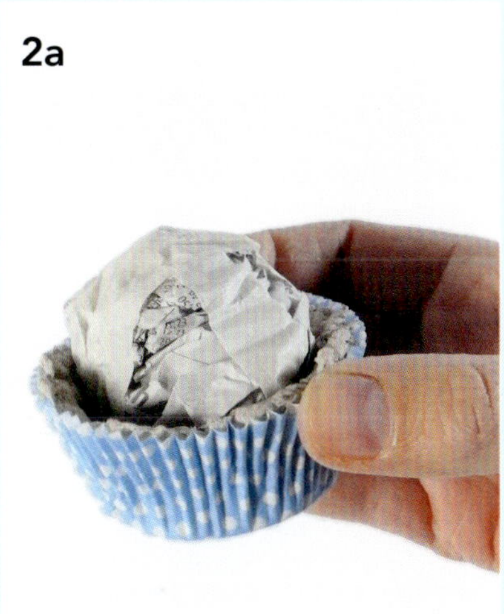
2a

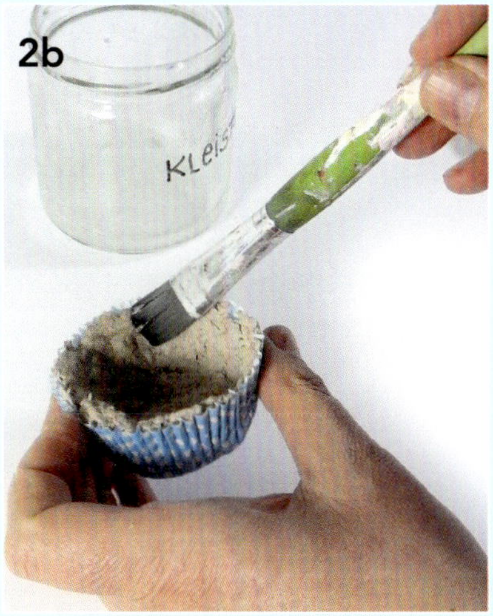
2b

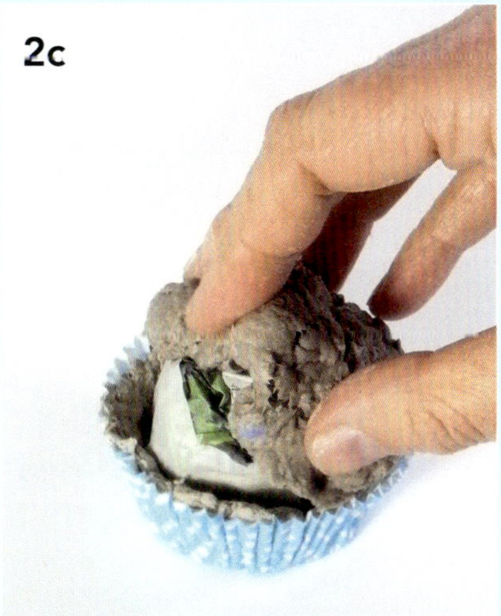
2c

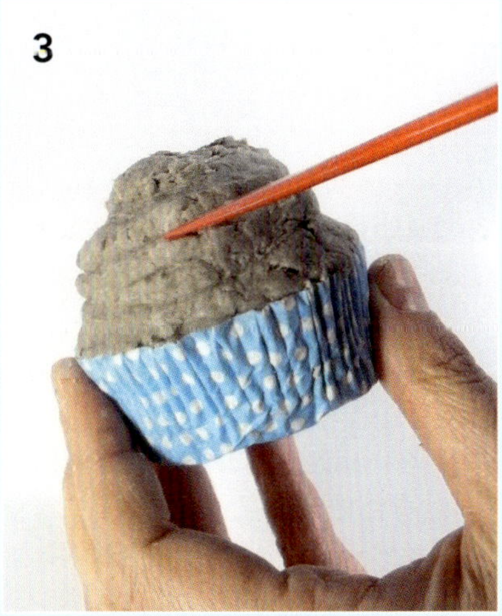
3

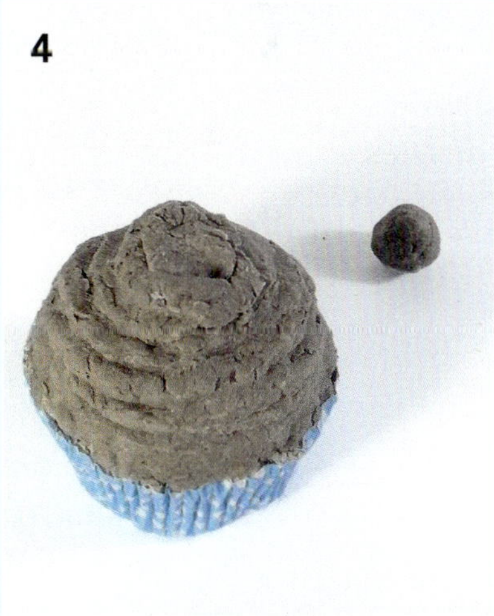
4

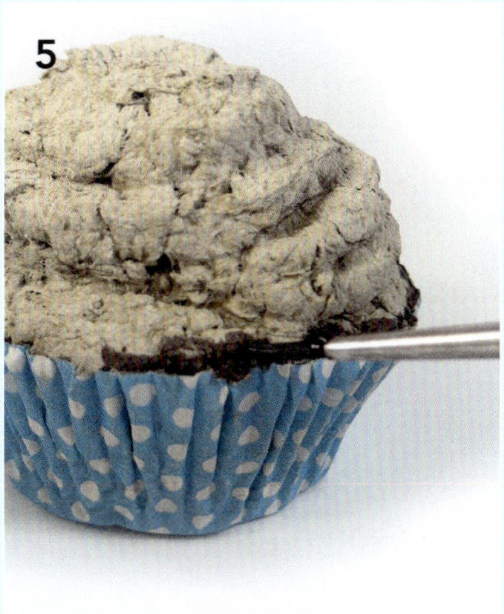
5

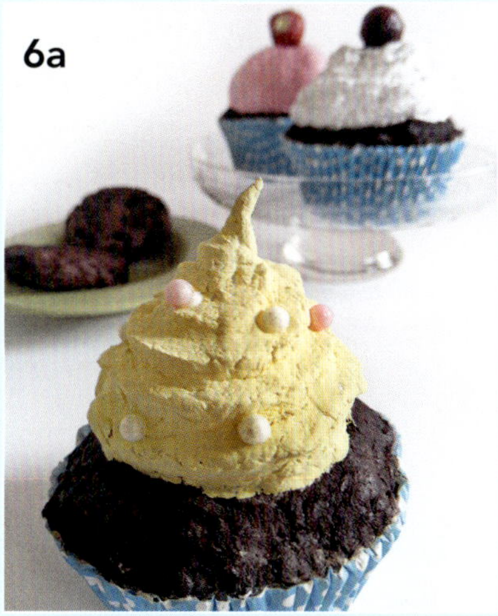
6a

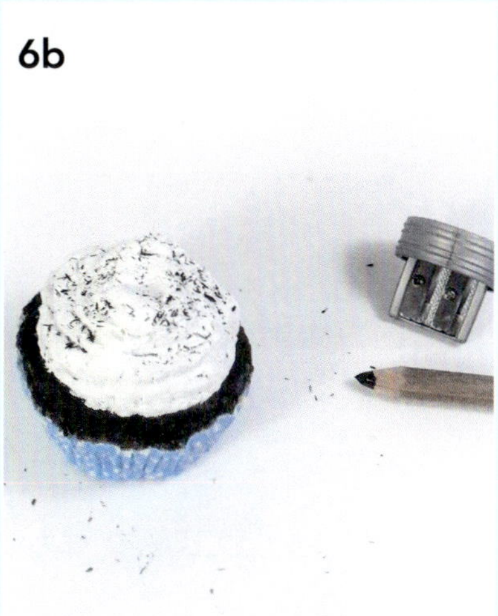
6b

Die Cookies

Die Cookies sind wirklich sehr einfach gemacht.

Das brauchst du:

- braunen Papierteig (s. S. 125)
- dunkelbraune und schwarze Acrylfarbe
- Pinsel

Und so geht es:

1. Forme Cookie-förmige Taler und streiche sie glatt. Trocknen lassen.

2. Verdünne etwas braune Farbe mit Wasser und bepinsele die Cookies damit. Die Farbe zieht in den trockenen Papierteig ein und hinterlässt eine matte Oberfläche.

3. Mische etwas Braun und Schwarz und male mit einem trockenen feinen Pinsel die Schokostückchen auf den Keks. Nutze dabei Erhebungen auf der Oberfläche und trage die Farbe dick auf – die Stellen werden dann schön glänzend und sehen exakt wie Schokolade aus.

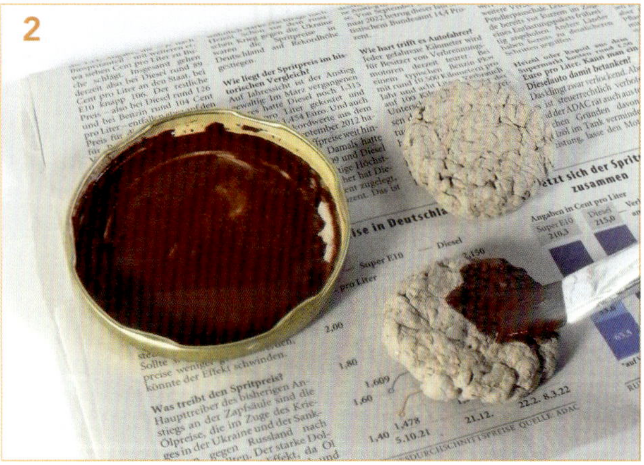

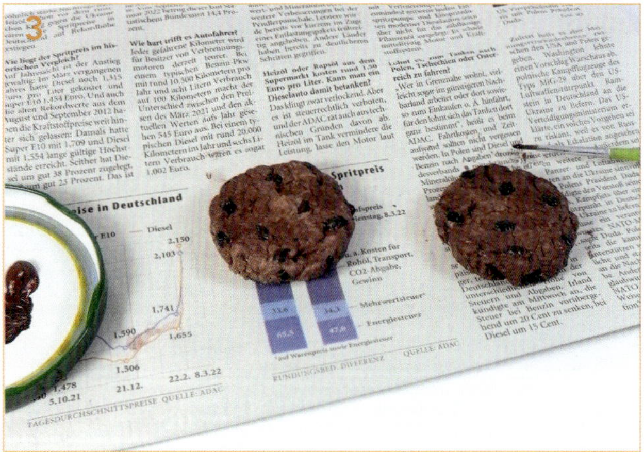

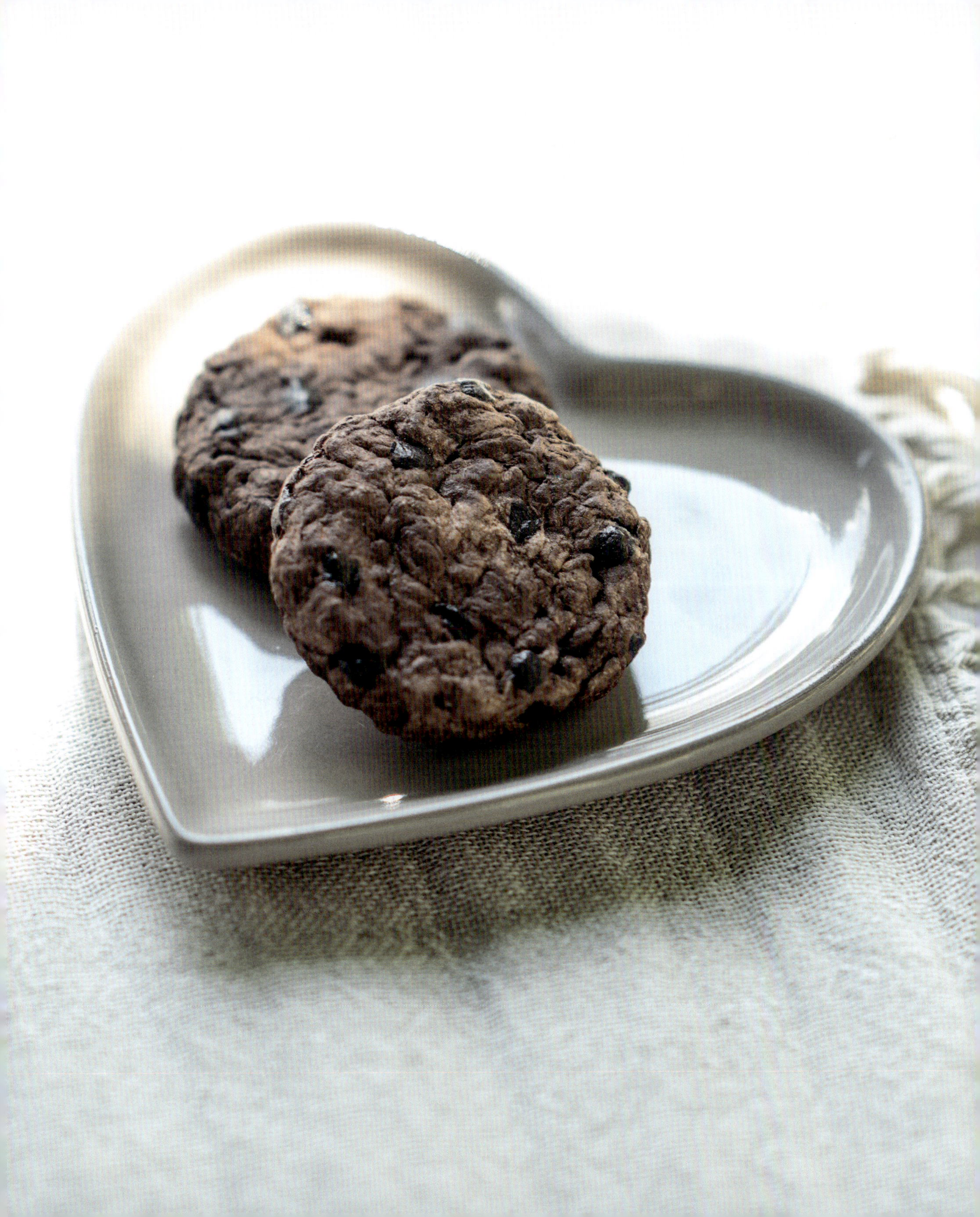

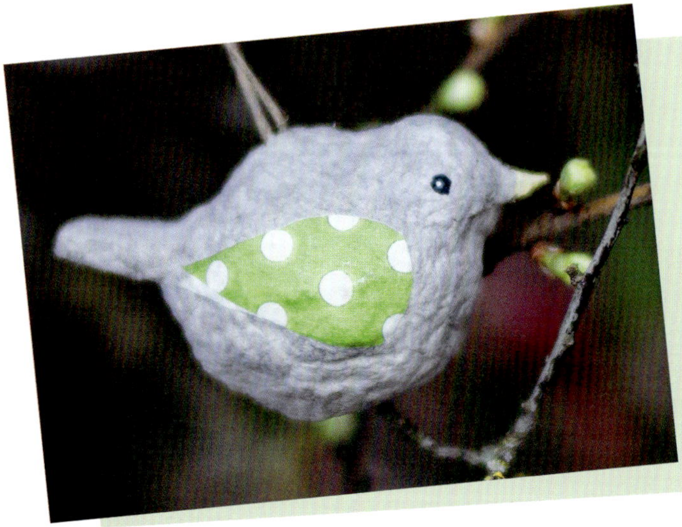

Kleine Piepmätze

VÖGEL

Diese fröhlichen Vögelchen sind aus Papierteig schnell hergestellt und können in unzähligen Varianten gestaltet werden.

Das braucht du für 3-4 Vögel:

- 1 Rezept grauen Papierteig, gut geknetet (s. S. 113)
- Zeitungspapier
- Malerkrepp
- als Befestigung: ein Stück Jutekordel
- Acrylstifte in Schwarz, Weiß und Gelb (alternativ Acrylfarben und Pinsel)
- angerührten Kleister (s. S. 133)
- Serviette
- Schleifpapier, Feile
- Schere
- Pinsel

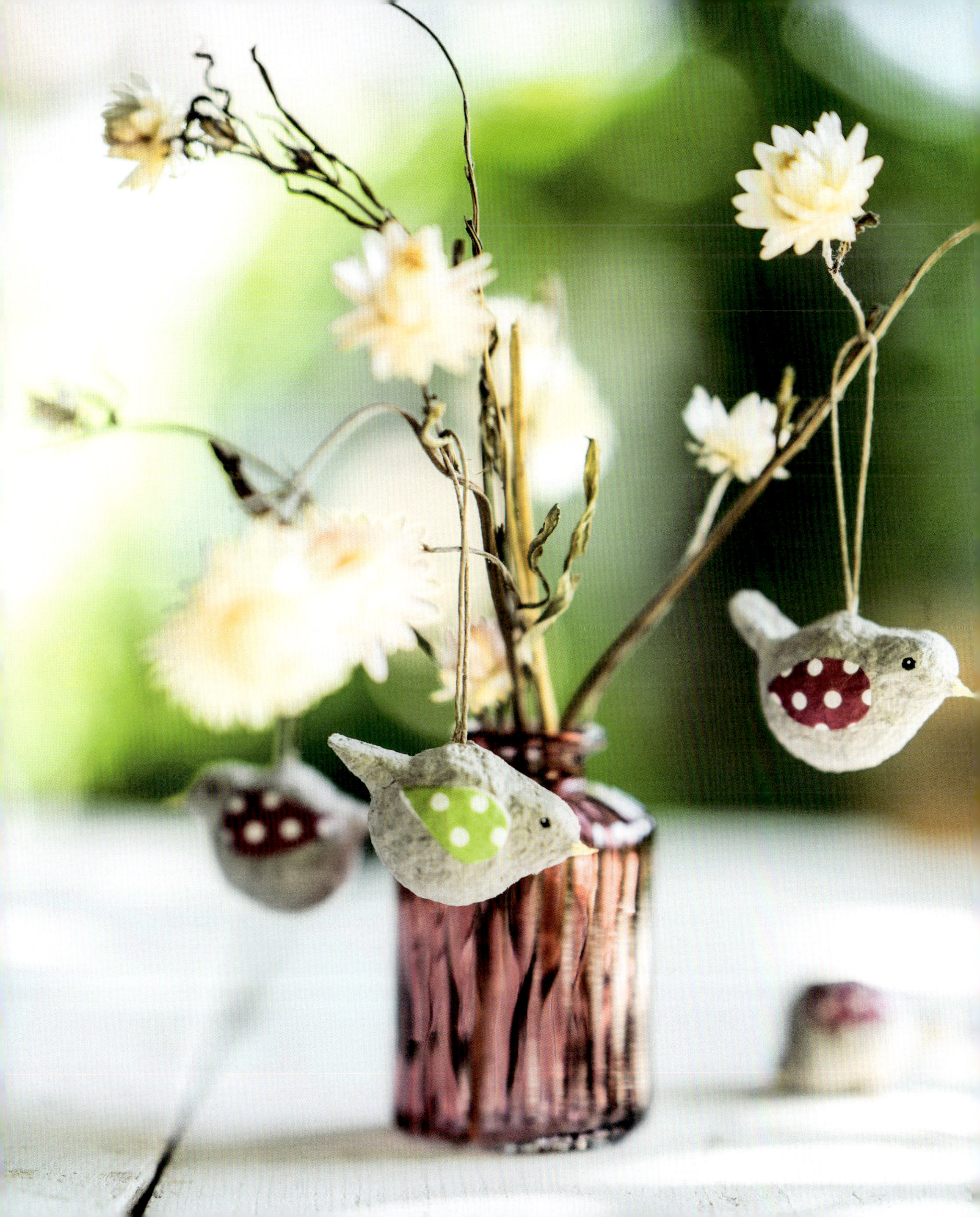

Und so geht es:

1. Ein ca. 20 cm x 20 cm großes Stück Zeitungspapier wird zu einem festen Papierball geknüllt. Klebe eine Schlaufe aus Jutekordel mit Malerkrepp daran fest.

2. Nun ummantelst du die Kugel mit Papierteig: Drücke ein Stück Teig in der Handfläche platt, lege den Papierball hinein und drücke alles großflächig in der ganzen Hand zusammen. Forme oben vor der Schlaufe einen kleinen Kopf mit Schnabel heraus und hinten einen kurzen Schwanz (bei Bedarf zusätzliches Pappmaché dafür verwenden). Streiche alles ganz sorgfältig glatt.

3. Fertige auf die gleiche Weise 3 - 4 Vögel und lass sie trocknen – nicht an der Schlaufe aufhängen, solange sie feucht sind!

4. Nach dem Trocknen die Vögel zunächst mit einer Feile und evtl. noch mit Schleifpapier glätten.

5. Zuletzt werden die Schnäbel gelb bemalt, die Augen gestaltet (runder schwarzer Punkt, kleiner Glanzpunkt in Weiß) und die Flügel angekleistert: Dafür schneidest du kleine halbkreis- oder tropfenförmige Flügel aus der Serviette aus, streichst etwas Kleister seitlich auf den Vogel, legst den jeweiligen Serviettenflügel auf und kleisterst vorsichtig mit dem Pinsel darüber, bis der Flügel glatt anliegt.

Fortsetzung nächste Seite

1

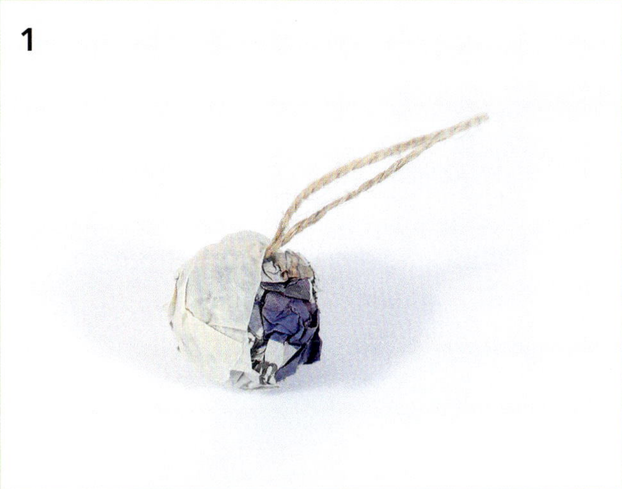

2a

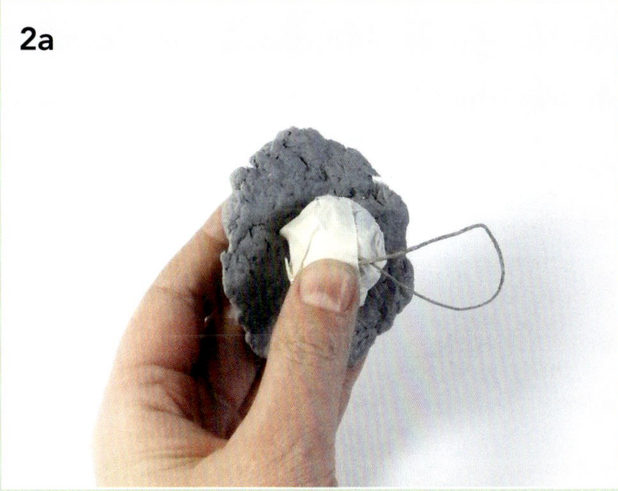

2b

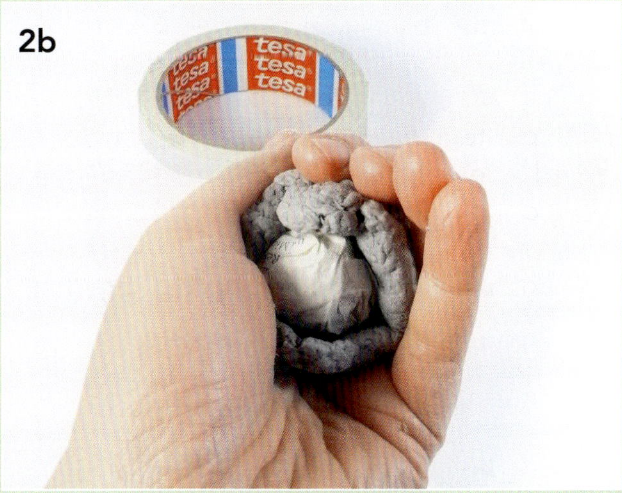

2c

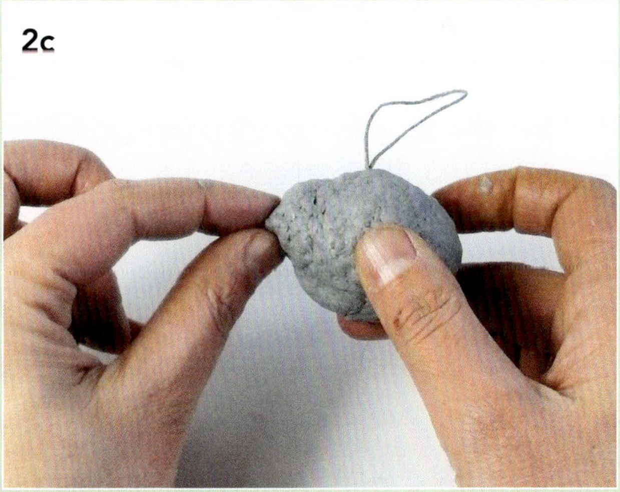

2d

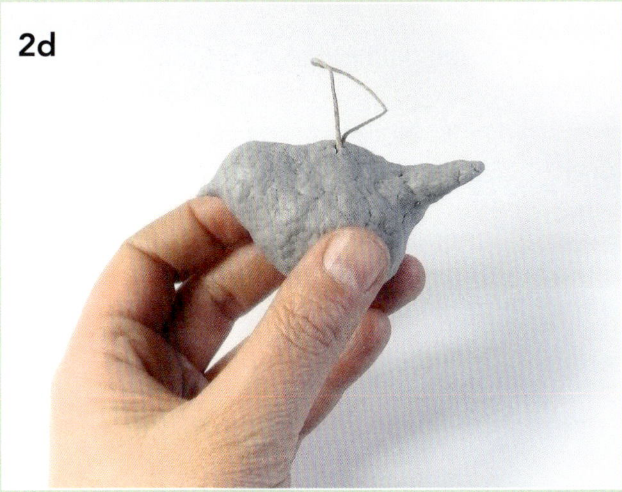

5

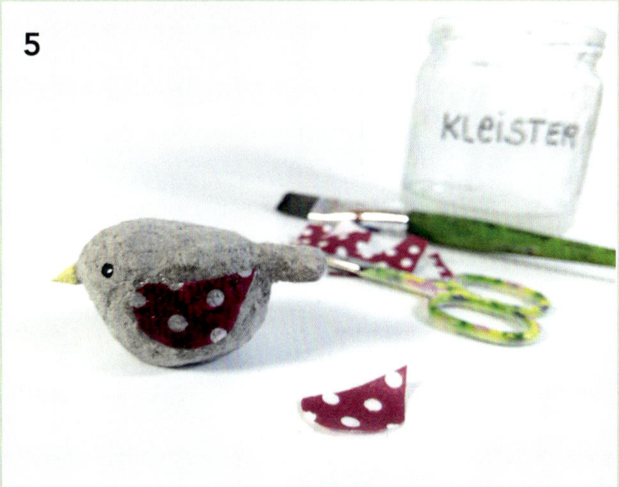

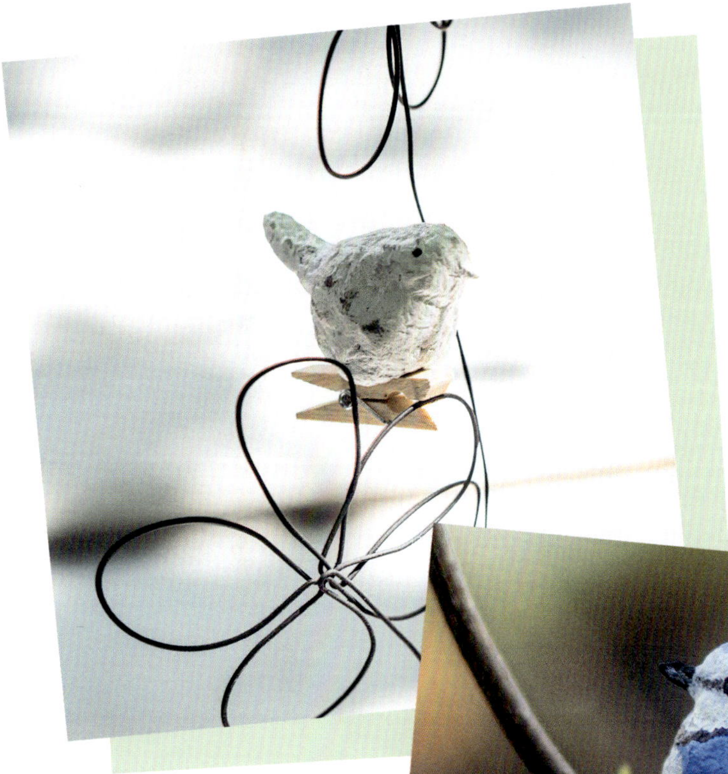

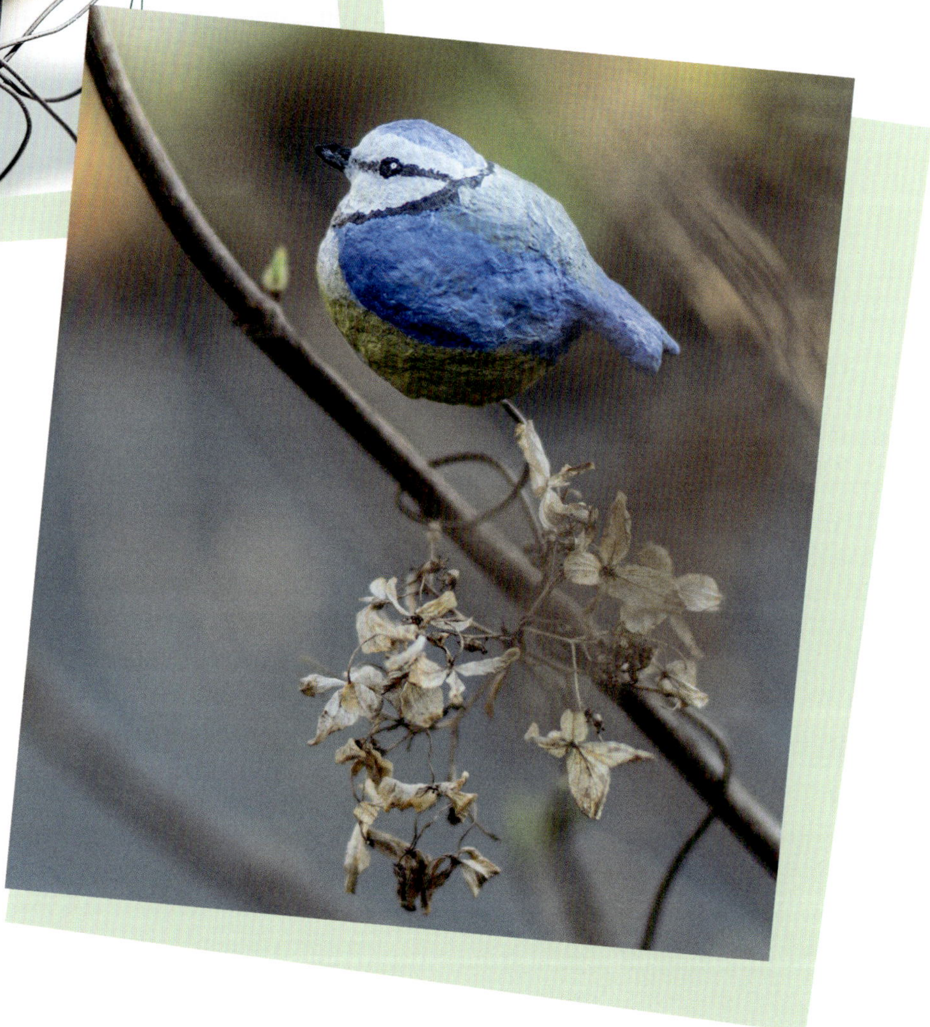

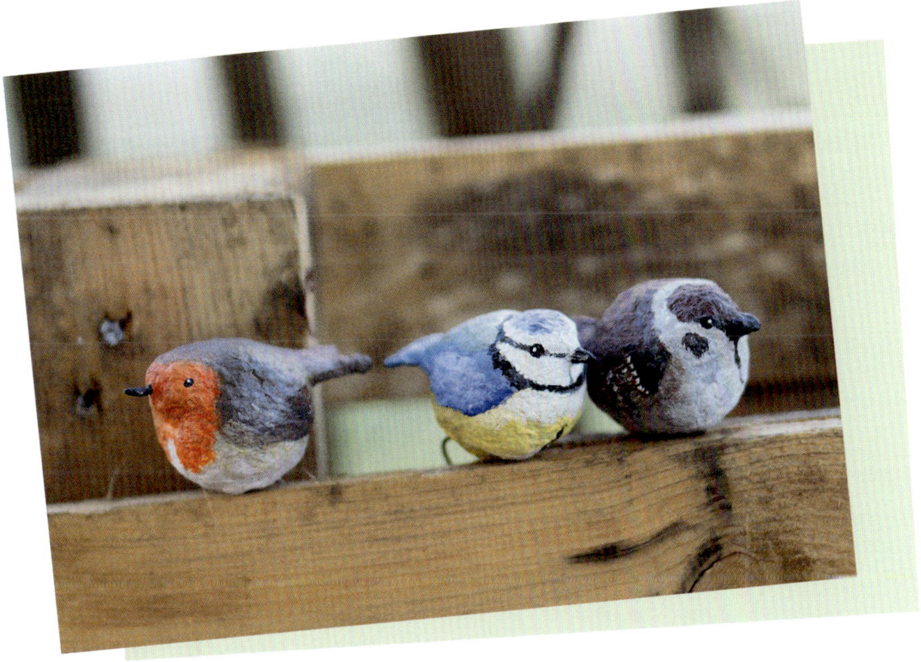

Weitere Ideen

- Die Vögel können auch auf eine Holzklammer geklebt werden. Dafür drückst du an der Unterseite der Vögel in den noch weichen Papierteig mit der Holzklammer eine Rille ein. Nach dem Trocknen und Gestalten klebst du die Klammer dann in der Rille fest.
- Alternativ kann (statt einer Schlaufe oben) auch unten ein Blumendraht eingearbeitet werden – dann kann man die Vögel auf einem Ästchen oder in einem Kranz befestigen.
- Ich habe diese Vögelchen auch schon ganz naturgetreu angemalt wie eine Meise, ein Rotkehlchen, einen Spatz, einen Zaunkönig… Dabei ist es schön, wenn man vorher schon die besonderen Eigenheiten der einzelnen Vögel ausmodelliert hat: Größe, Körperbau, Schwanzhaltung usw.
- Bohrst du nach dem Trocknen von unten ein Loch in den Vogel, kannst du ihn auf einen Holzspieß stecken und als Blumenstecker verwenden.
- Die Augen können auch aus schwarzen Stecknadeln gestaltet werden: Stecknadeln mit Kneifzange stark kürzen und vor dem Trocknen in den Teig drücken. Nach dem Trocknen mit Holzleim einkleben.

Osterhasen-Parade

OSTERHASEN

Diese schlanken Häschen sind eine hübsche Deko für die Osterzeit – und übrigens auch ein tolles Projekt für Kinder.

Das brauchst du:

- Shampooflaschen in verschiedenen Größen (alternativ andere Flaschen in ähnlicher Form)
- etwas zum Befüllen der Flaschen (z.B. Sand)
- Eierkarton
- Malerkrepp
- angerührten Kleister (s. S. 133)
- Packpapier, in Stücke gerissen
- verschiedene gemusterte Stoffe
- Knöpfe
- Acrylstifte (oder andere Stifte oder Farben)
- Holzleim
- für die Schwänzchen: ca. 2 Blatt Toilettenpapier und Kleister oder alternativ: kleine, weiße Pompons
- Trichter für den Sand
- Pinsel
- evtl. eine feine Schere

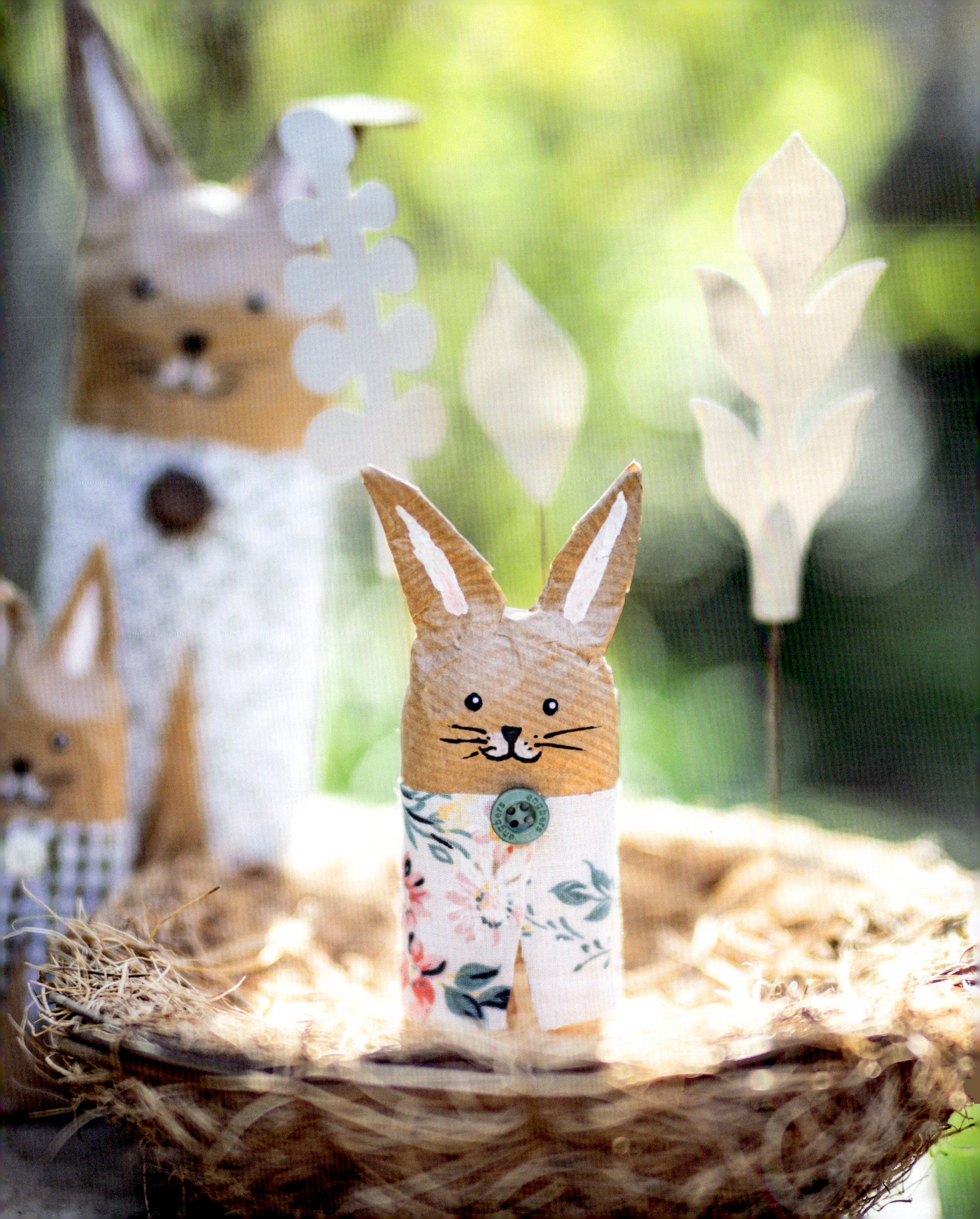

Und so geht es:

1. Fülle die Shampooflaschen mithilfe eines Trichters mit etwas Schwerem (z. B. Sand) – sonst stehen die Hasen nicht gut. Verschließe sie fest.

2. Bei Flaschen mit gerader Oberseite klebe etwas Packpapier mit Malerkrepp oben auf den Deckel, um eine Rundung zu erzeugen.

3. Schneide die Spitzen aus dem Eierkarton wie im Bild gezeigt auseinander und klebe diese Ohren mit Malerkrepp an. Du kannst die Ohren danach auch mit einer feinen Schere noch korrigieren.

4. Kleistere alles ein und klebe so mehrere Schichten Packpapier rund um die Flaschen und die Ohren (s. S. 133). Trocknen lassen. Einzelne Ohren können vor dem Trocknen auch keck nach unten geknickt werden.

5. Schneide aus den Stoffen die Jäckchen aus – als ungefähren Anhaltspunkt kannst du dich an meine Vorlage halten (Vorlage Hasenjacke herunterladen unter www.pirlipause.de). Pinsele Kleister auf den Körper der Hasen und lege den Stoff auf. Bepinsele den Stoff dann auch von außen noch einmal komplett mit Kleister.

6. Bestreiche die zwei Blatt Toilettenpapier satt mit Kleister und knete sie, bis eine geschmeidige weiße Masse entsteht (s. S. 117). Forme kleine Bällchen aus der Masse und drücke sie als Schwänzchen hinten auf die Jacken. (Alternativ nach dem Trocknen Pompons mit Leim ankleben.) Alles trocknen lassen.

Fortsetzung nächste Seite

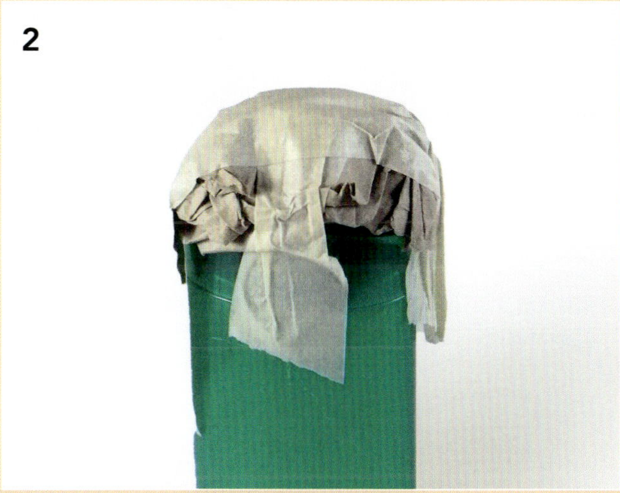
2

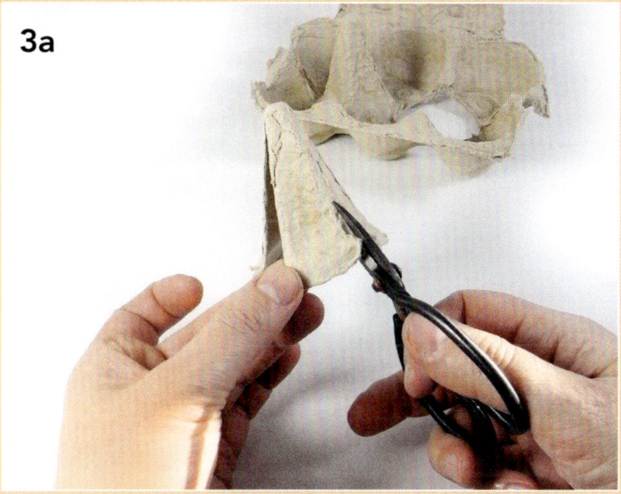
3a

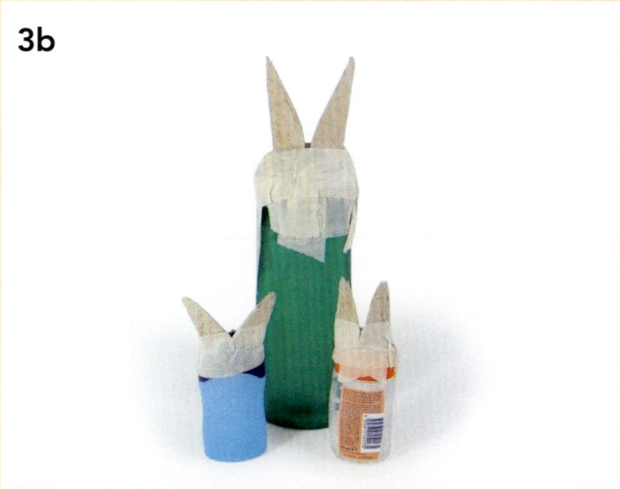
3b

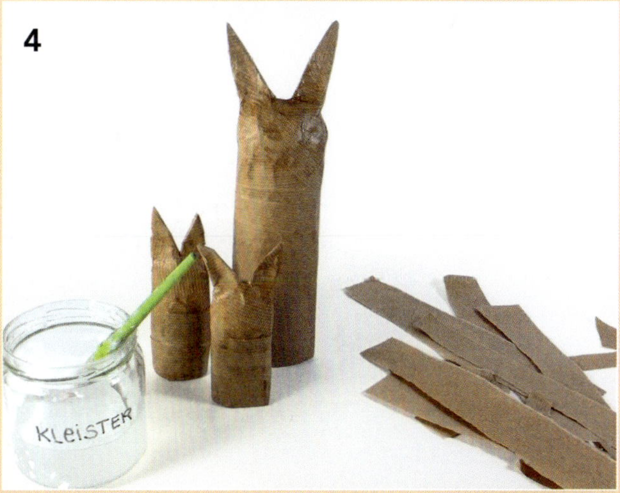

4

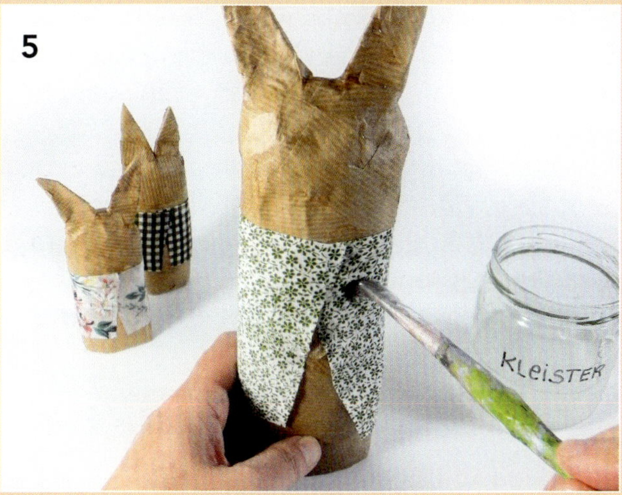

5

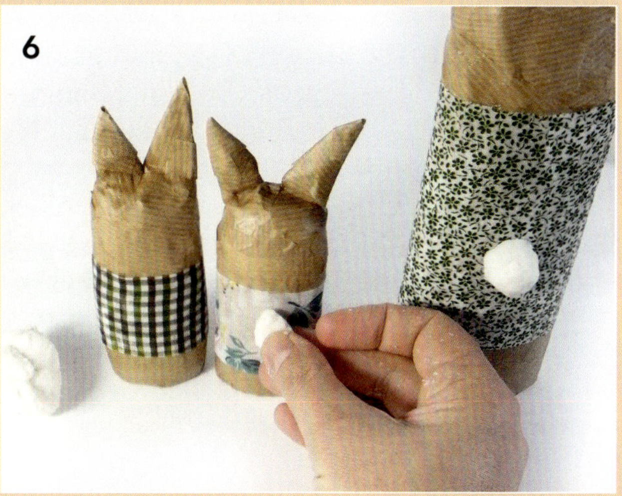
6

Und so geht es weiter:

7. Klebe jeweils einen Knopf oben an die Jacke.

8. Zeichne die Gesichter mit Bleistift vor und male sie dann mit schwarzer Acrylfarbe nach. (Vorlage Hasengesicht herunterladen unter www.pirlipause.de).

9. Bemale nun mit weißem Acrylstift das Innere der Ohren. Setze ein ganz klein wenig rosa Farbe hinein und verstreiche sie mit dem feinen Pinsel in der weißen Farbe.

10. Male Glanzpunkte in jedes Auge. Setze mit dem Acrylstift 1 - 2 Punkte Farbe auf die Schnauze der Häschen und verstreiche die Farbe sofort mit dem feinen Pinsel.

Tipp

Falls dir ein Hasengesicht nicht gut gelingt, ist das kein Grund zum Verzweifeln! Einfach einen Streifen Packpapier darüber kleistern, trocknen lassen und es noch einmal neu versuchen.

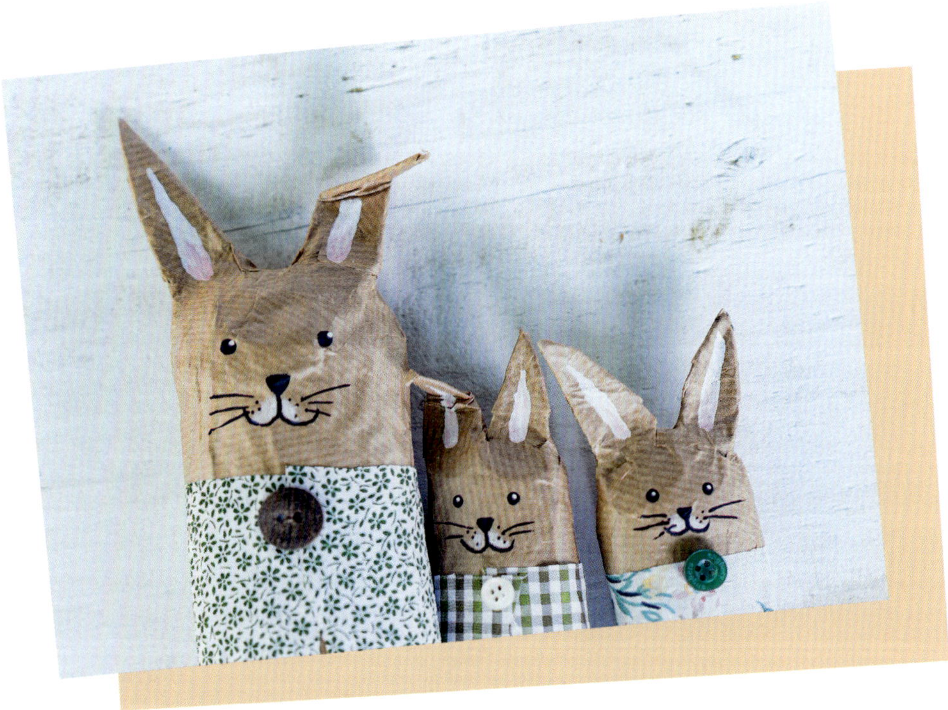

7

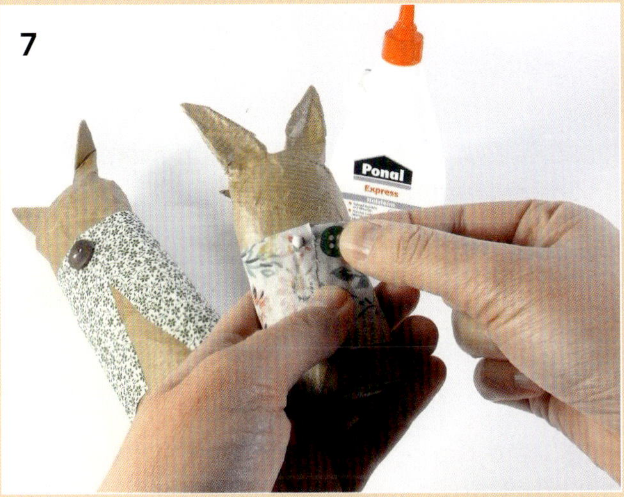

8

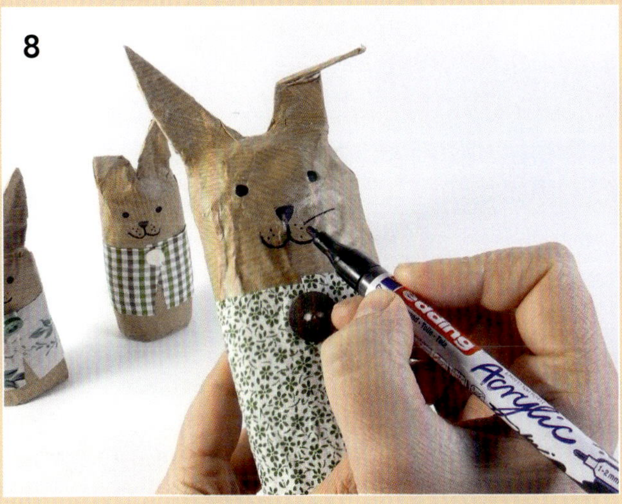

9a

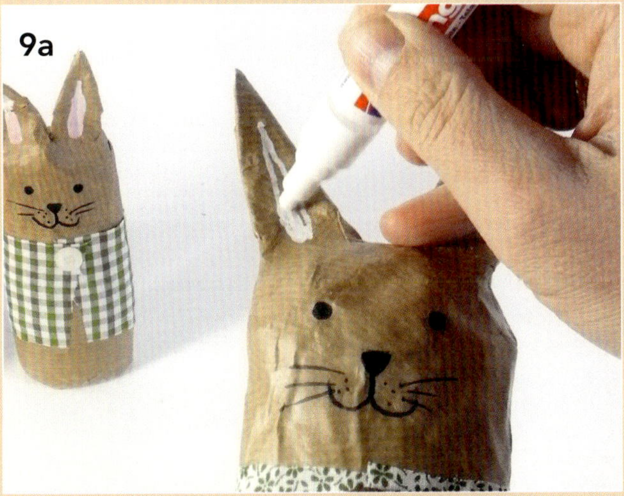

9b

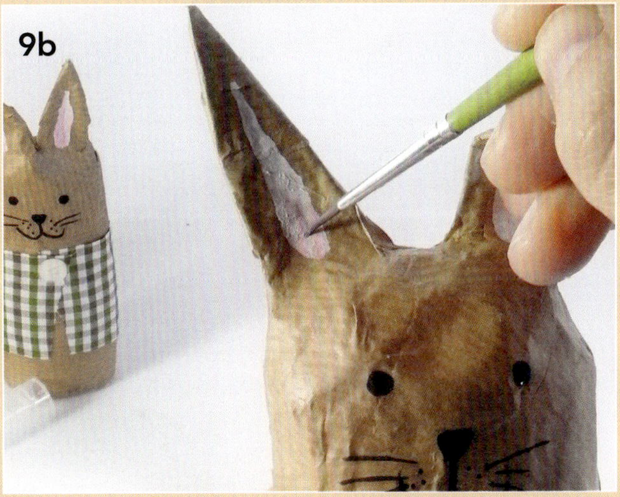

10a

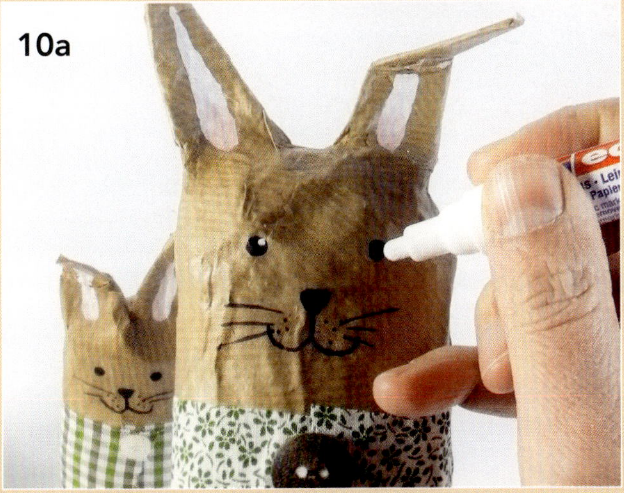

10b

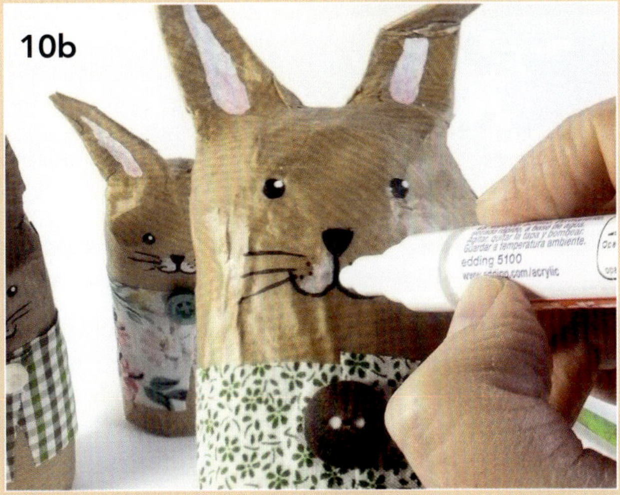

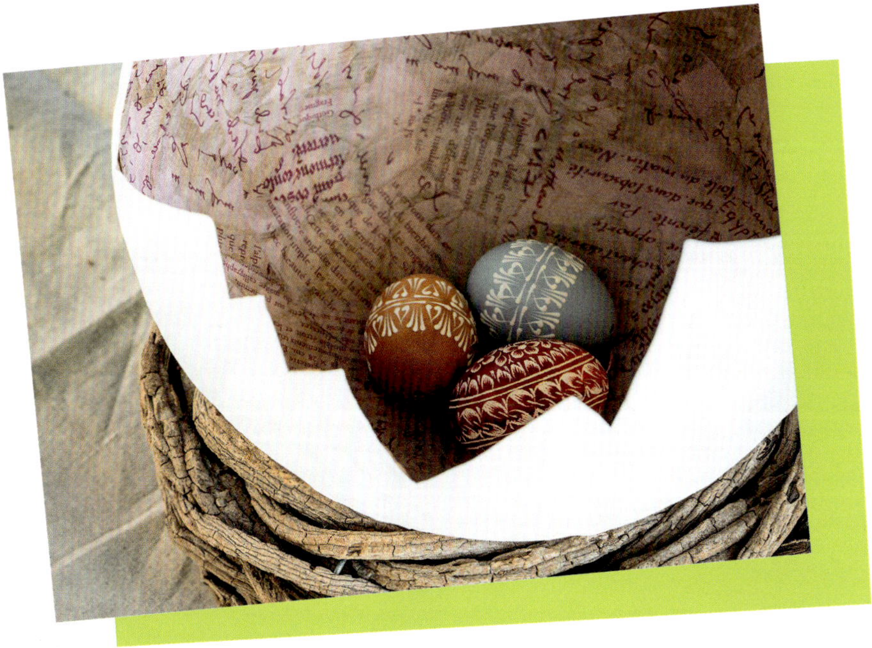

Ei, Ei, Ei! OSTEREI

Dieses überdimensionierte Ei ist eine wunderschöne Deko für die Osterzeit – von außen schlicht weiß, von innen mit hübschem Schmuckpapier gestaltet.

Das braucht du:

- einen Luftballon in der gewünschten Größe
- einen Topf als Halterung
- Schmuckpapier in Stückchen gerissen
- Altpapier in Stückchen gerissen
- angerührten Kleister (s. S. 133)
- weiße Farbe
- Pinsel
- Schere

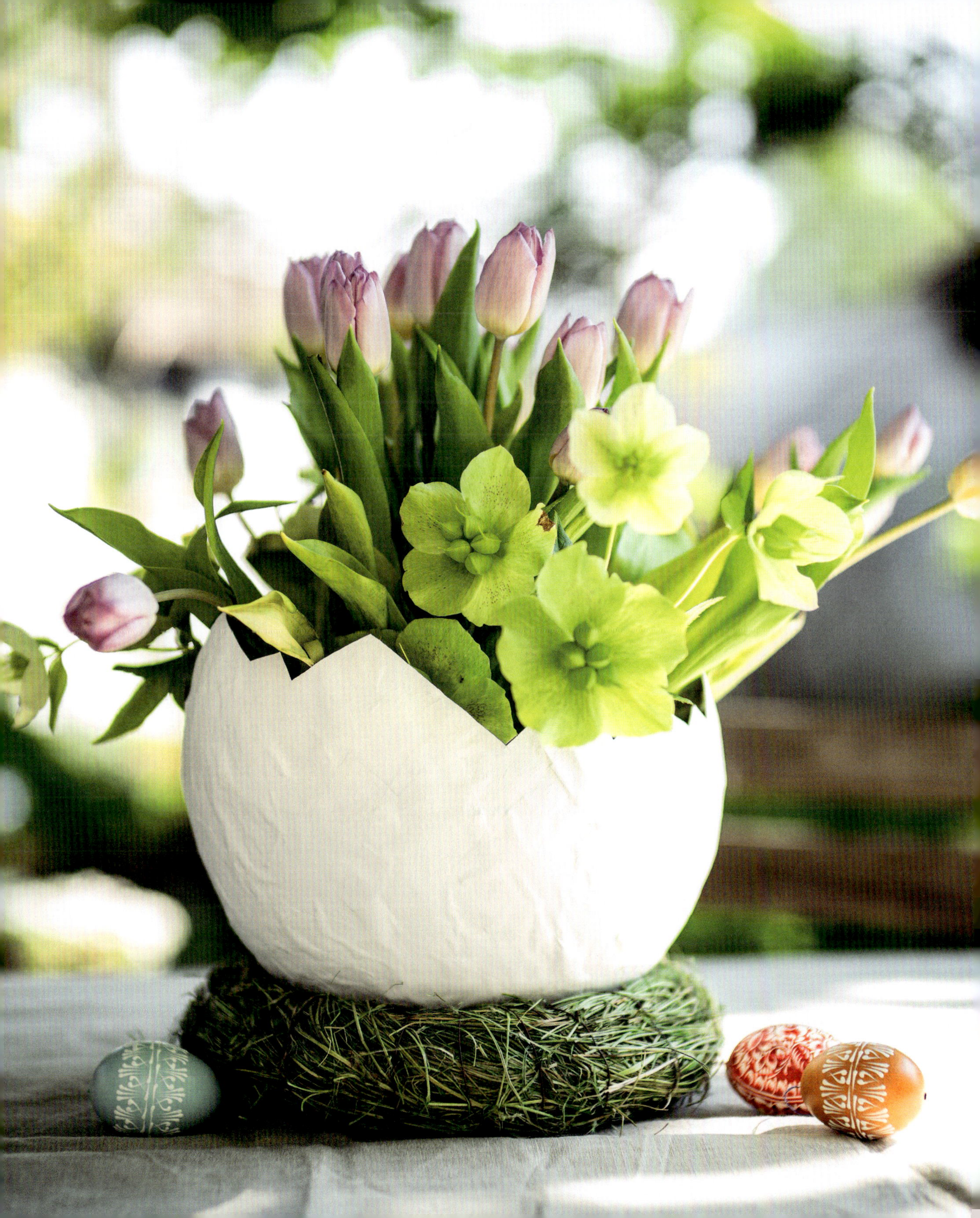

Und so geht es:

1. Blase den Luftballon auf und lege ihn auf den Topf. Bestreiche den Ballon nach und nach mit Kleister und lege eine Schicht von dem Schmuckpapier (mit der schönen Seite nach unten!) auf. Streiche alles mit den Händen oder mit dem Kleisterpinsel fest. Umkleide auf diese Art und Weise den ganzen Ballon bis auf eine Öffnung.

2. Nun werden noch ein bis zwei Schichten Altpapier aufgekleistert. Lass alles trocknen.

3. Streiche nun die gesamte Papierfläche 2x mit weißer Farbe. Trocknen lassen. Lass den Ballon platzen und nimm ihn aus dem Ei heraus.

4. Mit der Schere wird jetzt der gezackte Rand der Eierschale herausgearbeitet. Wenn du möchtest, zeichne dir die Schnittlinien mit Bleistift vor.

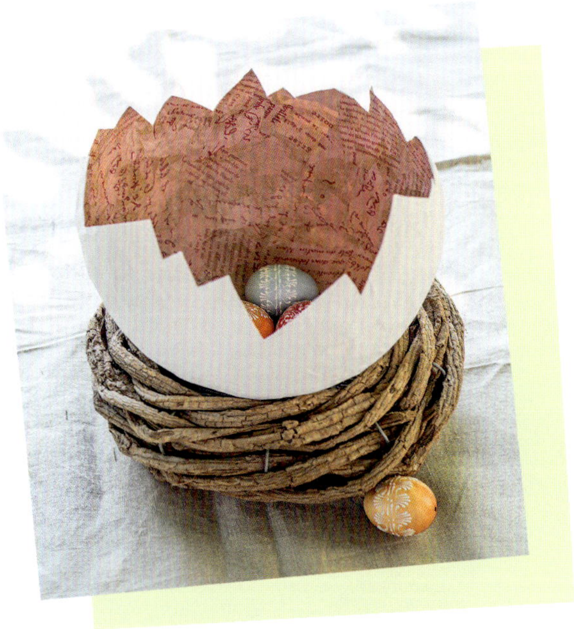

Varianten

Natürlich kannst du das Ei auch von außen farbig gestalten. Oder innen nicht mit Schmuckpapier, sondern mit bunter Farbe arbeiten. Besonders edel sieht es aus, wenn das Ei außen weiß und innen golden bemalt ist.

1a

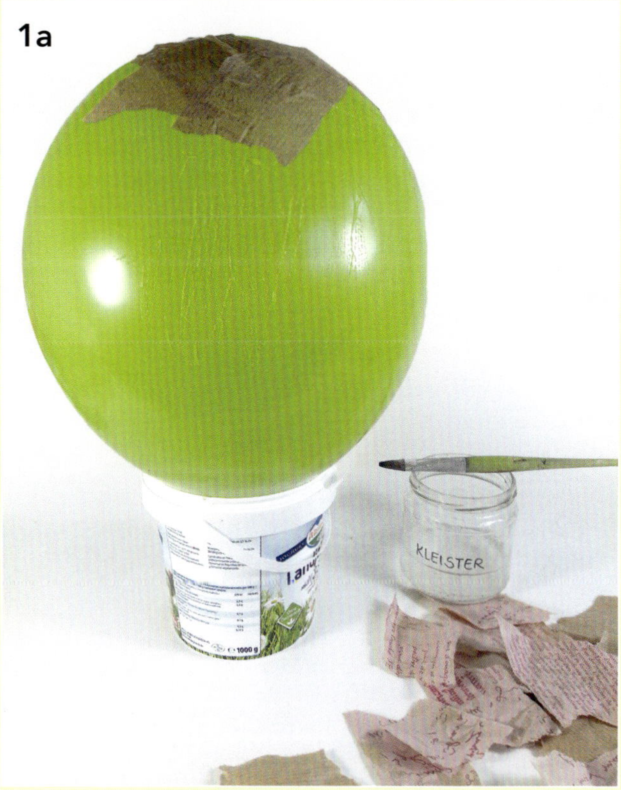

1b

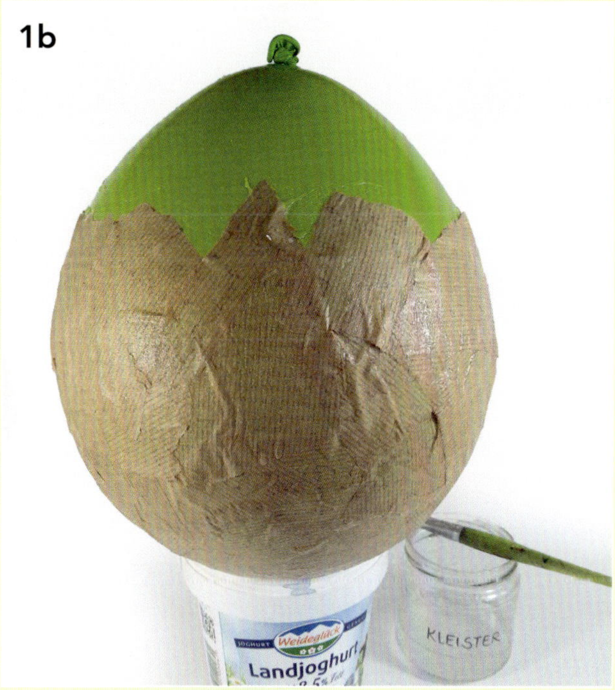

2

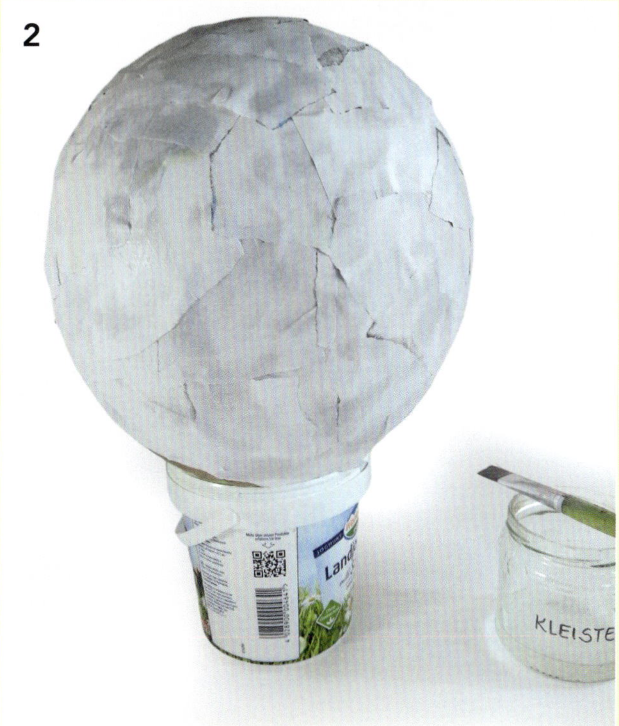

3

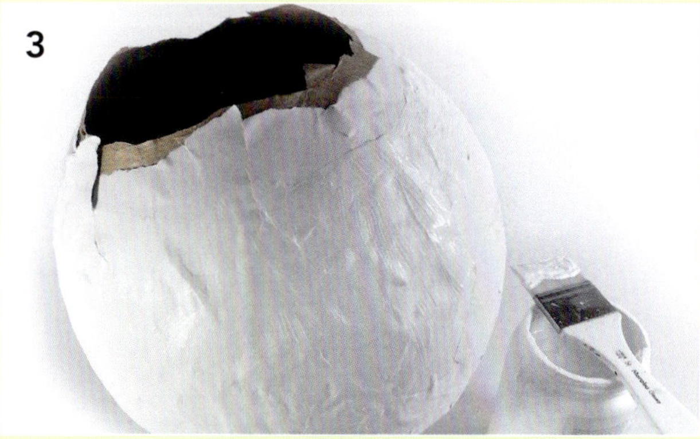

4

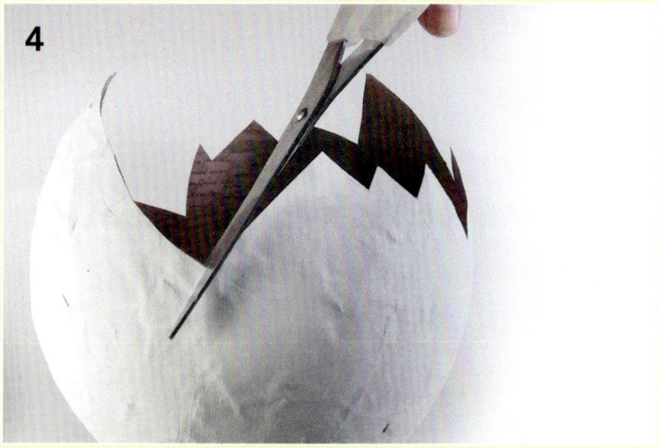

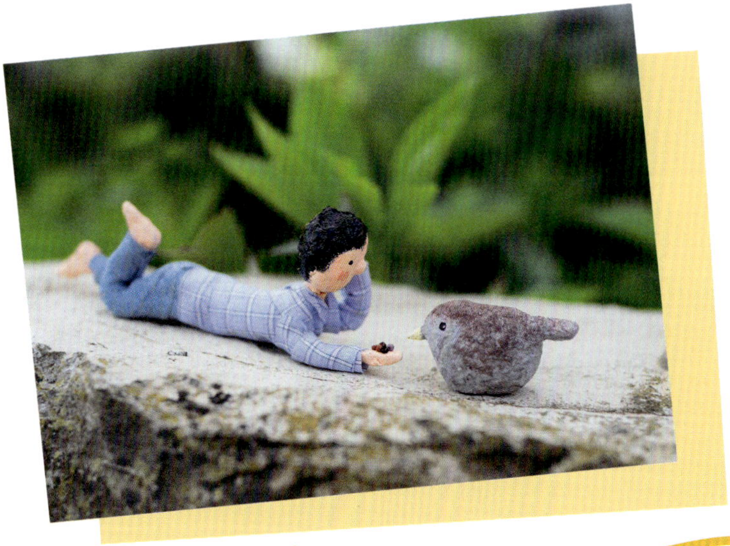

Kleine Freunde

FIGUREN

Figuren aus Pappmaché gehören zu meinen Lieblingsprojekten. Ich kann alles um mich herum vergessen bei der Gestaltung von kleinen Szenen, in denen Papierfiguren die Hauptrolle spielen.

Das braucht du:

- Draht
- Zeitungspapier
- Malerkrepp
- Papierteig, fein geknetet (s. S. 113)
- Modellierwerkzeug
- Wandfarbe oder Gesso
- für die Gestaltung: Acrylfarbe, Schmuckpapier, Stoff …
- Lack, Serviettenkleber oder Holzleim zum Versiegeln
- Schleifpapier
- Pinsel
- Zange

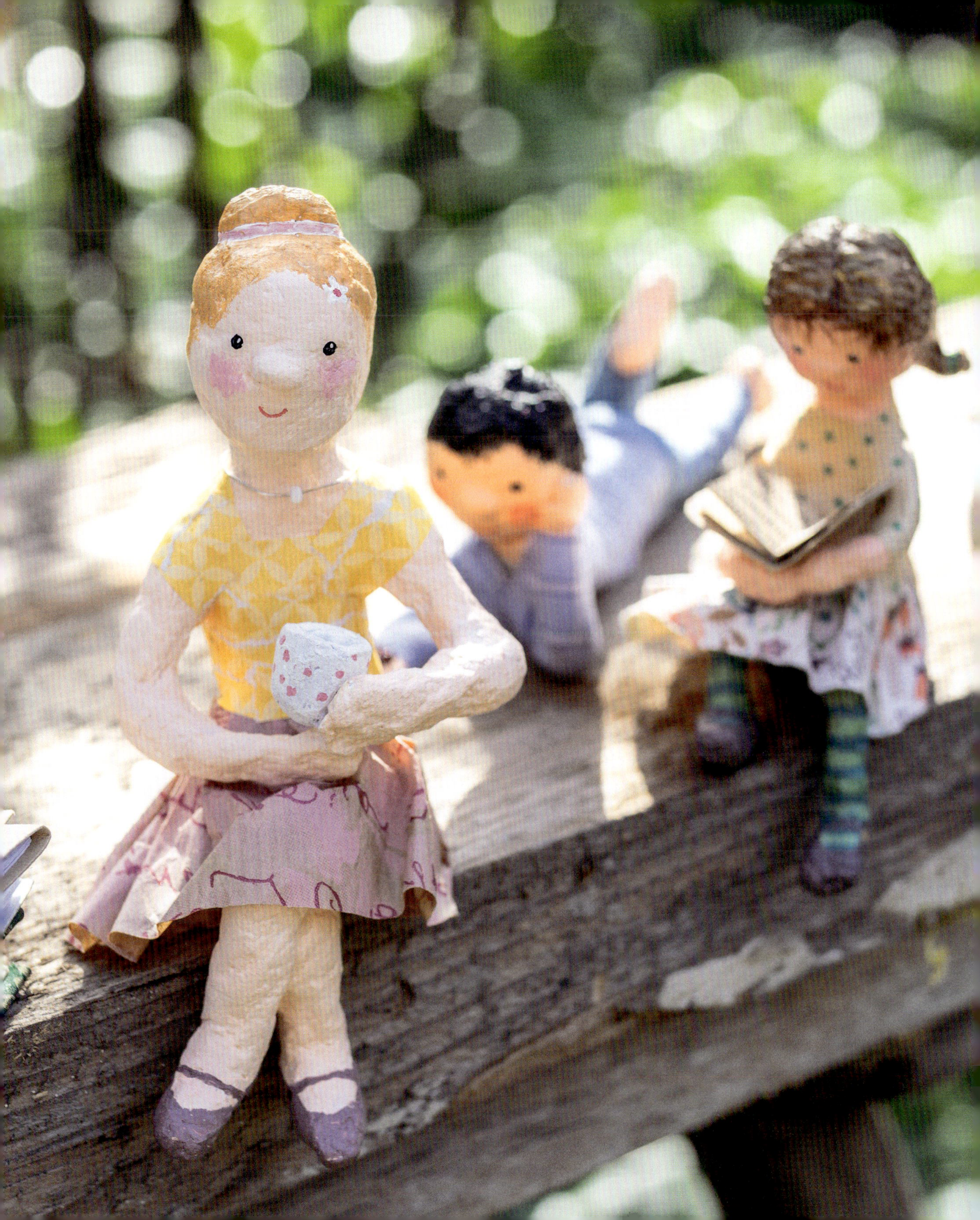

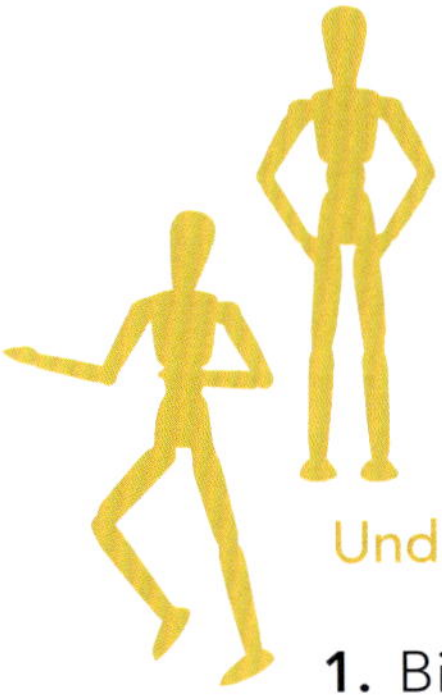

Und so geht es:

1. Biege den Draht mithilfe der Zange nach meiner Vorlage (herunterladen unter www.pirlipause.de) zu einem Strichmännchen: Kopf, Körper, Beine und Füße werden zuerst aus einem Stück gebogen und miteinander verdrillt. Dann formst du aus einem weiteren Stück Draht die Arme und befestigst sie im Schulterbereich des Körpers. Die Vorlage zu verwenden ist hilfreich, da es erfahrungsgemäß leicht passiert, dass man die Arme zu kurz gestaltet.

2. Nun formst du aus zerknülltem Zeitungspapier einen dünnen (!) Körper um die Drahtfigur und umwickelst diesen mit Malerkrepp. Forme aus Zeitungspapier auch einen kleinen (!) Kopf und umwickle Arme, Beine und Kopf mit Malerkrepp. Bedenke immer, dass eine mehrere Millimeter dicke Schicht Papierteig rund um die Figur modelliert wird. Alles muss also kleiner und dünner vorbereitet sein, als es zum Schluss werden soll.

3. Jetzt kommt ein sehr wichtiger Teil: Lege die endgültige Körperhaltung der Figur fest. Knicke dafür die Arme und Beine an den Knickpunkten in der Vorlage, damit alles natürlich aussieht.

4. Nun drückst du rundherum Papierteig um die Figur fest – das ist etwas knifflig. Du kannst die Drahtfigur mit angerührtem Kleister einstreichen, damit der Papierteig besser hält. Drücke den Teig zunächst grob großflächig mit der ganzen Hand um die Körperteile. Wenn sich Arme oder Beine überkreuzen, drücke erst einmal Teig um beide Arme oder Beine gemeinsam.

Fortsetzung nächste Seite

1

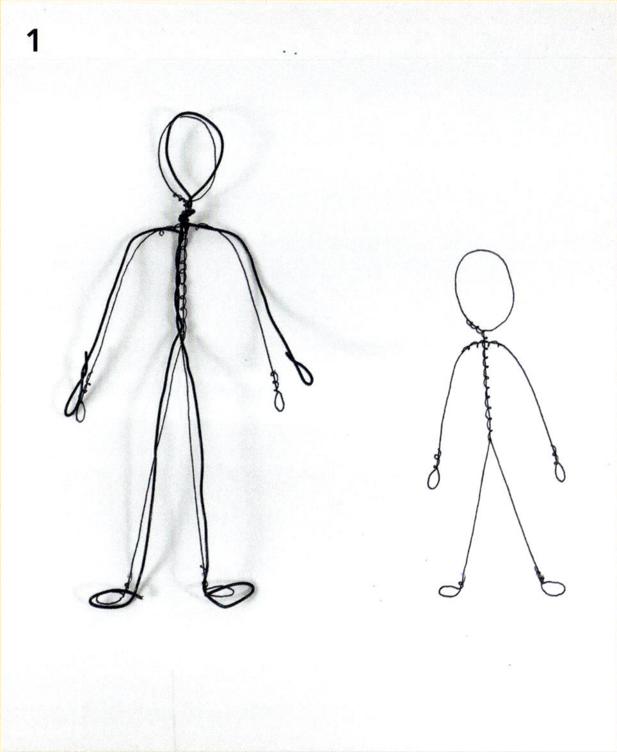

2

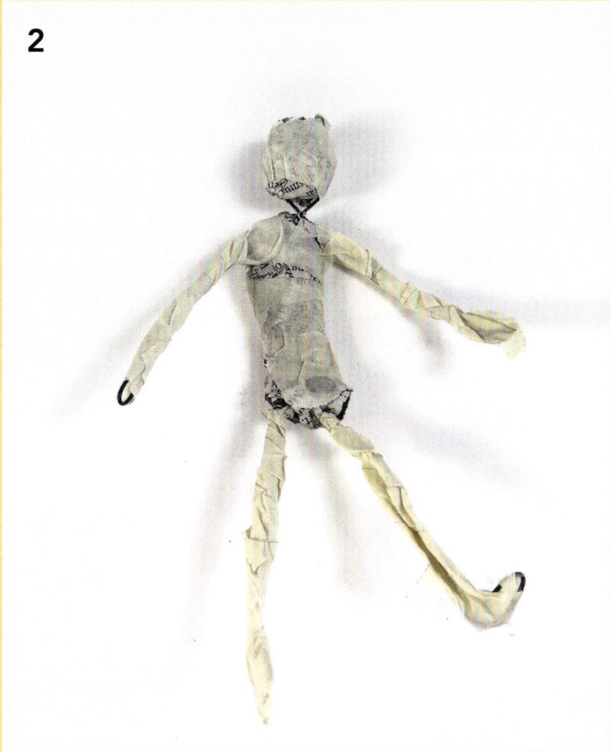

3

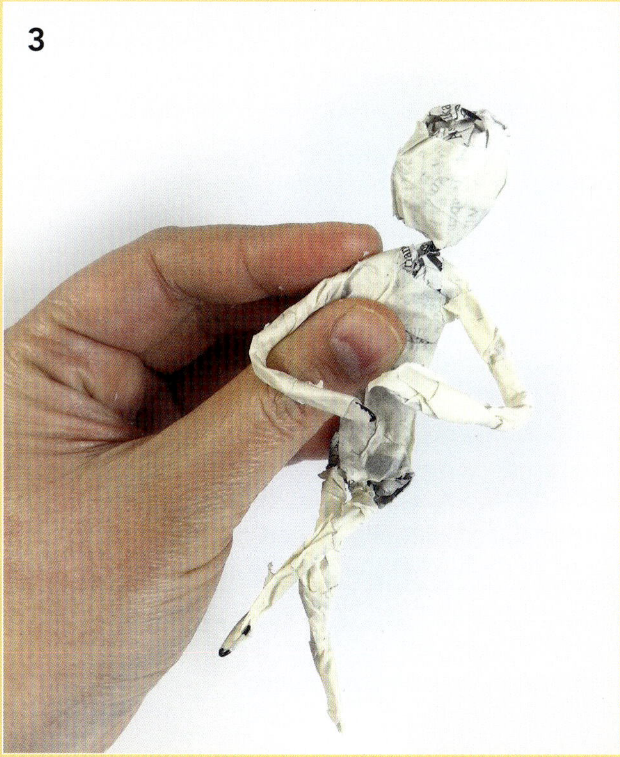

4a

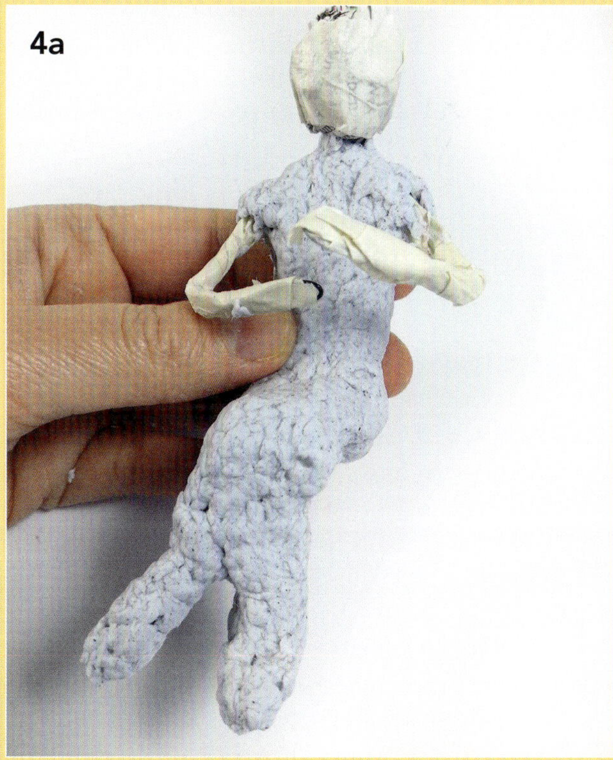

Und so geht es weiter:

Das genauere Ausmodellieren kommt erst danach. Das Gesicht habe ich jeweils mit einer winzigen Nase versehen – man kann sie jedoch auch weglassen. Auch der Haarbereich ist wichtig: du musst schon jetzt die Frisur ausmodellieren. Streiche alles (bis auf die Haare) sehr glatt. Trocknen lassen. Beim Trocknen immer wieder die Körperhaltung überprüfen, ggf. korrigieren und alles glatt streichen.

5. Nach dem Trocknen besonders die Hautbereiche (Gesicht, Hals, Hände und evtl. Füße) mit Wandfarbe oder Gesso streichen – gegebenenfalls auch mehr mals. Schleifen. So können Risse und Unebenheiten ausgeglichen, aber auch Korrekturen an der Form vorgenommen werden.

6. Jetzt wird Gesichtsfarbe auf Gesicht, Hals, Hände und evtl. Füße aufgetragen (Mischung aus Weiß mit wenig Rot und Gelb). Die Augen, Wangen und Mund sowie die Haare werden bemalt – für den Haaransatz eignet sich ein harter Borstenpinsel sehr gut. Falls die Füße Schuhe bekommen sollen, können sie nach dem Trocknen der Gesichtsfarbe aufgemalt werden.

7. Die Kleidung kann entweder aufgemalt oder aus Papier oder Stoff aufgekleistert werden. Für das Aufkleistern kleine Papierstückchen mithilfe von Kleister aufpinseln. Stoff in dünne Streifen schneiden und um die eingekleisterten Körperteile der Figur wickeln – danach dick mit Kleister bepinseln und trocknen lassen.

8. Zum Schluss kann das kleine Kunstwerk noch mit Lack, Serviettenkleber oder Holzleim versiegelt werden.

Varianten

- Auch eine ganz einfarbig bemalte Figur hat ihren Reiz – dann liegt der Fokus des Betrachters ganz auf der Körperhaltung. Weiß oder Metallic-Farbe sehen dabei besonders gut aus. Sollte irgendeine Stelle an der Figur beim Trocknen rissig geworden sein, kann die Stelle vor der Bemalung mit ein wenig Papier und Kleister kaschiert werden (s. S. 133).
- Gestalte deine Lieblingsfiguren aus Büchern oder Filmen.
- Erschaffe alte oder junge Figuren, dicke oder dünne, traurige oder lustige …
- Erwecke kleine Szenen zum Leben!
  Tipp: Um besonders lebendig wirkende Augen zu gestalten, kannst du auch hier natürlich schwarze Stecknadeln einsetzen! (s. S. 104)

4b

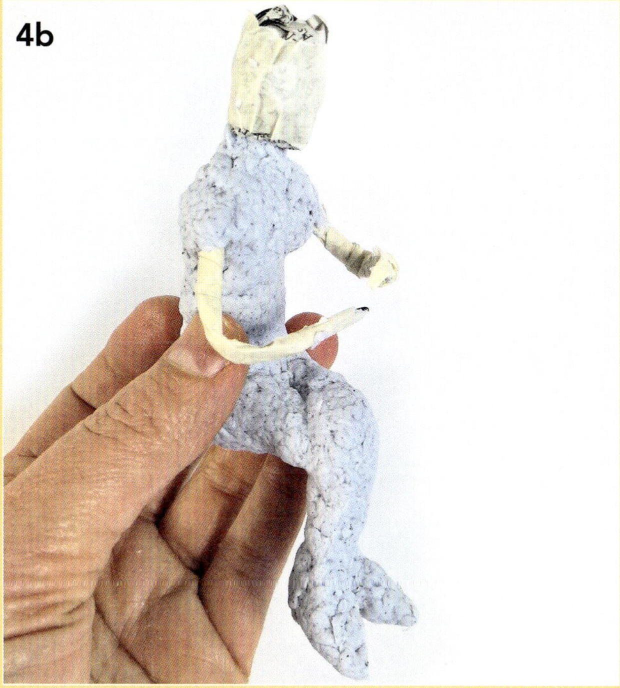

4c

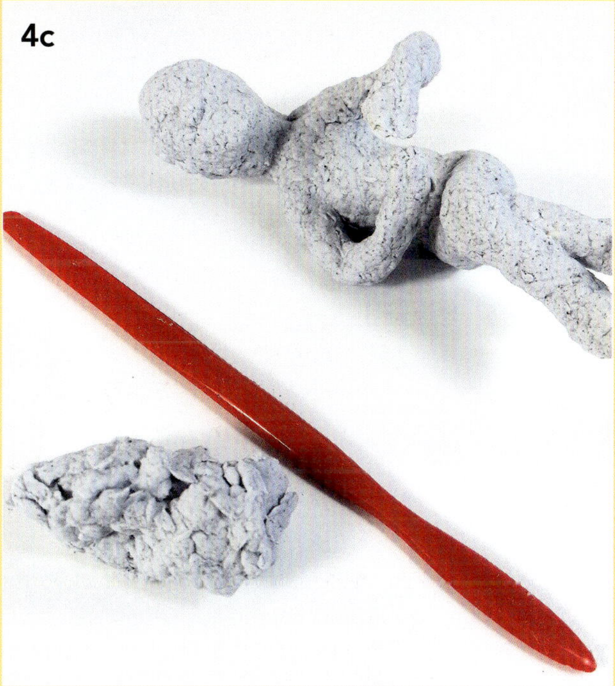

5

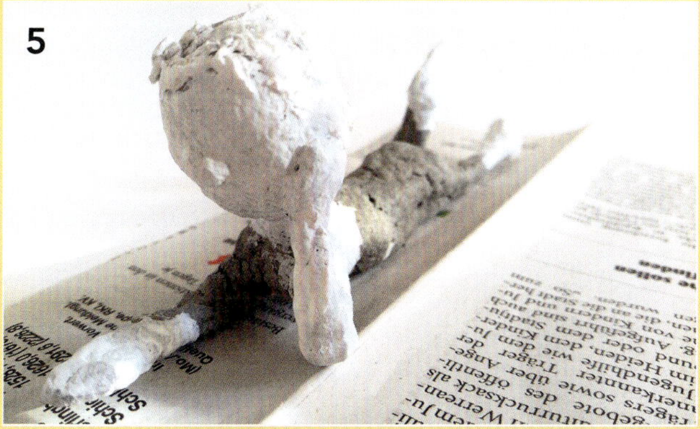

6a

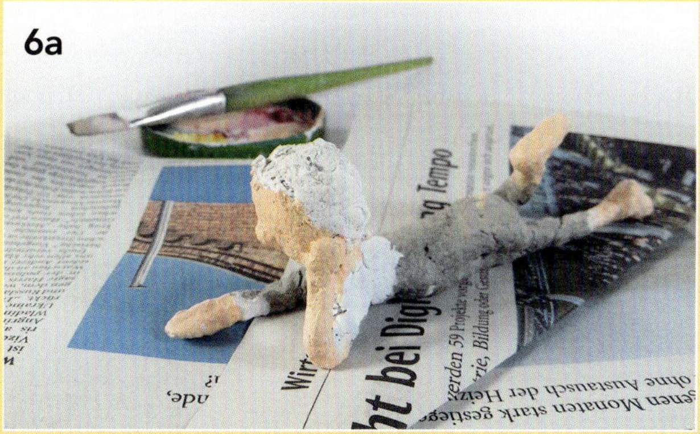

6b

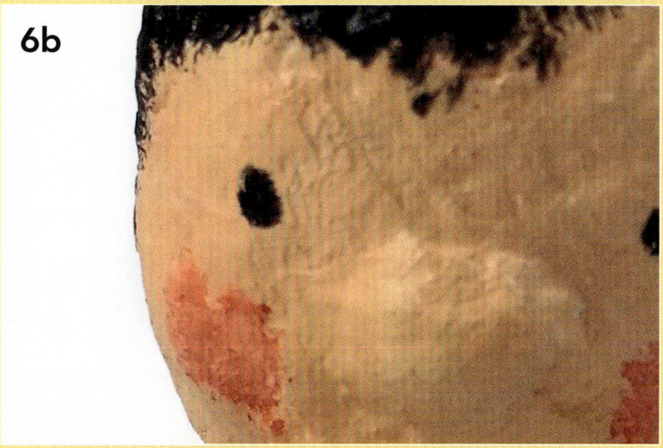

7

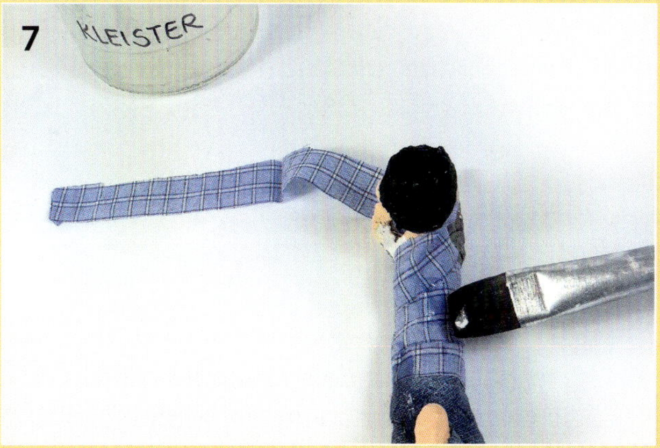

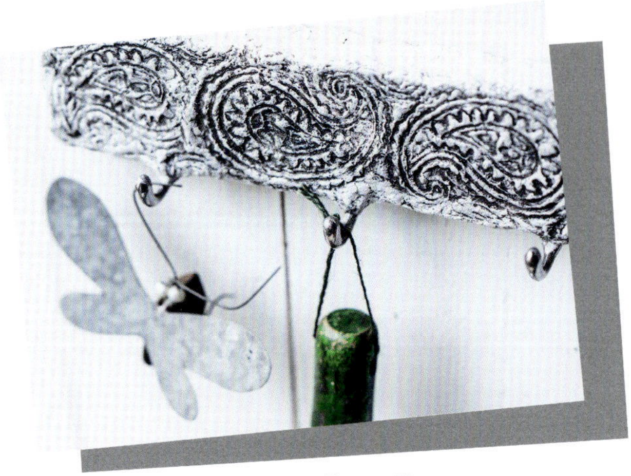

Musterhaft!

HAKENLEISTE

Ich liebe gestempelte Strukturen im Papierteig! Durch eine spezielle Bemalung heben sich die Muster schön hervor. Auf den ersten Blick wirkt die Hakenleiste wie aus Keramik – ist aber sehr viel leichter.

Das braucht du:

- ein Brettchen (z.B. 25 cm x 5 cm x 2 cm)
- 4 einfache Haken zum Anschrauben (aus dem Baumarkt)
- 1 Rezept gut gekneteter Pappmaché-Teig mit Mehl (s. S. 116)
- eine Zeitung
- einen großen Stempel
- dunkle und weiße Acrylfarbe
- Klarlack
- Bohrer (10 mm Durchmesser)
- Schraubendreher
- Lineal
- Stift zum Anzeichnen
- Schleifschwamm oder Feile
- 2 Borstenpinsel

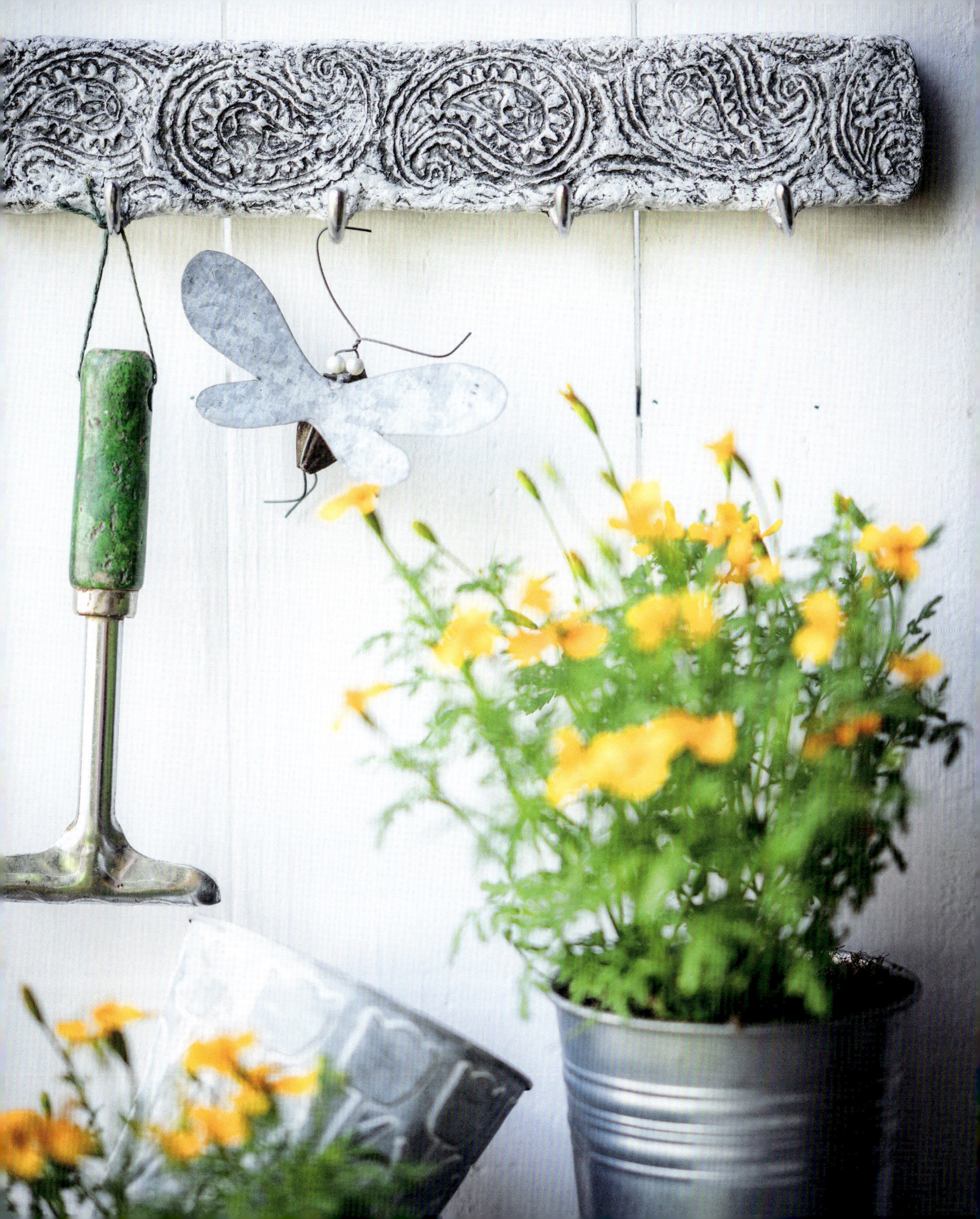

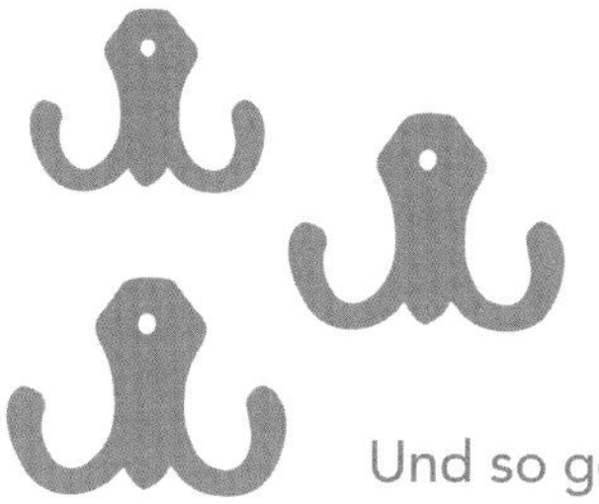

Und so geht es:

1. Zeichne auf dem Brett mithilfe des Lineals an, wo die Schrauben für die Haken befestigt werden sollen. Schraube die Haken mit dem Schraubendreher an. Lege das Brettchen auf eine zusammengefaltete Zeitung.

2. Umkleide das Brettchen zunächst grob mit Papierteig, nur die Rückseite bleibt frei. Streiche dann alles mit dem Lineal (oder mit einem Messer) sorgfältig glatt. Bewege die umkleidete Hakenleiste ab jetzt nur noch mithilfe der Zeitung, auf der sie liegt, bis sie ganz getrocknet ist.

3. Drücke den Stempel immer wieder auf die Vorderseite der Hakenleiste, bis sie ganz mit Mustern bedeckt ist.

4. Korrekturen: Es kann passieren, dass der Teig an einzelnen Stellen zu dünn ist und das Muster nicht sichtbar wird. Das lässt sich leicht korrigieren, indem man an dieser Stelle etwas zusätzlichen Teig aufstreicht, das Stempelbild an dieser Stelle noch einmal glatt streicht und erneut den Stempel aufdrückt.

5. Lass alles mehrere Tage gut durchtrocknen.

Fortsetzung nächste Seite

1

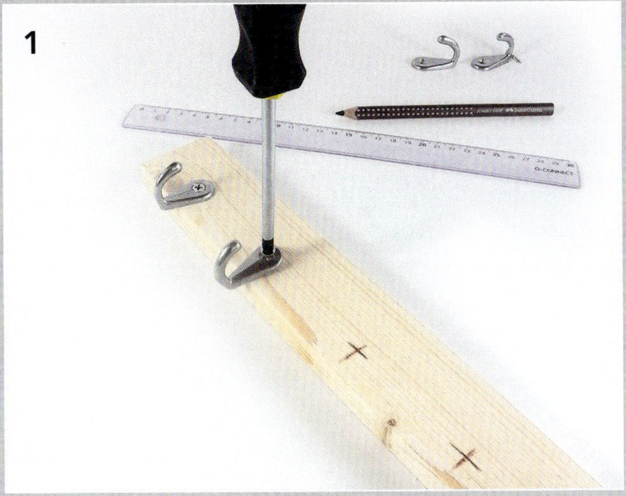

2a

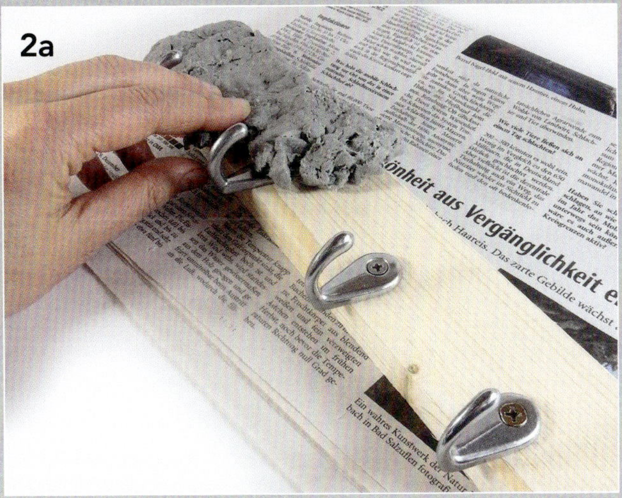

2b

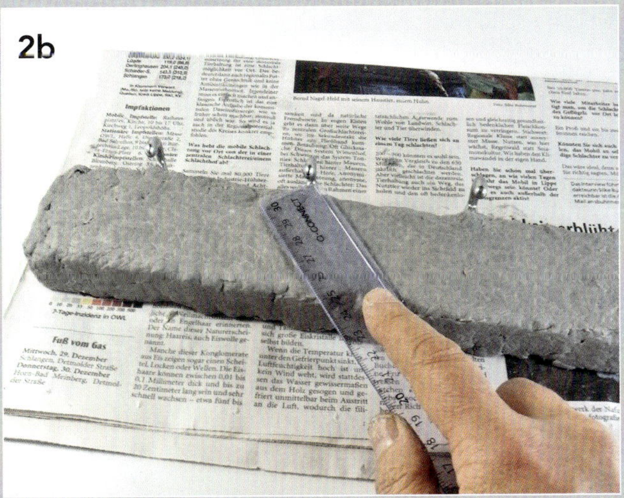

3

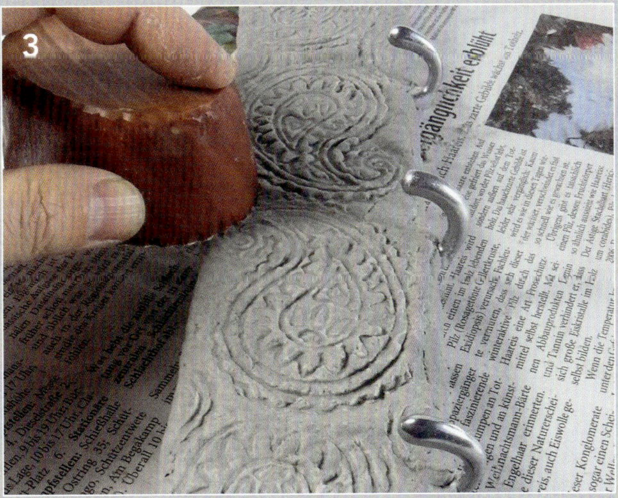

4a

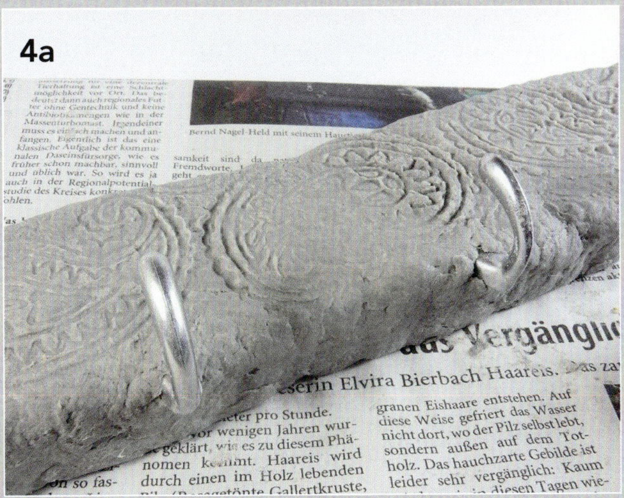

4b

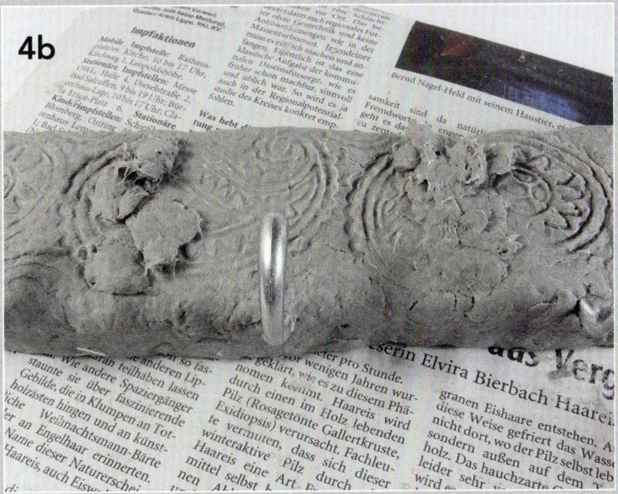

Und so geht es weiter:

6. An den Kanten kannst du nun mit dem Schleifschwamm oder der Feile die Oberfläche etwas glätten. Schleifstaub entfernen.

7. Verdünne ein wenig dunkle (Acryl)farbe deiner Wahl mit Wasser, sodass sie flüssig wird (ich habe Schwarz genommen). Benetze die Stempelmuster mit dieser Flüssigkeit, die durch ihre Konsistenz auch in die Rillen fließt. Gut trocknen lassen.

8. Gib einen Klecks weiße Acrylfarbe auf eine Ecke der Zeitung und nimm etwas davon mit den Spitzen des trockenen Borstenpinsels auf. Pinsele mit schnellen Strichen ganz oberflächlich über die gestempelten Muster, bis die weiße Farbe die Strukturen überall schön hervorhebt. In die Rillen soll keine Farbe gelangen! Die Seiten der Hakenleiste deckend weiß streichen. Trocknen lassen.

9. Mit Klarlack bepinseln. Trocknen lassen.

10. Lege die Hakenleiste mit der Rückseite nach oben auf eine feste Unterlage. Zeichne an, wo die Löcher für die Aufhängung gebohrt werden sollen. Drücke die Leiste fest auf die Unterlage und bohre ca. 1 cm senkrecht nach unten (dadurch entsteht ein schräges Loch – das ist ideal zum Aufhängen an Schrauben oder Nägeln). Vorsicht, der Bohrer rutscht sehr leicht ab! Falls du noch wenig Erfahrung hast, probiere es vielleicht erst einmal an einem Holz-Reststück aus. Wer eine Ständerbohrmaschine hat, verwendet am besten diese.

Idee

Wenn du keinen großen Stempel hast, überlege einfach, womit du alternativ grafische Muster in den Teig drücken kannst:

- Ausstechformen vom Plätzchenbacken
- Backrolle mit eingeprägten Mustern
- textile Spitze
- grober Webstoff (z.B. Sackleinen) oder grober Strickstoff
- ein Schnapsglas, um Ringmuster einzuprägen

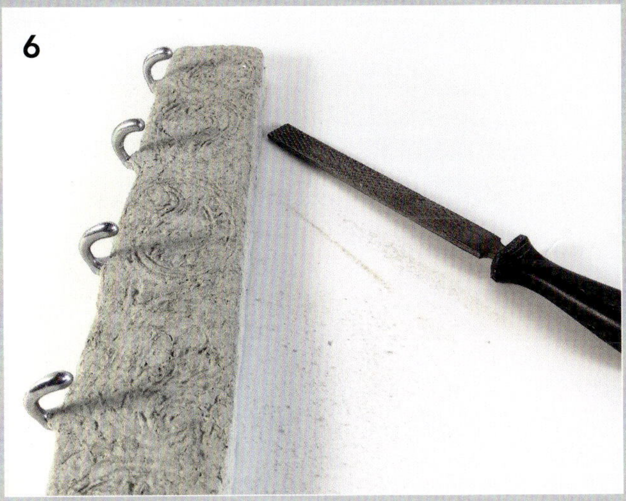
6

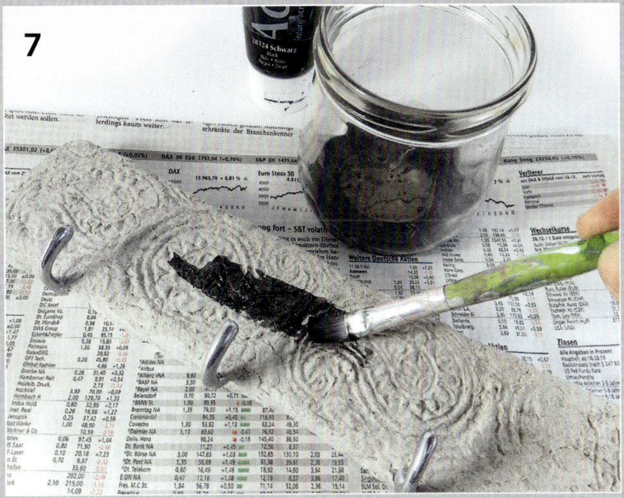
7

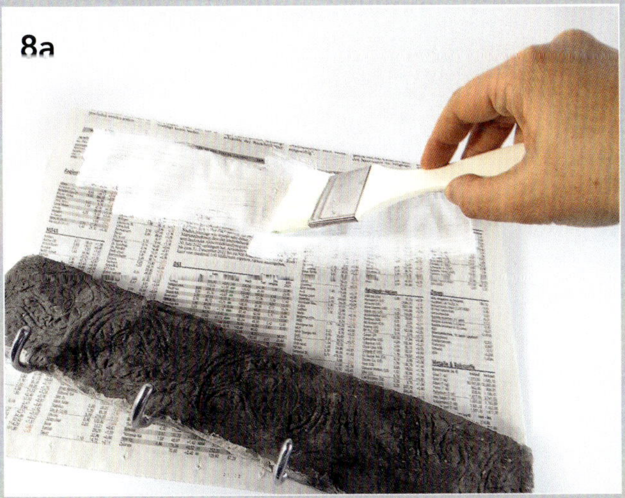
8a

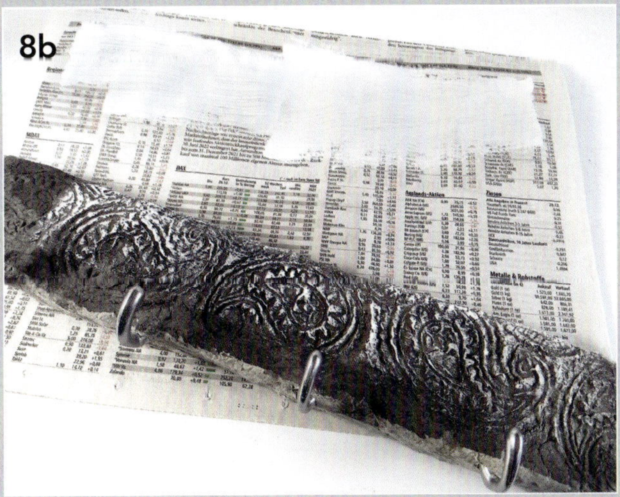
8b

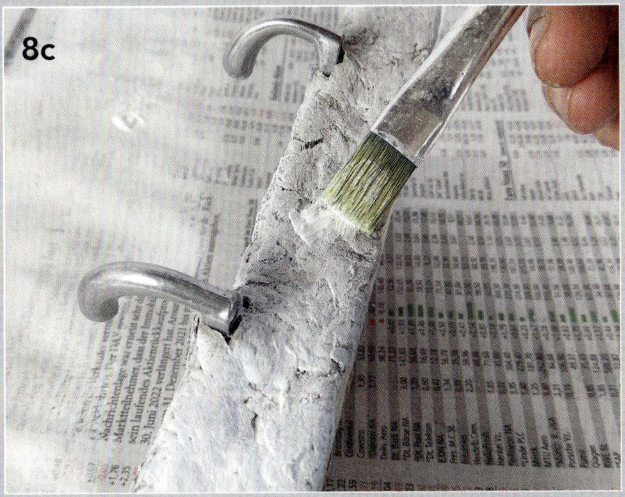
8c

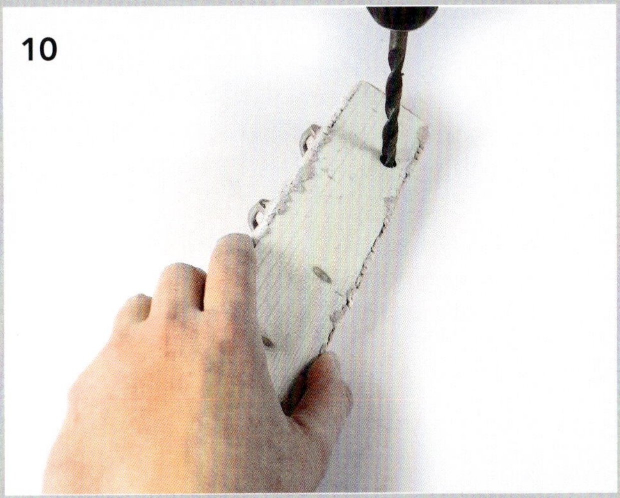
10

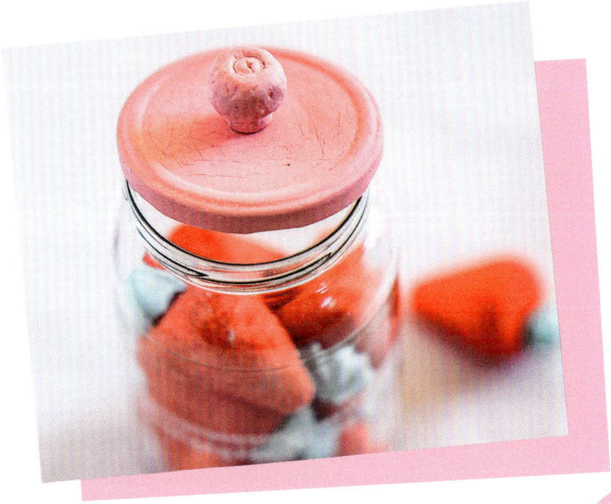

Griffig

GRIFFE AUS PAPIERTEIG

Papierteig erlaubt dir, ganz individuelle Griffe für Möbel und Haushaltsgegenstände zu modellieren. Hübsche Bonbonnieren sind damit im Nu aus leeren Schraubgläsern gestaltet – als Hingucker für deine Küche oder als schönes Geschenk für liebe Freunde (natürlich gefüllt!).

Das braucht du:

- größere Twist-off-Gläser
- Linsenkopfschraube (3 mm) mit kurzem Gewinde, dazu passende Mutter
- etwas Papierteig (s. S. 113)
- evtl. Wandfarbe oder Gesso
- bonbonfarbene Acrylfarbe
- weißen Acrylstift
- längere Papierstreifen
- Klebefilm
- Feile, Schleifpapier oder Schleifschwamm
- Bohrer
- Pinsel

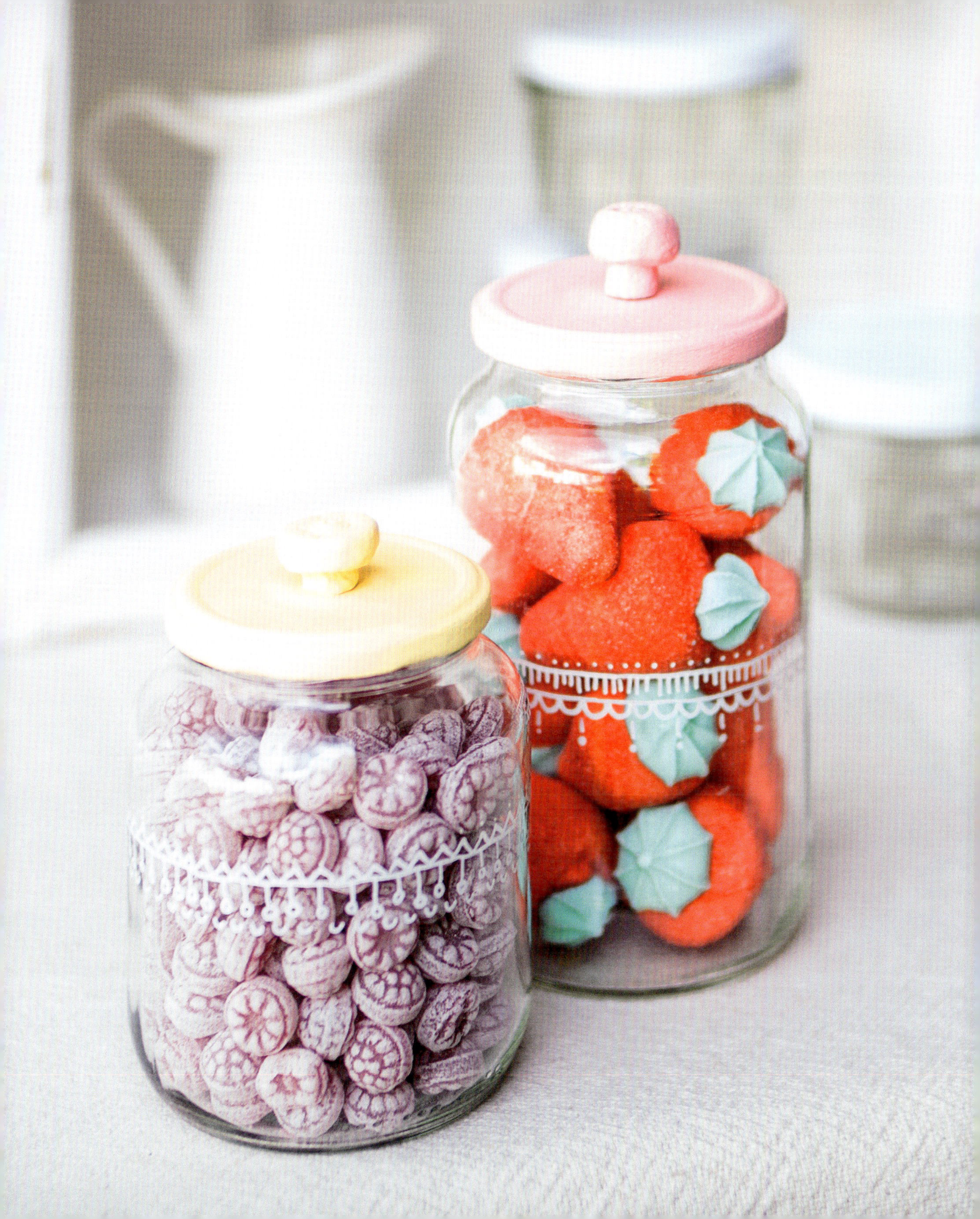

Und so geht es:

1. Forme aus dem Teig eine Kugel oder eine Scheibe und ein zylindrisches Teil für den „Hals" des Griffes. Füge beides aneinander und streiche es glatt. Drücke nun die Schraube vorsichtig von oben hindurch. Dadurch entstehen dort, wo die Schraube herauskommt, Unebenheiten, die du aber nach dem Trocknen problemlos wegschleifen kannst. Trocknen lassen.

2. Nimm die Schraube heraus und schleife den Griff von allen Seiten schön glatt. Du kannst für eine noch glattere Oberfläche auch mehrfach mit Wandfarbe oder Gesso streichen und erneut schleifen.

3. Schleife den Deckel des Schraubglases mit feinem Schleifpapier ab und streiche ihn und den Griff einmal mit Acrylfarbe an. Trocknen lassen.

4. Bohre genau mittig mit dem Bohrer ein Loch in den Deckel. Schiebe die Schraube in den Griff zurück und beides zusammen durch das Loch. Schraube von unten die Mutter dagegen.

5. Streiche nun Deckel und Griff erneut mit Acrylfarbe. Trocknen lassen.

6. Lege den Papierstreifen mittig um das Glas und befestige ihn mit Klebefilm. Nutze ihn nun als Lineal, um mit dem Acrylstift eine oder zwei Linien rund um das Glas zu ziehen. Entferne den Streifen und gestalte rund um die weiße Linie eine Bordüre mit dem Acrylstift (Vorlage herunterladen unter www.pirlipause.de).

1a
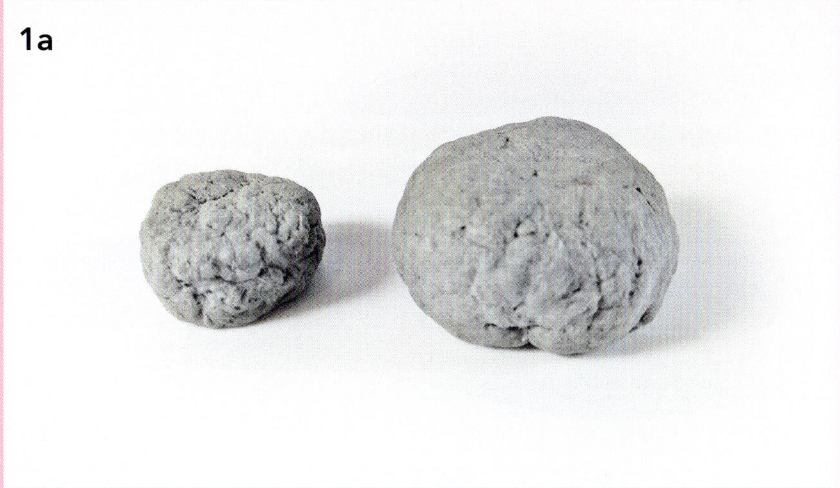

1b
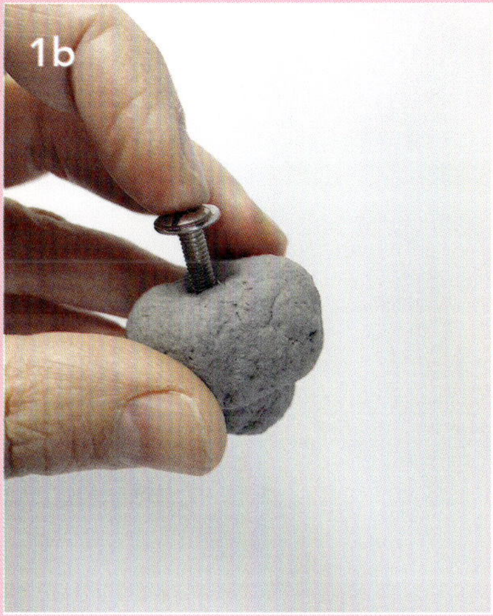

2
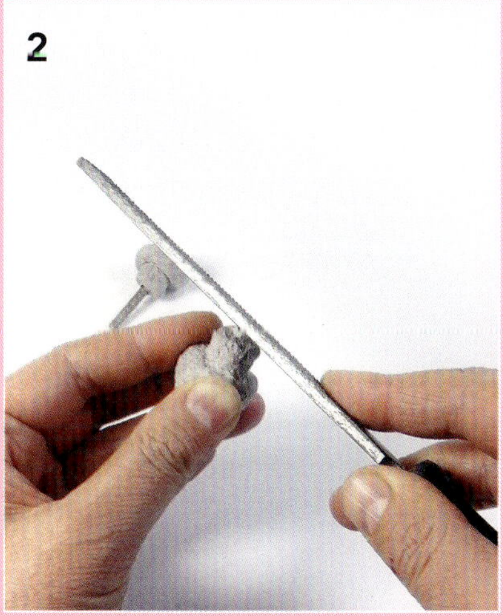

3a
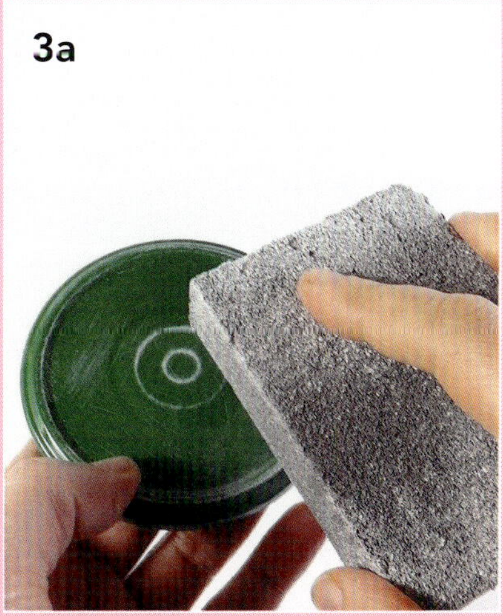

3b
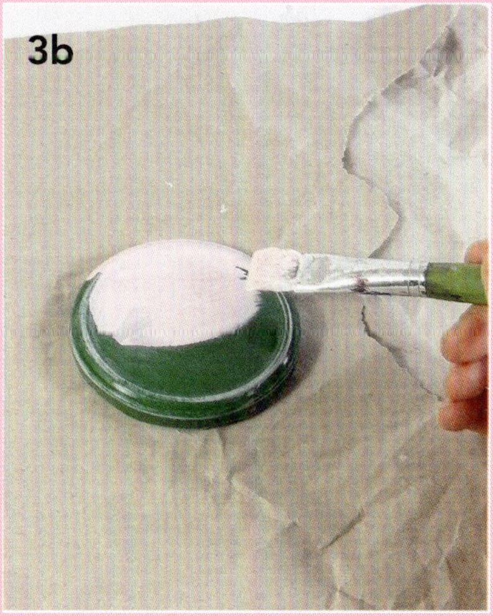

4a
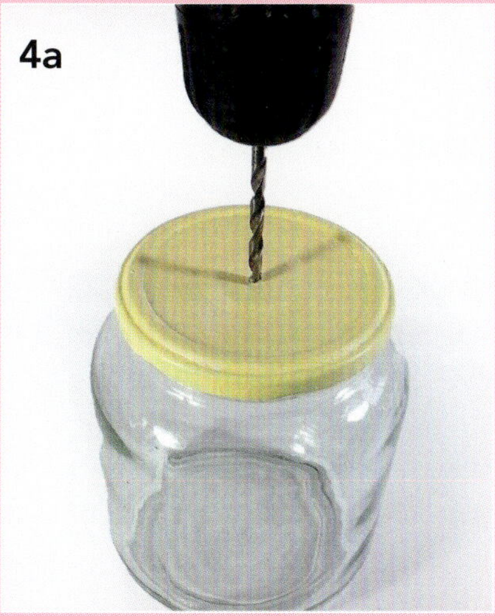

4b
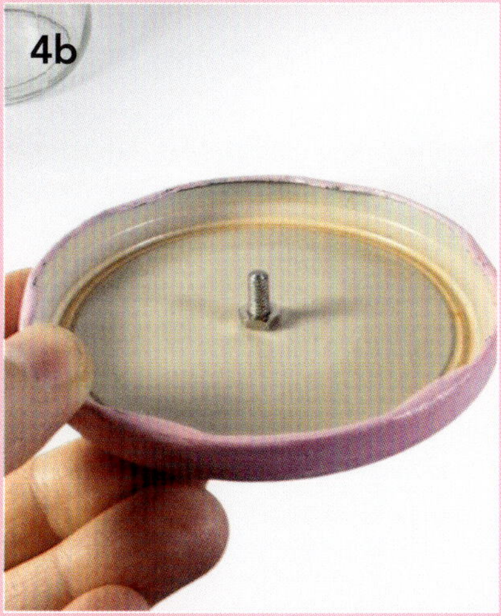

6
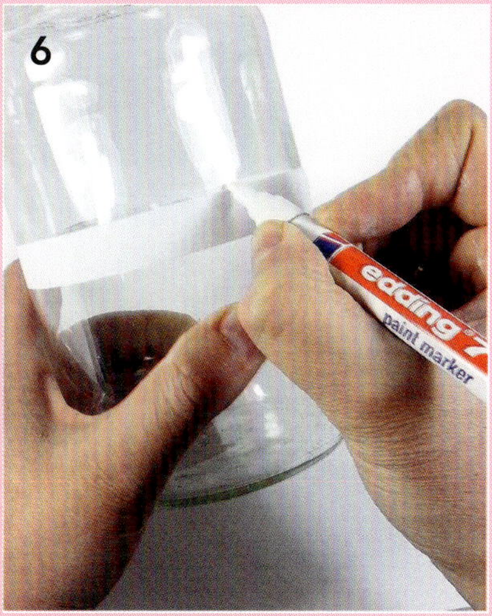

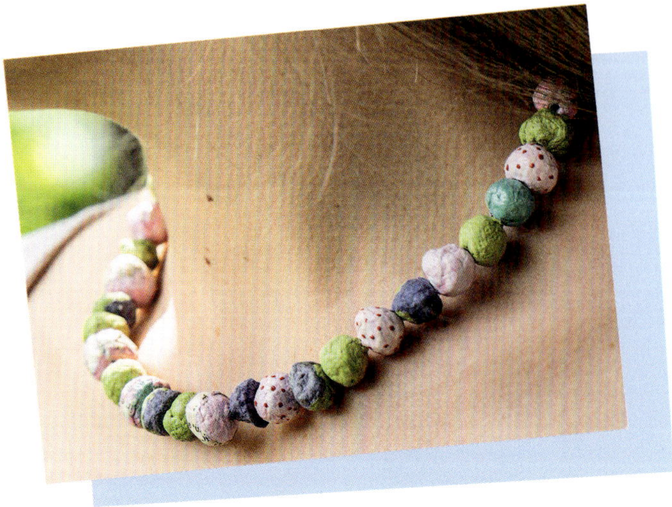

Federleicht am Hals

SCHMUCK

Würdest du auf die Idee kommen, dass diese Ketten aus Papier gemacht sind? Dieser Schmuck ist ein echter Hingucker. Aber wer ihn am Hals trägt, spürt ihn fast nicht – er ist federleicht!

Das braucht du:

- Papierteige aus verschiedenfarbigen Eierpappen (ich hatte tatsächlich eine blaue!) – alternativ kannst du auch hellen Teig färben (s. S. 125)
- farblose Holzlasur (Kinderspielzeug-geeignet, schweißecht)
- zur Gestaltung optional: Kleister, dekorative Papierstückchen, Acrylfarbe, Acrylstifte
- leeres Collier oder Lederband zum Auffädeln
- Schaschlikspieße
- Holzwäscheklammer
- ein altes Holzbrett oder einen dicken Stapel Zeitungen/Pappe als Bohrunterlage
- Bohrmaschine mit Bohrer (3 mm Durchmesser)
- Pinsel

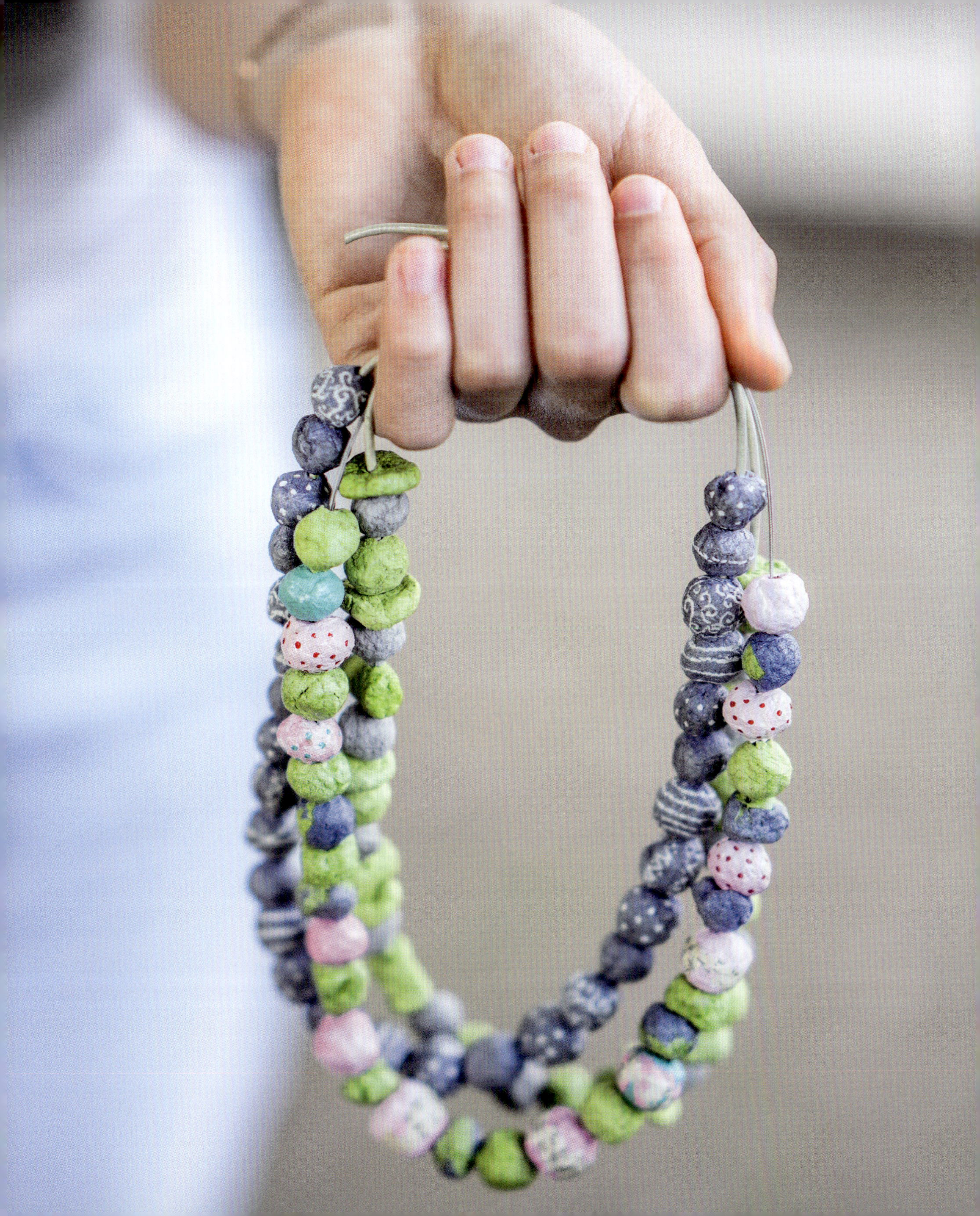

Und so geht es:

1. Runde Kugeln:
Um schön runde Kugeln zu bekommen, formst du aus dem Teig kleine, glatte Bällchen, lässt sie trocknen und bohrst dann die Löcher hinein. Mache einige Kugeln auf Reserve, falls die eine oder andere beim Bohren kaputt geht. Das Bohren geht am besten so: Halte die Kugel mit der Holzwäscheklammer auf die Bohrunterlage und bohre dann senkrecht von oben hindurch.

2. Unregelmäßige Kugeln:
Du kannst auch Perlen gleich mit Loch formen, diese sind jedoch kaum rund zu bekommen. Aber unregelmäßige, interessante Formen sind möglich. Forme die Perle jeweils um einen Schaschlikspieß herum. Du kannst sie auch auf dem Spieß trocknen lassen.

3. Flache oder zylindrische Perlen:
Forme einige flache Kreise und kleine Zylinder aus Papierteig, lass sie trocknen und bohre danach in die Mitte jeweils ein Loch.

4. Gestaltungsideen:

- Gestalte melierte Perlen, indem du zwei verschiedenfarbige Teige mischst.
- Bemale die fertigen Kugeln mit feinem weißen Acrylstift mit filigranen Mustern oder Punkten.
- Bekleistere die fertig getrockneten Kugeln mit winzigen Fetzchen Papier.
- Male die Kugeln mit Acrylfarben an.

5. Fertigstellung:
Zum Schluss müssen die Kugeln unbedingt mit einer farblosen Holzlasur versiegelt werden, denn ohne diesen Schutz würden die Perlen durch Hautfett und Schweiß sehr schnell hässlich. Die Versiegelung gelingt am besten, wenn du die Kugeln auf einen Schaschlikspieß fädelst und dort mit der Lasur bestreichst und trocknen lässt. Meistens ist ein zweiter Anstrich ratsam.
Nun kannst du die Perlen auf das Collier/Band auffädeln.

1

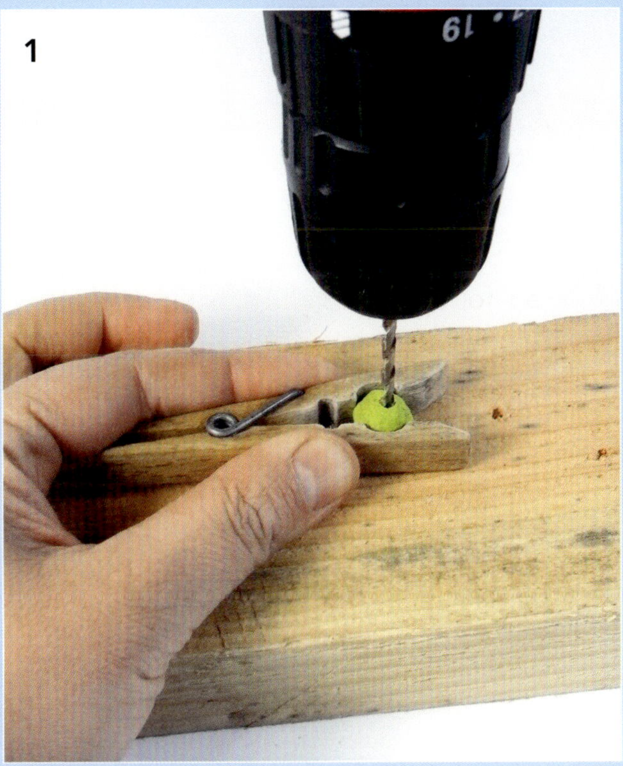

1-4

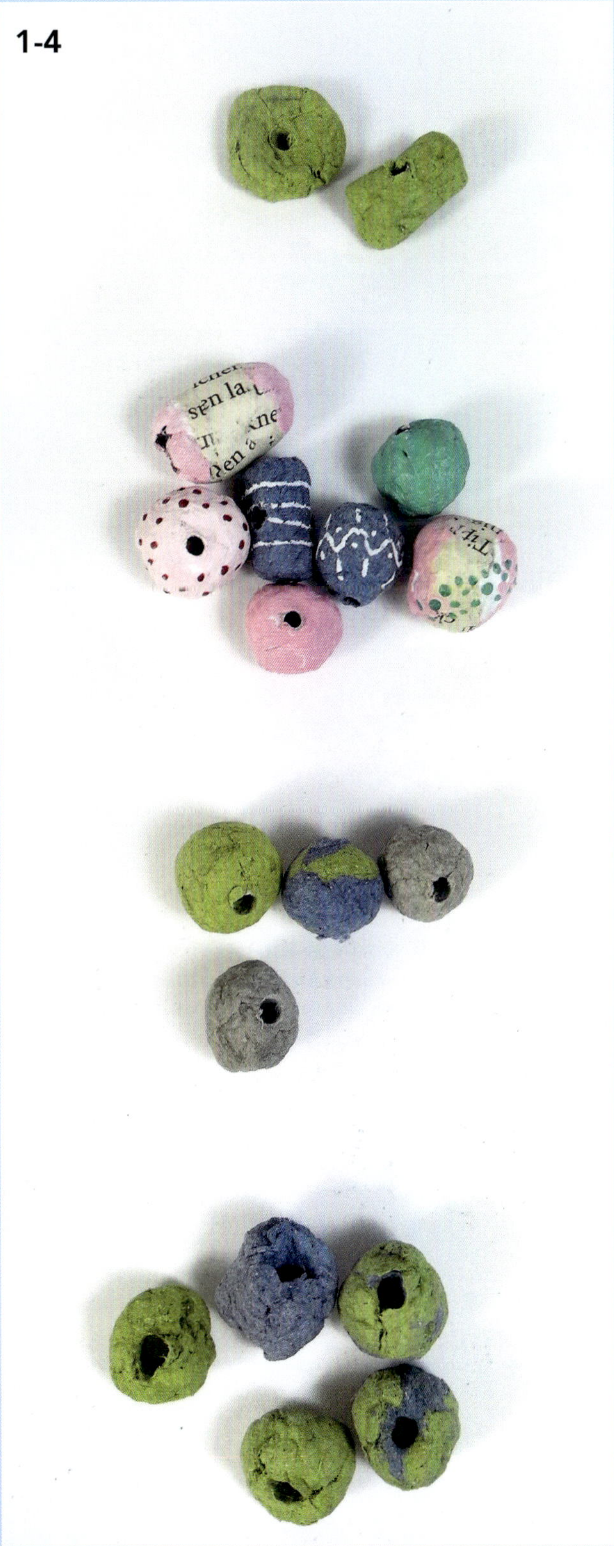

5

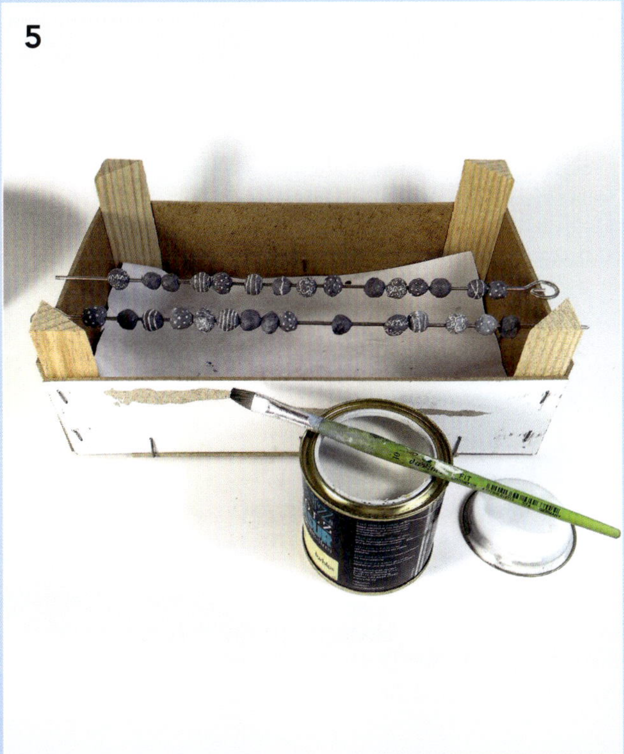

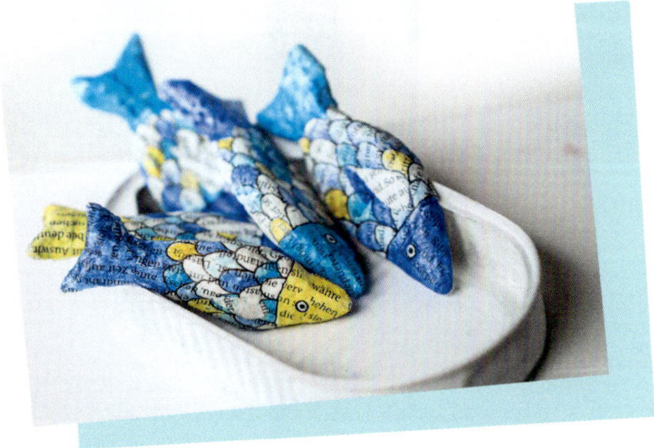

Bunte Meeresbewohner

KÜHLSCHRANKMAGNETE

Schwimmen können diese farbenfrohen Fische zwar nicht – dafür halten sie aber Notizen und Zettel jeder Art am Kühlschrank oder an Magnettafeln fest. Die angele ich mir!

Das braucht du:

- Papierteig (die Farbe ist gleichgültig, denn alle sichtbaren Teile werden kaschiert) (s. S. 113)
- bedruckte Seiten, z.B. aus einem ausrangierten Buch, in Streifen gerissen
- Kleister (s. S. 133)
- optional: Wandfarbe oder Gesso
- Wasserfarbkasten
- wasserfester schwarzer Fineliner
- Klarlack (lösemittelfrei)
- Neodynmagnete
- starker Kleber
- Feile, Schleifpapier oder Schleifschwamm
- je ein Pinsel für Kleister und Wasserfarbe

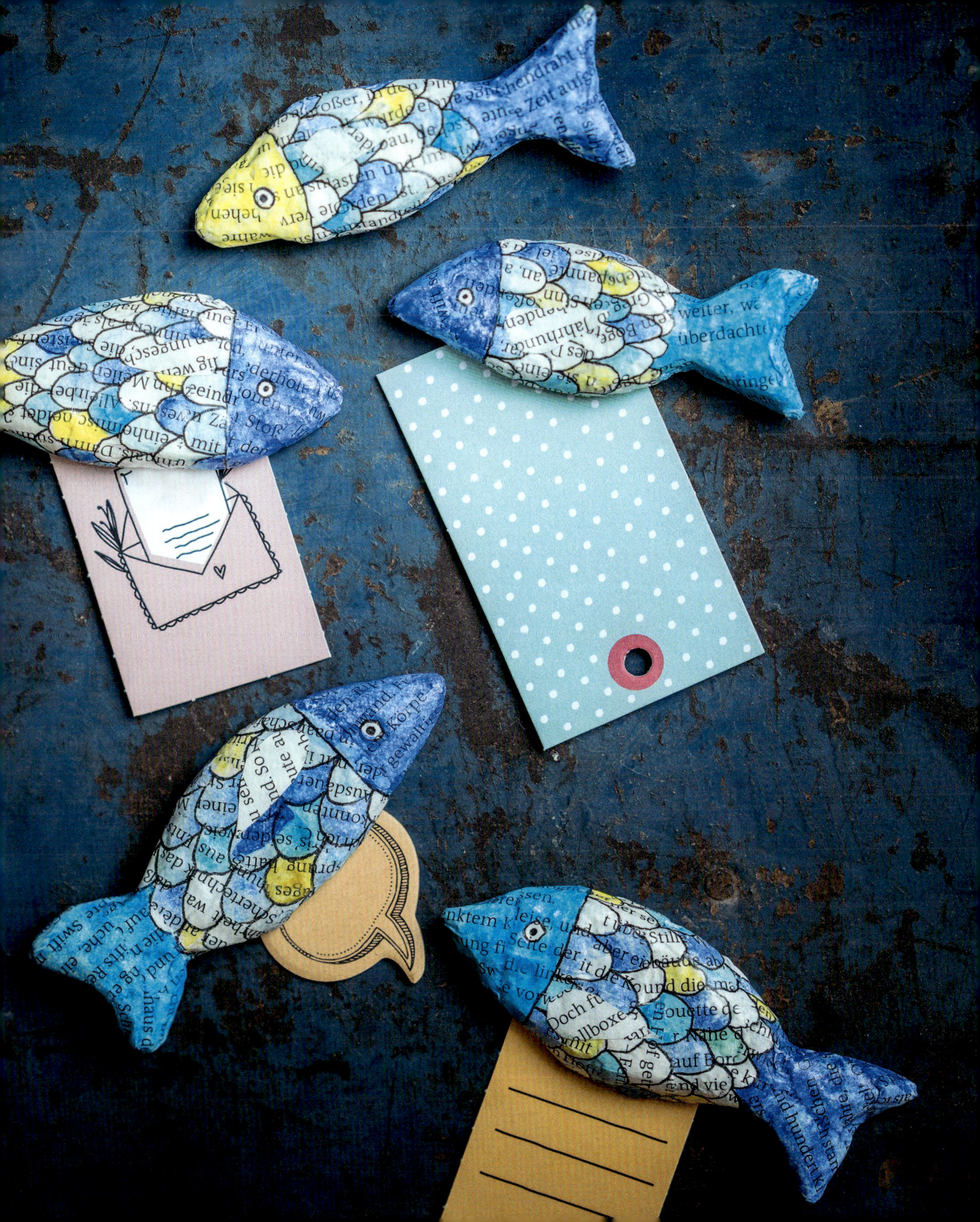

Und so geht es:

1. Forme aus dem Papierteig Fische – entweder du gestaltest sie frei oder du verwendest meine Vorlage (herunterladen unter www.pirlipause.de) und gestaltest die Fische nach diesem Muster. Trocknen lassen.

2. Schleife/feile die Fische schön glatt und streiche sie evtl. noch mit Wandfarbe an, um sie noch glatter zu machen.

3. Trage mit dem Pinsel Kleister auf die Vorderseite der Fische auf und klebe die Papierstreifen darauf fest, indem du auch die Streifen noch mit Kleister bepinselst und alles glattstreichst. Trocknen lassen.

4. Male nun mit dem Fineliner den Fischkopf, das Auge und die Fischschuppen.

5. Suche dir drei Farben aus dem Wassermalkasten aus und gestalte mit ihnen alle Fische mithilfe des feinen Pinsels. Verwende die Farben in unterschiedlicher Verdünnung – trage die Farben besonders im Bereich der Schuppen eher stark verdünnt auf.

6. Wenn du möchtest, kannst du noch Seitenflossen aus dem Buchseitenpapier aufkleben.

7. Wenn die Farbe getrocknet ist, lackiere die Fische mit dem Klarlack.

8. Befestige auf der Rückseite die Magnete mit einem starken Kleber.

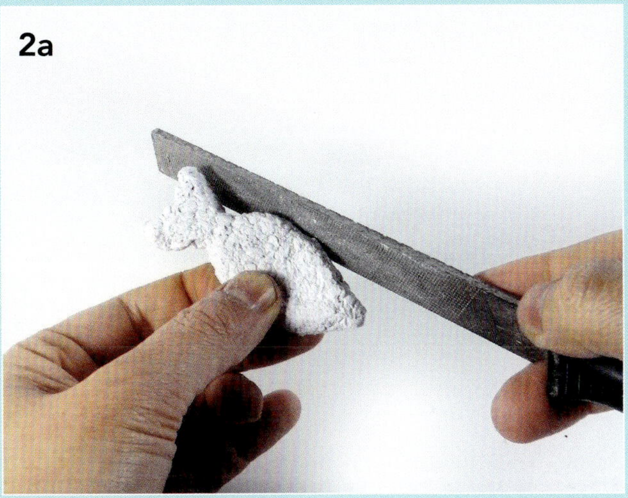
2a

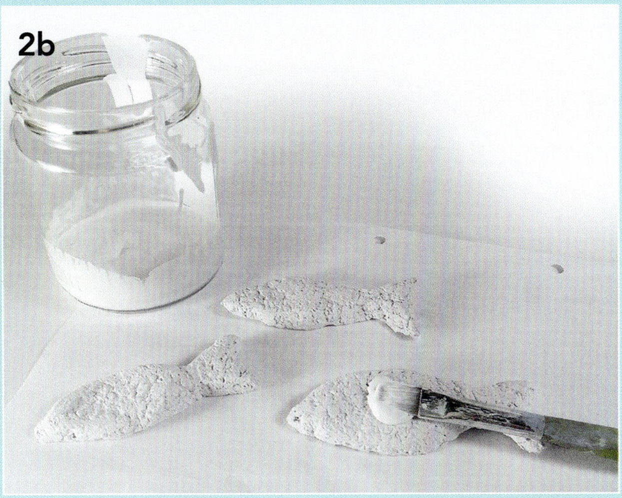
2b

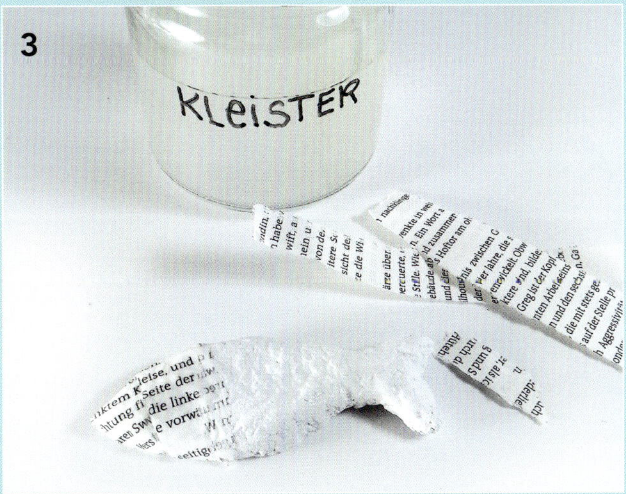
3
KLEISTER

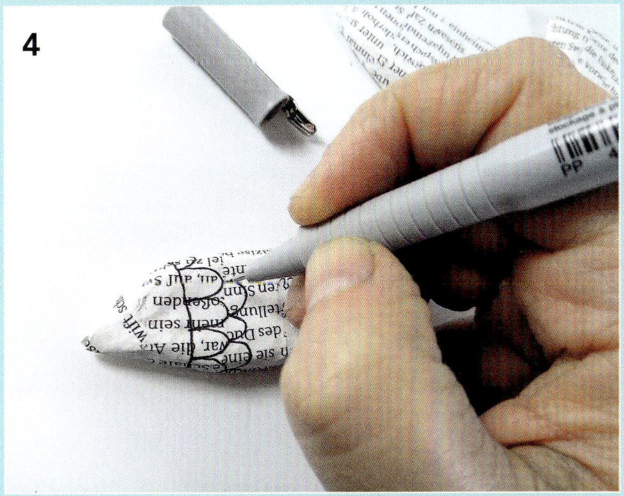
4

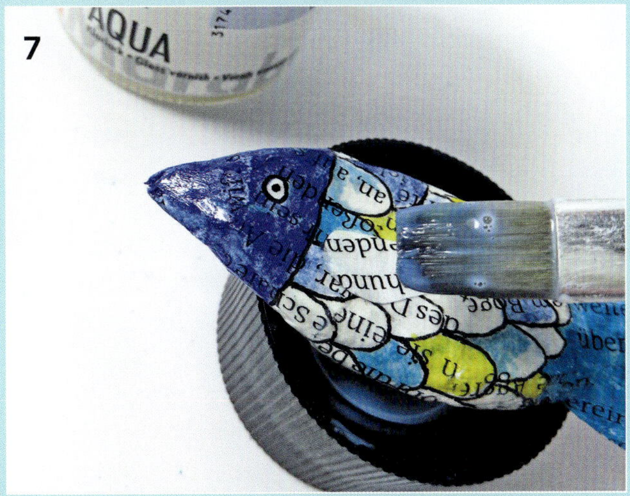
7
AQUA

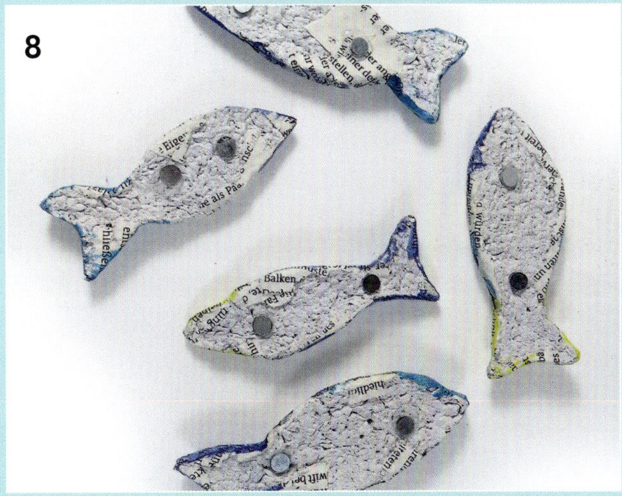
8

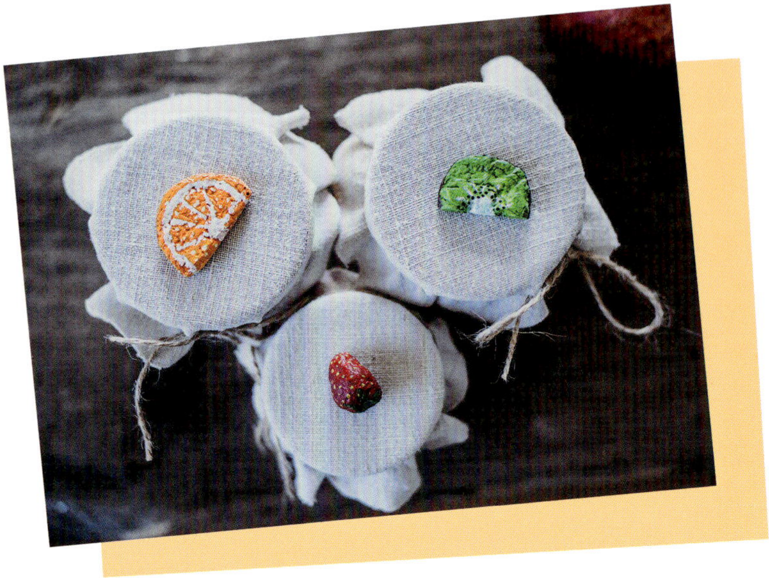

Ans Eingemachte

MARMELADENGLAS-DEKO

Selbst gekochte Marmelade schmeckt einfach am besten! Damit dein Eingemachtes noch hübscher daherkommt, wenn du es verschenkst, kannst du die Gläser mit süßen Mini-Früchtchen verzieren.

Das braucht du:

- Pappmaché-Teig (Farbe egal) (s. S. 113)
- Wandfarbe oder Gesso
- je nach Frucht verschiedene Acrylfarben oder -stifte
- Feile, Schleifpapier oder Schleifschwamm
- Pinsel

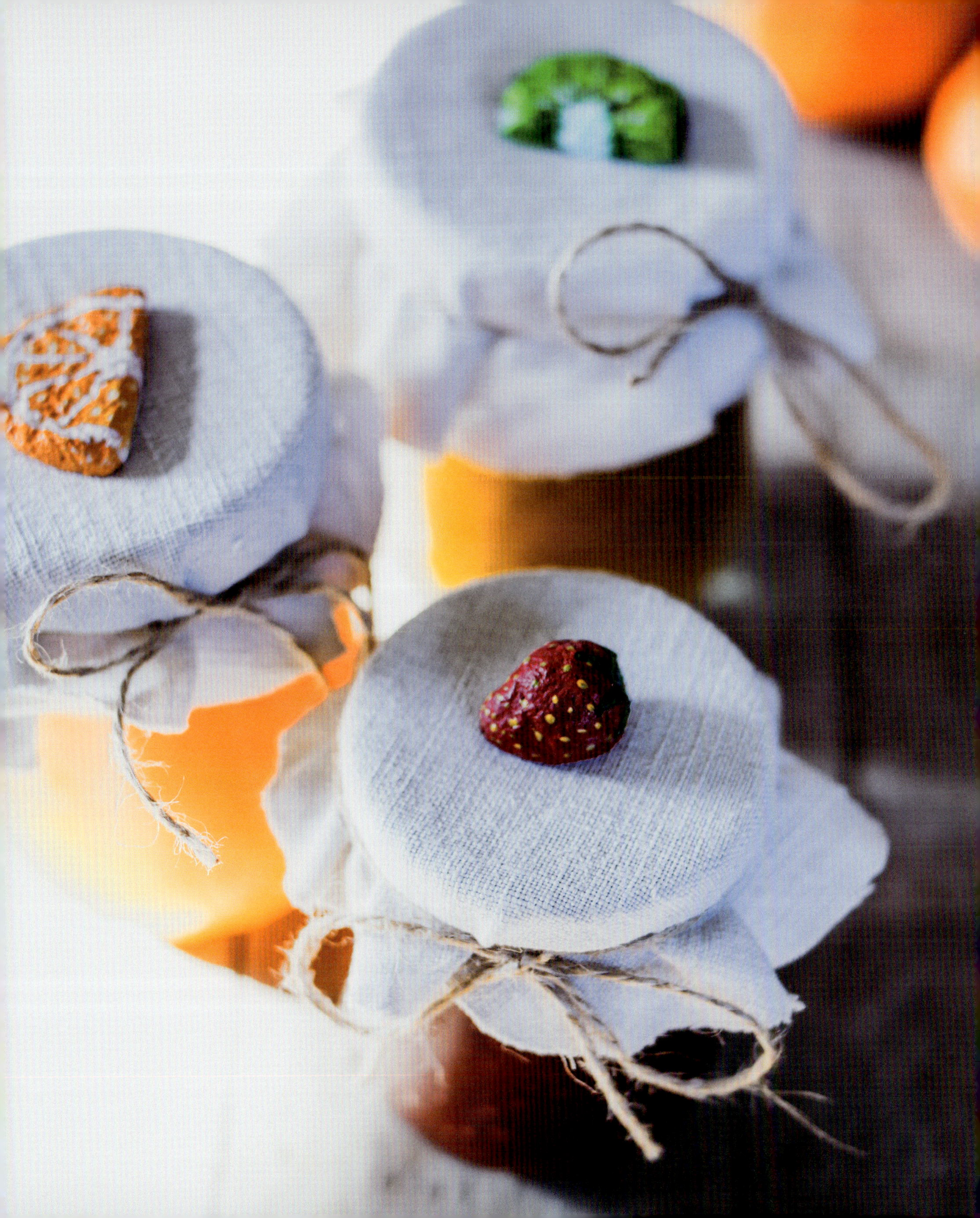

Und so geht es:

1. Forme kleine Früchte aus dem Pappmaché-Teig. Für die Orangen und Kiwis habe ich Halbmonde geformt, für die Erbeeren eine kleine Erdbeere mit abgeflachter Seite, damit die Frucht später gut auf dem Marmeladendeckel aufliegt. Trocknen lassen.

2. Es empfiehlt sich, die kleinen Objekte glatt zu schleifenund mindestens 1x mit Wandfarbe oder Gesso anzumalen (s. S. 123). Trocknen lassen.

3. Erdbeeren: Male die Erdbeeren rot an und lasse sie trocknen. Male mit Grün einen kleinen Blätterkranz und tupfe mit einem feinen Pinsel grün-gelbe Punkte auf die Früchte.

4. Orangenscheibe: Male die Orangenscheibe mit leuchtendem Orange an. Trocknen lassen. Mit einem hellen Gelb tupfst du Pünktchen auf das ganze Fruchtfleisch. Mit einem weißen Acrystift (oder feinem Pinsel und weißer Farbe) trägst du das strahlenförmige Muster auf und ziehst einen weißen Rand entlang des Halbrunds.

5. Kiwi: Den Halbmond kiwigrün anmalen und trocknen lassen. Den seitlichen Rand mit Braun färben. Mit Weiß-Grün die helle Mitte der Kiwischeibe und ein paar helle Strahlen von dort ausgehend rundherum malen. Rund um die Mitte mit einem Acrylstift schwarze Punkte auftragen.

Weitere Ideen

Wie wäre es mit Blaubeeren, Pflaumen, Melone oder Apfelspalten?

2

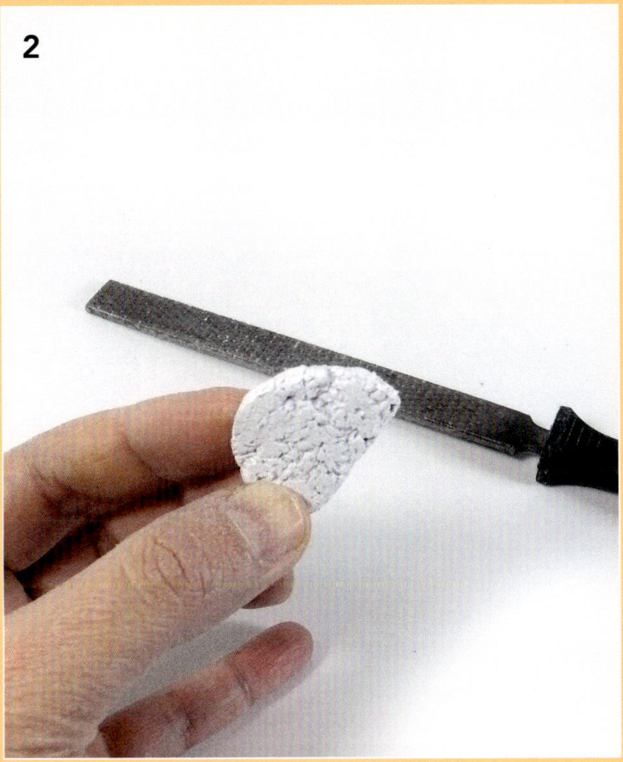

3

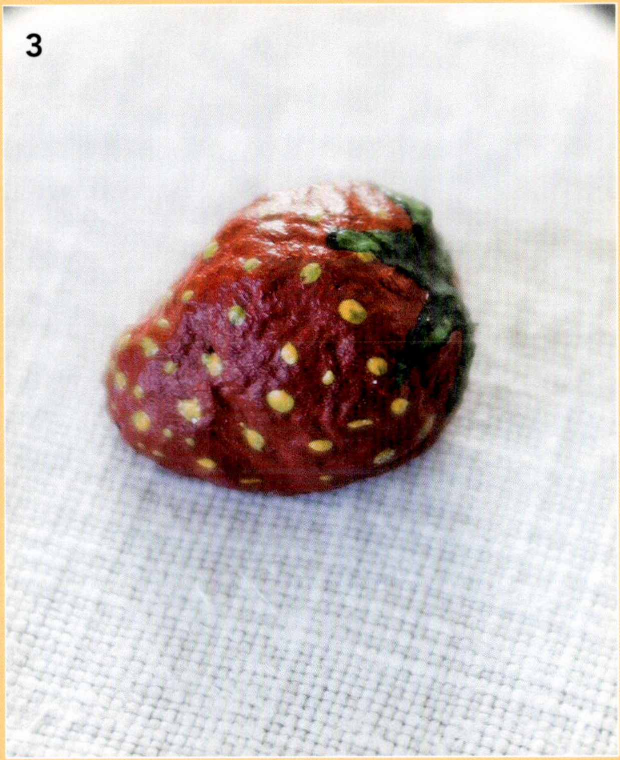

4

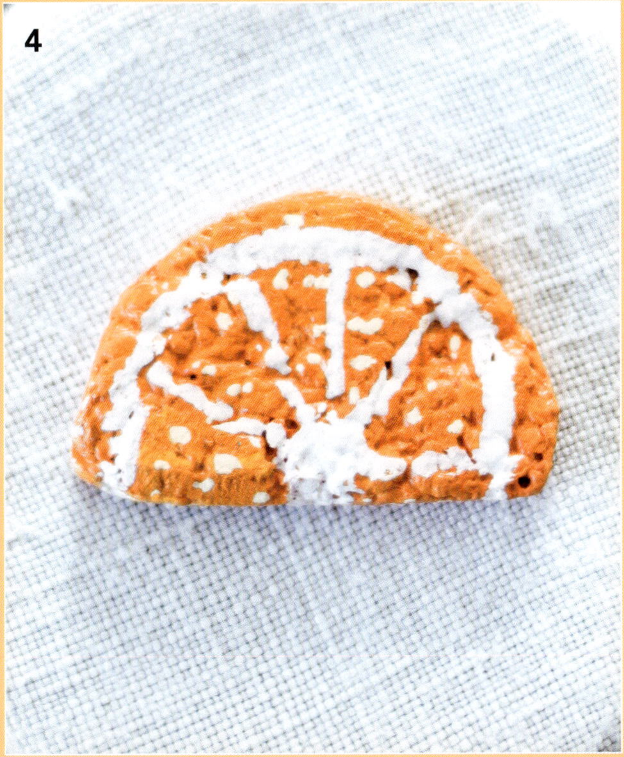

5

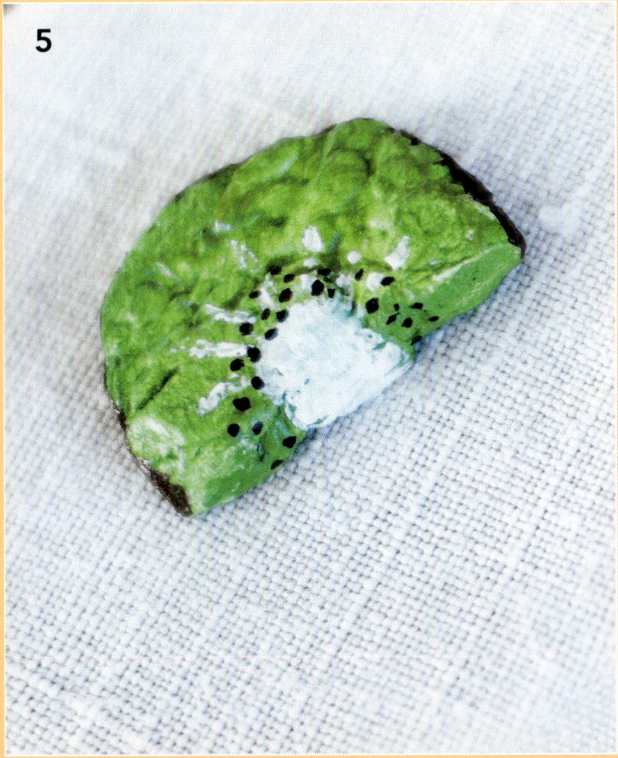

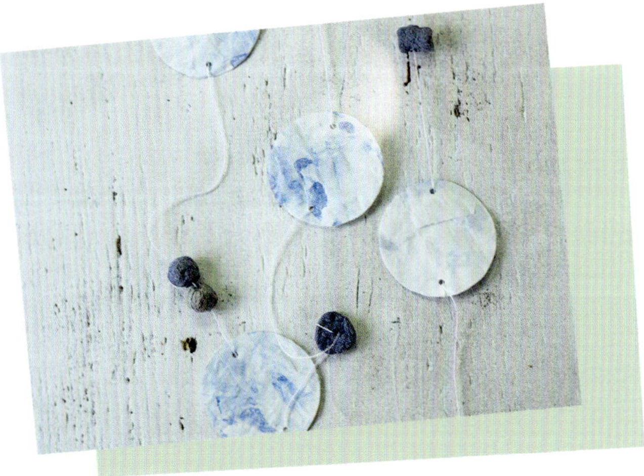

Gute-Laune-Girlande

GIRLANDE

Die halbtransparenten Kreise an dieser sommerlichen Girlande erscheinen bei jedem Wetter anders und strahlen eine fröhliche Leichtigkeit aus.

Das braucht du:

- Butterbrotpapier
- Klarsichtfolie / ein Stück Wachstuch / etwas Stoff als Unterlage
- Kleister, fertig angerührt (s. S. 133)
- ein Glas Wasser
- Wasserfarbe
- Perlen (z. B. selbstgemachte aus Pappmaché, s. S. 58)
- weißer Zwirn
- Pinsel
- Bügeleisen
- Nadel
- Bleistift
- Schere
- Lochzange

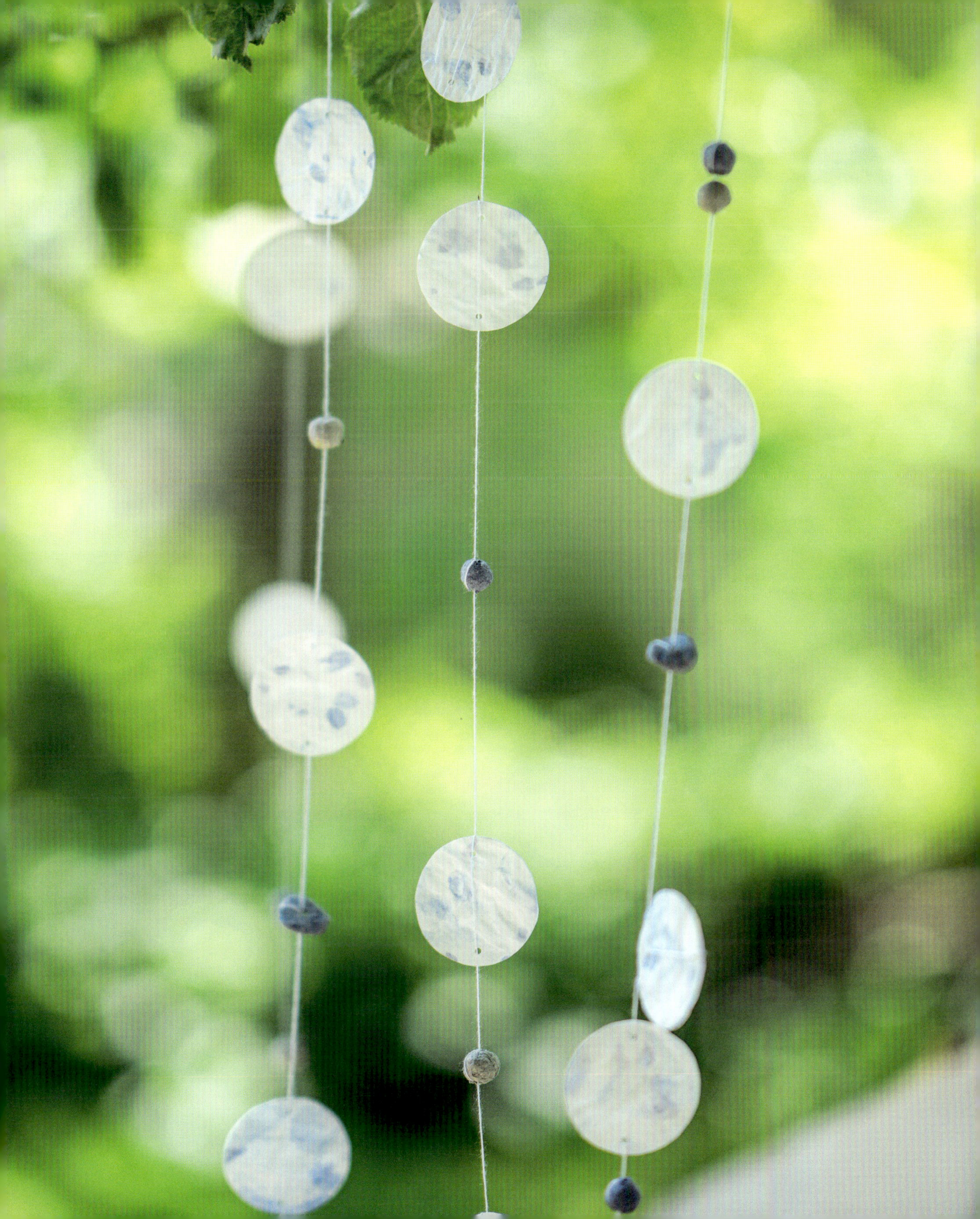

Und so geht es:

1. Reiße das Butterbrotpapier in kleine Stückchen (ca. 2 – 3 cm x 2 – 3 cm) und kleistere eine Schicht der Papierfetzen überlappend mithilfe des Pinsels auf die Unterlage. Eine zweite Schicht folgt gleich danach.

2. Rühre etwas Wasserfarbe an und tupfe farbige Punkte auf die Fläche. Nun wird eine weitere Schicht Butterbrotpapier aufgekleistert . Dabei verwischt die Farbe teilweise, was erwünscht ist!

3. Nun muss die Papierfläche trocknen. Die Unterlage kann danach abgezogen werden.

4. Bügle das Papier bei mittlerer Temperatur – es entsteht ein hübscher Crinkle-Effekt.

5. Mithilfe eines runden Gegenstandes von ca. 5 cm Durchmesser zeichne dicht an dicht Kreise auf die Fläche und schneide sie aus. Eine DIN-A4-große Fläche reicht für gut 20 Kreise. Versehe jeden Kreis mit zwei gegenüberliegenden Löchern (Lochzange, kleinste Größe).

6. Auf einen Faden in der gewünschten Länge fädle nun mithilfe der Nadel unregelmäßig Perlen und Papierkreise auf – umschlinge dabei die Perlen und die Kreise mit dem Faden wie gezeigt, damit sie in der gewünschten Position bleiben. Evtl. an das eine Ende eine Schlaufe zum Aufhängen knoten.

Varianten

Du kannst auch auf die erste Schicht Butterbrotpapier schon Farbe auftupfen – vielleicht sogar eine andere. Diese Girlanden sehen in ganz unterschiedlichen Farbkombinationen toll aus! Oder wie wäre es, wenn du statt Kreisen Herzen ausschneidest?

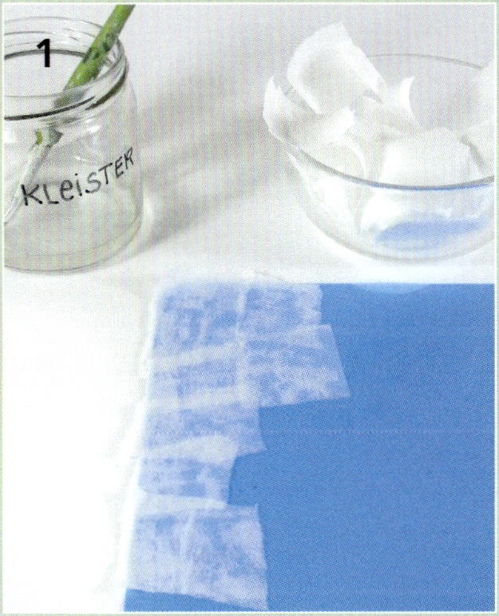

1

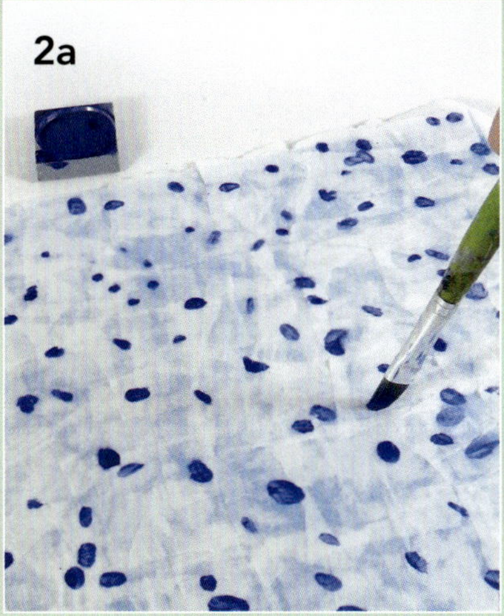

2a

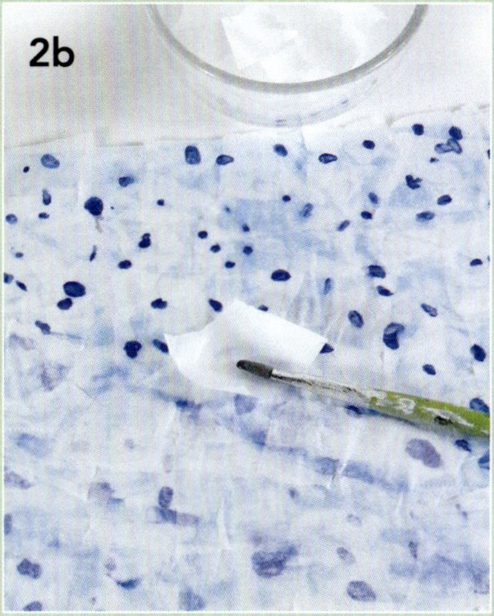

2b

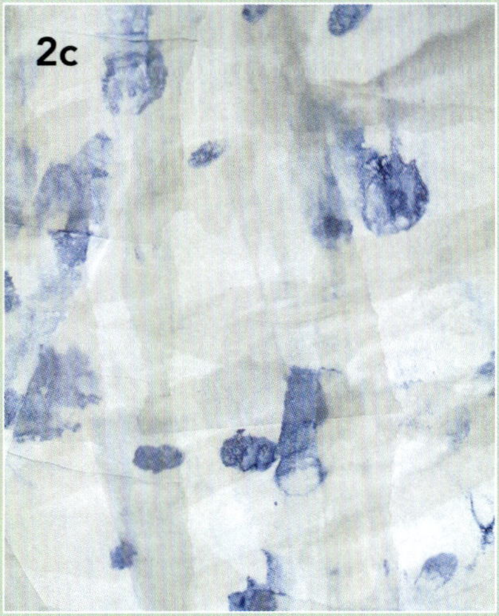

2c

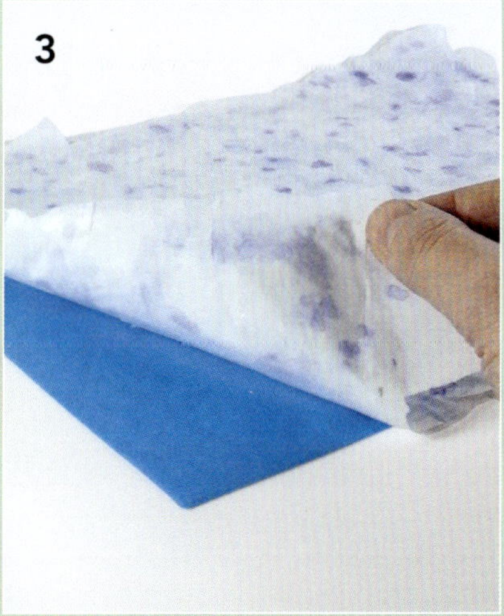

3

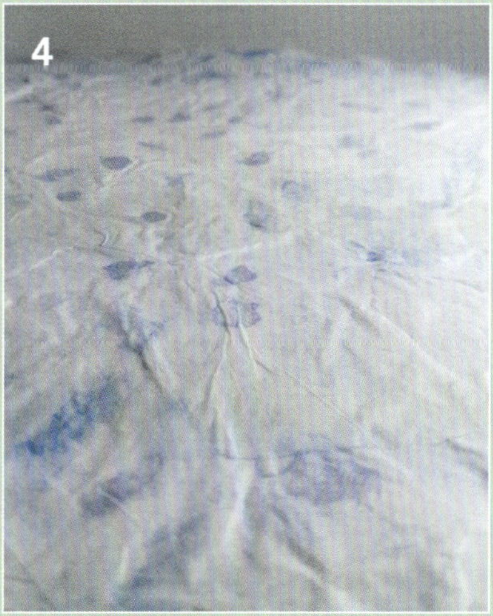

4

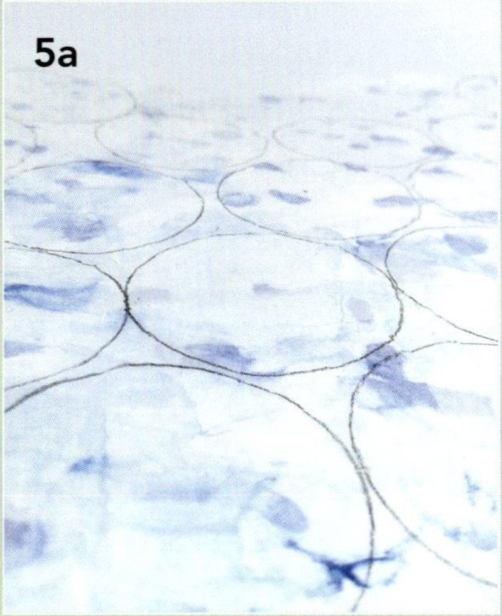

5a

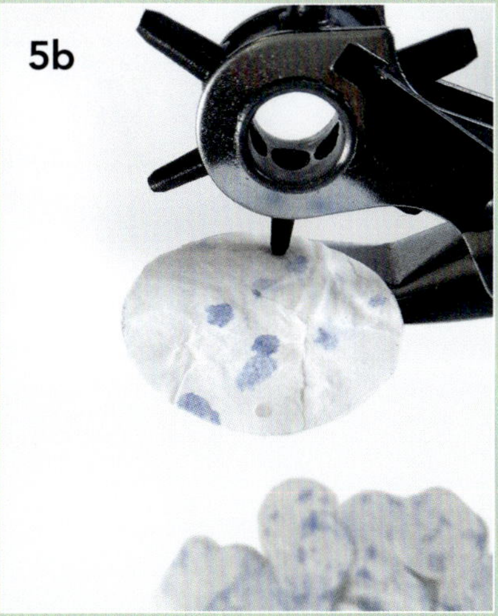

5b

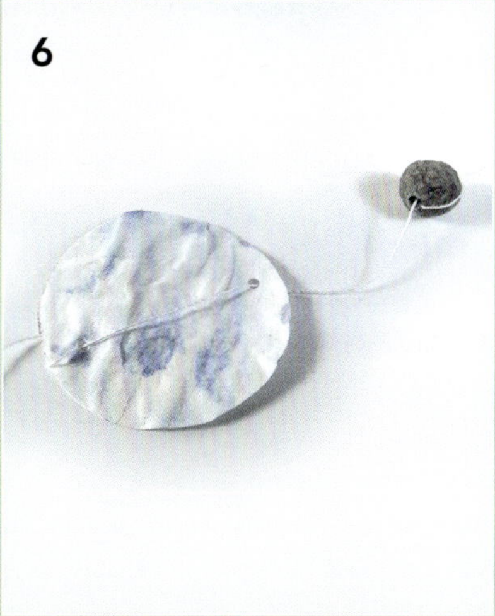

6

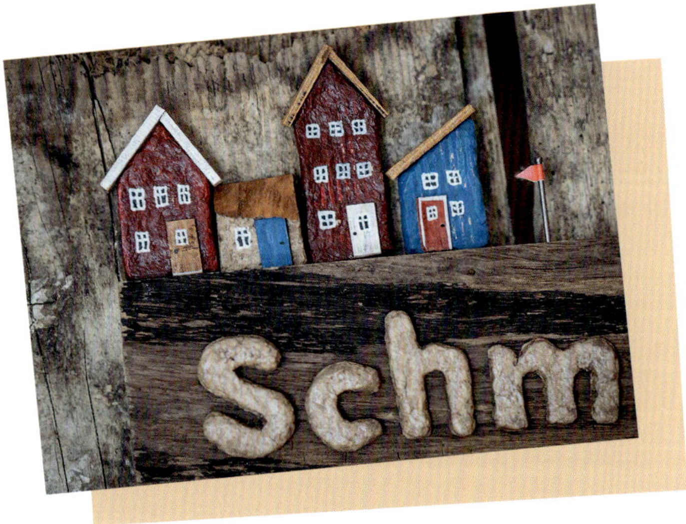

Willkommen!

TÜRSCHILD

Wie eine winzige skandinavische Modellbaulandschaft wirken diese kleinen Häuschen auf dem Türschild.

Das braucht du:

- ein Brett (möglichst verwittert – z. B. Treibholz)
- 1 Rezept Papierteig in Braun (z. B. aus brauner Eierpappe) (s. S. 113)
- Acrylfarbe, evtl. weißen und schwarzen Acrylstift
- Holzlasur (z. B. Farbton Buche)
- Holzleim
- für die Ausgestaltung: Kleine Holzstückchen oder Pappe, Wellpappe oder Rinde und einen längeren Nagel sowie ein Stückchen rotes Papier
- Hammer
- Feile und Schleifschwamm
- Pinsel
- Glättwerkzeug (kleines Messer o. Ä.)
- Bohrer

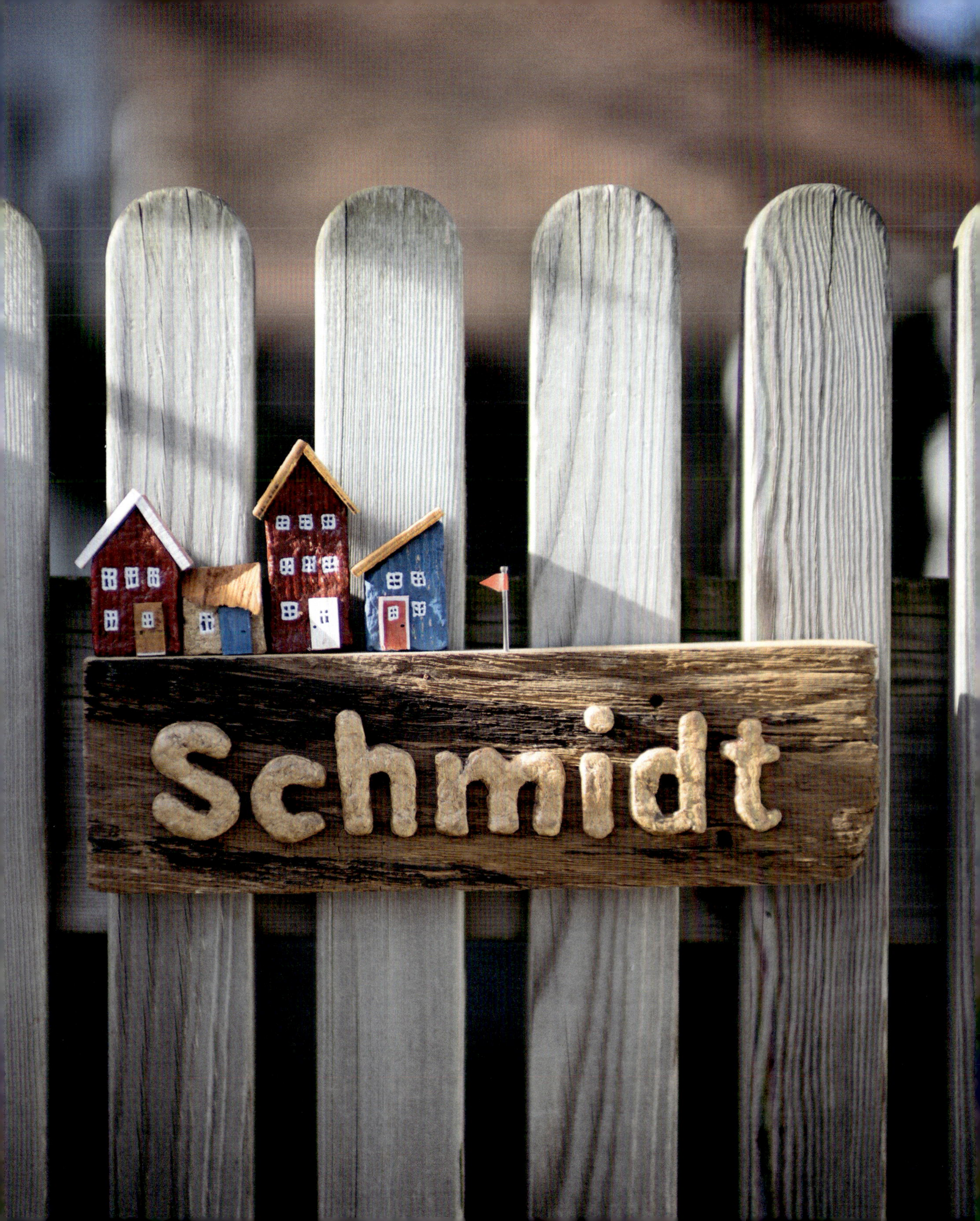
Schmidt

Und so geht es:

1. Drucke dir Buchstaben des Namens in der gewünschten Größe aus. Die Großbuchstaben sollten nicht kleiner als ca. 5 cm sein – sonst wird es schwierig, sie zu formen! Wähle eine geradlinige Schrift.

2. Klebe die Buchstaben-Vorlage am besten auf ein glattes Stück Pappe – dadurch können sich die modellierten Buchstaben mit dem Papier später nicht so stark verziehen beim Trocknen. Modelliere die Buchstaben mit dem Papierteig direkt auf der Vorlage. Glätte alles immer wieder sorgfältig. Die Buchstaben haben eine Dicke von ca. 0,5 cm. Gut trocknen lassen. Evtl. nach dem Antrocknen mit einem dicken Buch beschweren, damit sie sich nicht verziehen.

3. Modelliere auch die Häuser – entweder frei oder nach meiner Vorlage (Vorlage Haus herunterladen unter www.pirlipause.de). Die Häuser sind ca. 1 cm dick. Alles gut trocknen lassen – dafür zwischen durch öfters wenden. (Übriggebliebenen Teig in einem verschlossenen Gefäß kühl stellen.)

4. Löse die Buchstaben vorsichtig von der Unterlage – es ist nicht schlimm, wenn etwas Papier an der Unterseite hängen bleibt oder wenn die Buchstaben an einzelnen Stellen auseinanderbrechen. Die Teile können später ohne Weiteres wieder geklebt werden. Feile und schleife jeden Buchstaben sorgfältig ein wenig glatt (4a: ungeschliffen, 4b: geschliffen), klebe auseinandergebrochene Teile mit Holzleim wieder zusammen, verspachtele Risse mit ein klein wenig frischem übriggebliebenen Teig und lasse alles noch einmal trocknen. Streiche die Buchstaben mit der Holzlasur. Erneut trocknen lassen.

5. Auch die getrockneten Häuser schleife ein wenig und bemale sie mit Acrylfarben deiner Wahl – ich habe mich für schwedisches Rot und ein Graublau entschieden. Den kleinen Schuppen habe ich, genau wie die Buchstaben, nur mit Holzlasur gestrichen – so entsteht eine farbliche Verbindung zwischen Häusern und Schriftzug. Wenn du eine Bretterstruktur auf den Häusern andeuten möchtest, kannst du ein Stück Wellpappe mit etwas hellerer Farbe bestreichen und die Pappe längs auf die Häuser drücken. Dadurch wird das Wellpappenmuster aufgestempelt.

Fortsetzung nächste Seite

2

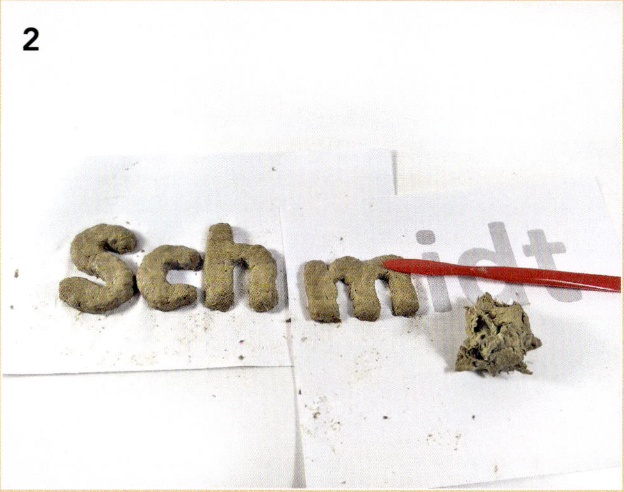

3

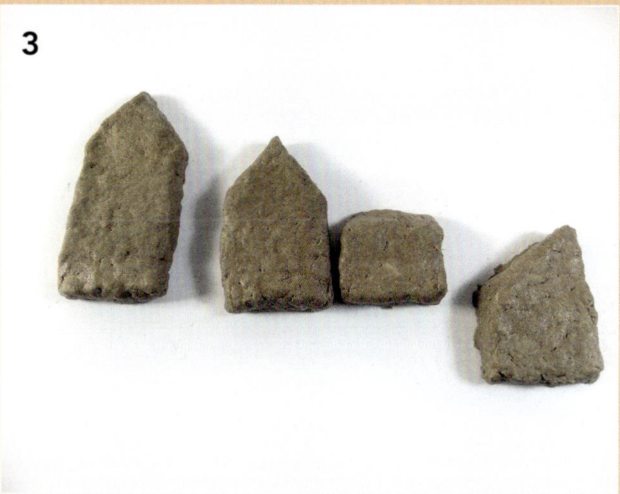

4a

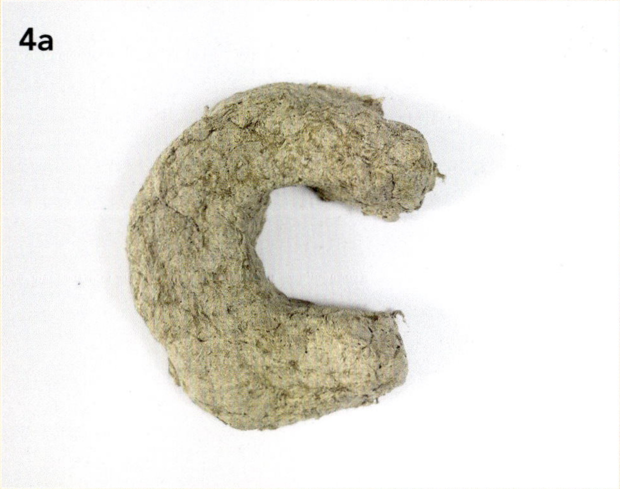

4b

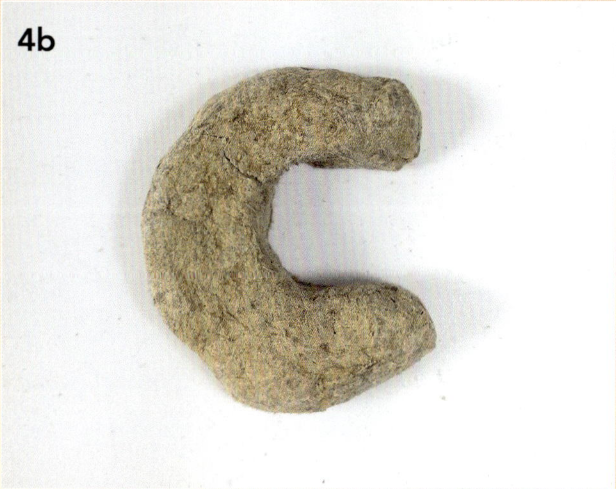

5a

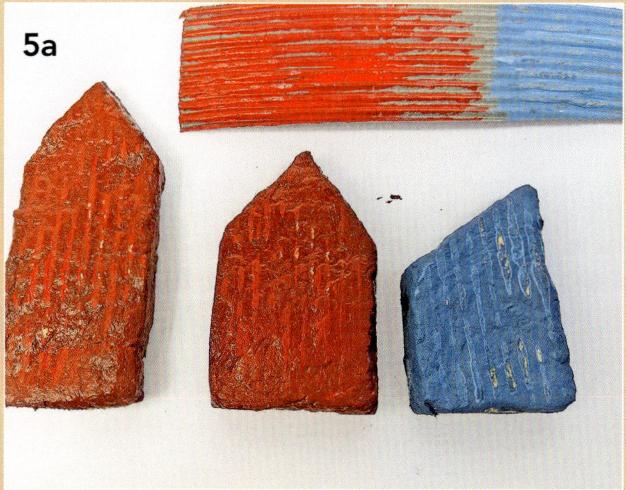

5b

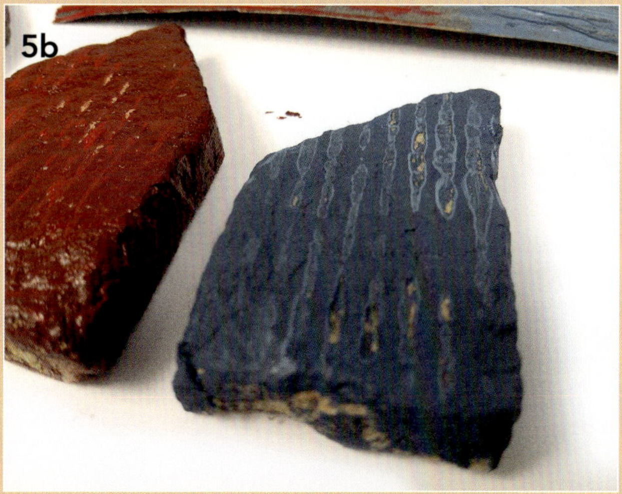

Und so geht es weiter:

6. Trage mit dem schwarzen Acrylstift (oder einem feinen Pinsel) die Fenstervierecke auf den Häusern auf. Sind diese gut getrocknet, male die Fensterrahmen und Fensterkreuze mit weißem Acrylstift oder Pinsel.

7. Die Türen können aus kleinen Holzstückchen oder aus Pappe gefertigt und aufgeklebt werden – oder du malst sie einfach auf.

8. Die Dächer (aus Holzstücken oder Pappe) werden mit Holzlasur wetterfest angestrichen und auf die Häuser geleimt. Evtl. einzelne Giebelvorderseiten mit weißer Acrylfarbe bemalen.

9. Bohre in das Brett von hinten zwei ca. 1 cm tiefe Löcher für die spätere Aufhängung.

10. Lege die Häuser probehalber so hin, wie sie später auf das Brett geklebt werden sollen, um die passende Stelle für die Fahne zu ermitteln. Schlage mit einem Hammer den Nagel als Fahnenstange ein. Schneide eine winzige rote Fahne doppellagig aus und klebe sie am Nagel fest. Bestreiche sie zum Schutz mit klarer Holzlasur oder mit Holzleim.

11. Buchstaben und Häuser mit Holzleim an das Brett kleben.

12. Je nachdem, wie wetterfest das Schild sein muss, kann nun alles noch einmal mit Holzlasur oder Lack gestrichen werden.

Ideen

Ein Stück Holz mit kleinen Häuschen kann auch ohne den Schriftzug als Wanddeko sehr reizvoll aussehen! Lass dich inspirieren und kreiere deine ganz eigene winzige Welt!
3D-Buchstaben aus Pappmaché lassen sich noch für viele andere Zwecke verwenden: Fertige zum Beispiel noch größere Buchstaben und stelle sie zur Deko ins Regal. Oder gestalte einen Keilrahmen mit einem dreidimensionalen Spruch!

6

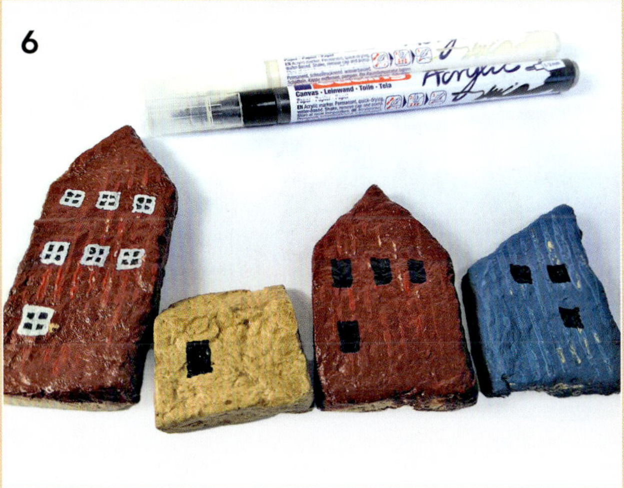

8

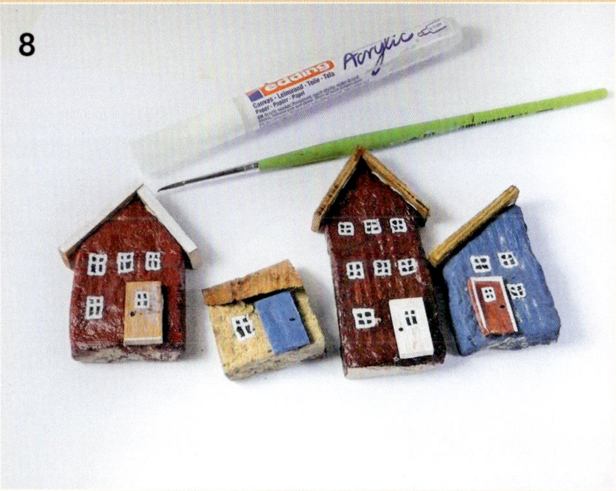

10

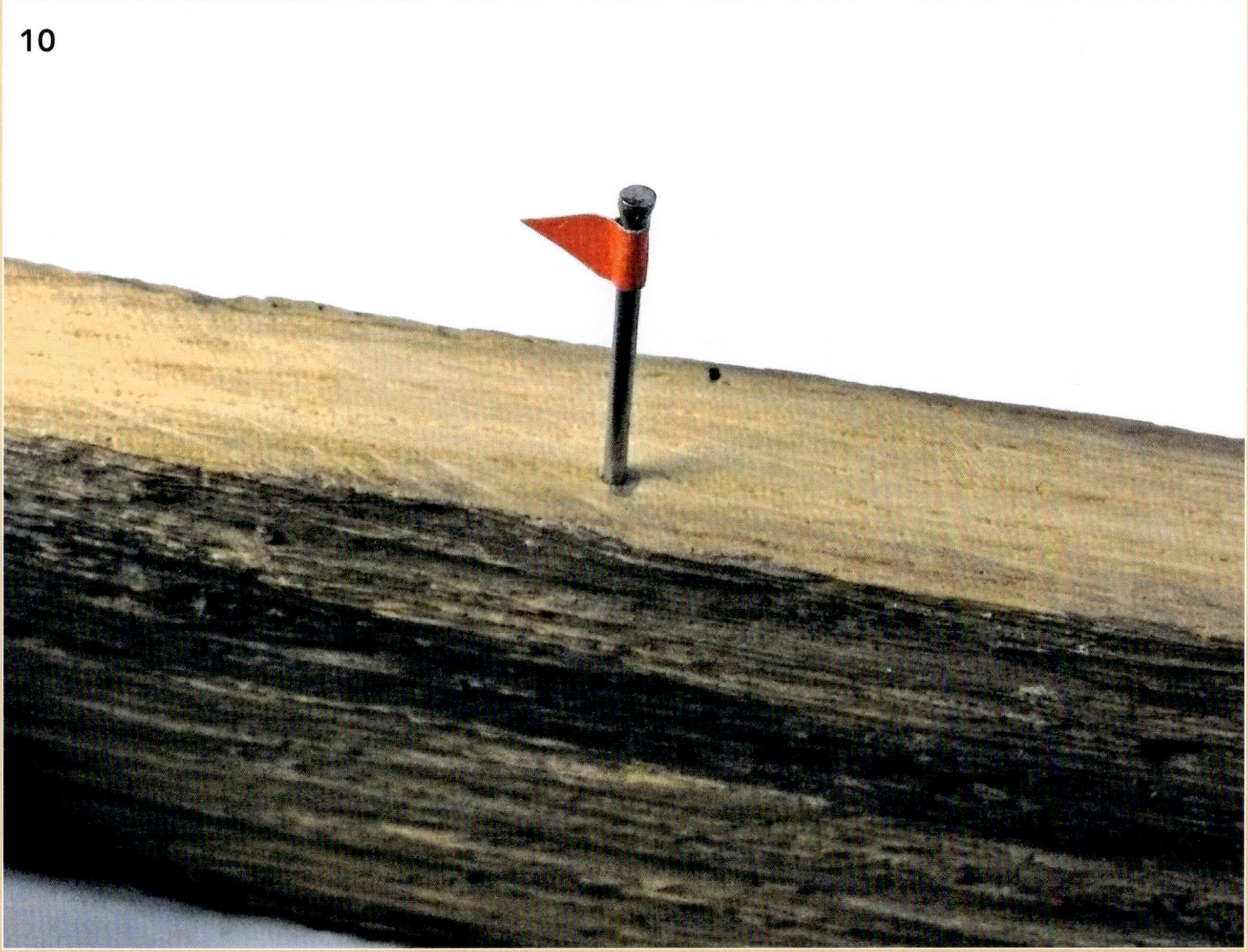

Stuck aus Papier

BOX MIT STUCKELEMENTEN

Dass man eine schmucklose Box mit Toilettenpapier und Kleister in ein wunderschönes Vintage-Teil mit Stuckelementen verwandeln kann, finde ich faszinierend. Das Ganze funktioniert natürlich mit jedem anderen Möbelstück auch …

Hier habe ich ausnahmsweise Toilettenpapier verwendet, weil die Modelliermasse dadurch eine besonders feine Struktur bekommt und auch nur eine sehr kleine Menge Teig benötigt wird.

Das braucht du:

- eine Holzkiste
- Toilettenpapier
- angerührter Kleister (s. S. 133)
- Holzleim
- Vorlage für die Stuckelemente (herunterladen unter www.pirlipause.de)
- Acryl- oder Kreidefarben (z.B. in Graublau und Weiß)
- weißen Wachsrest
- versiegelnder Lack oder Anstrich
- Pinsel
- Modellierwerkzeug (Messer o. Ä.)
- feine Schere
- feinen Schraubendreher
- Schleifschwamm/-papier
- Bücher o. Ä. zum Beschweren

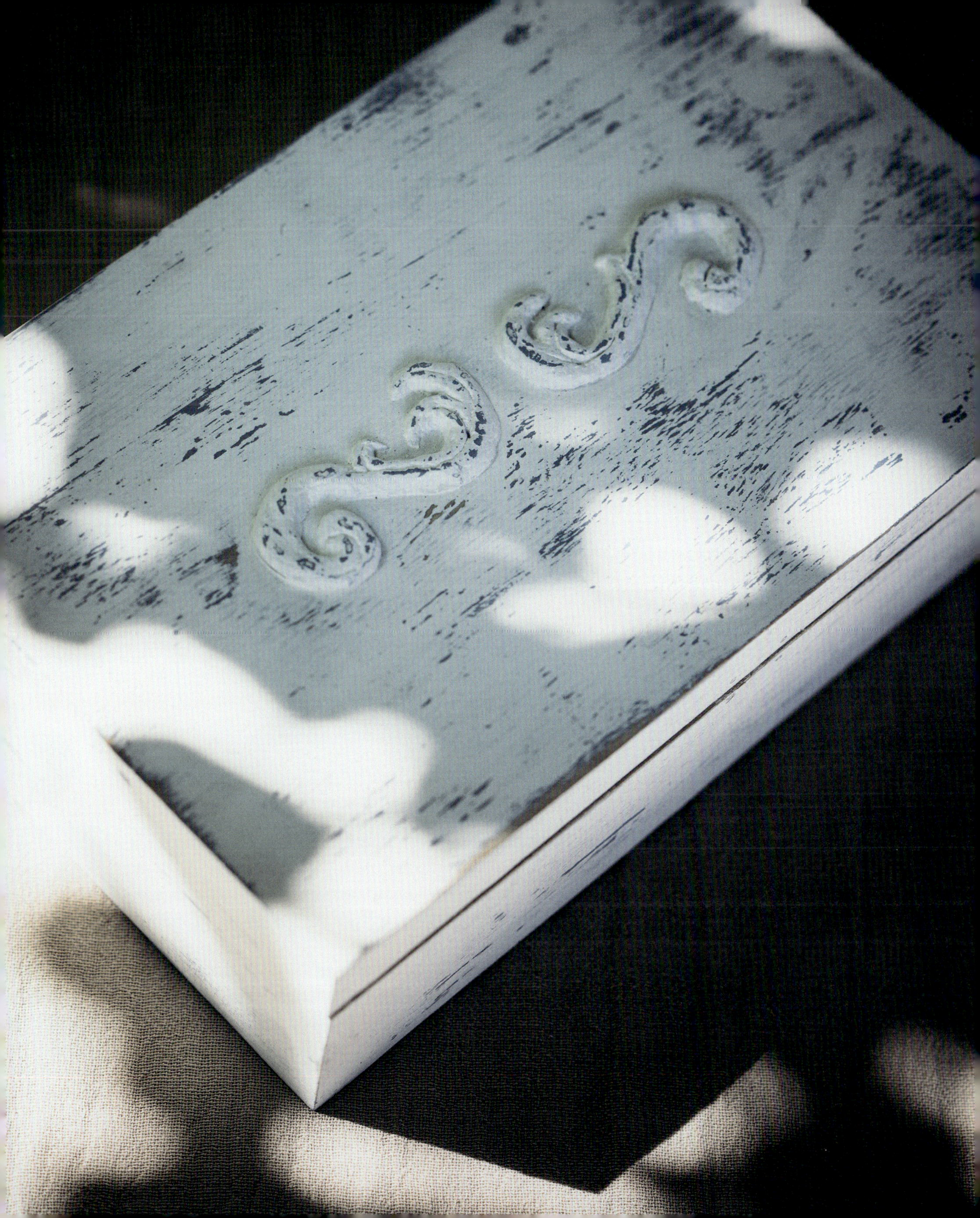

Und so gehts:

1. Bestreiche 10 Blatt Toilettenpapier satt mit Kleister, gib ein wenig Holzleim darauf und verknete alles zu einer geschmeidigen Masse. (Falls die Menge nicht reicht, kannst du später einfach noch etwas Modelliermasse nachproduzieren)

2. Kleistere die Vorlage auf eine glatte, gerade Unterlage, die aber später auch gebogen werden kann (z.B. eine Wachsdecke, ein Tischset oder einen Plastikschnellhefter). Bring eine Schicht der Papiermasse auf die Vorlage und modelliere mit den Fingern und einem Modellierwerkzeug sehr sorgfältig das Stuckelement. Ich habe noch eine geschwungene Linie eingeritzt, was die Verzierung noch filigraner aussehen lässt. Trocknen lassen. Beim Trocknen kann es passieren, dass sich das Papier von der Unterlage löst und die Stuckelemente sich verziehen. Lege dann einfach ein paar dicke Bücher darauf.

3. Schneide die Ränder der abgelösten Verzierungen mit einer feinen Schere glatt. Ordne die Elemente auf der Box an und klebe sie mit Holzleim fest. Beschwere sie wieder während des Trocknens mit Büchern.

4. Entferne mit einem Schraubendreher alle Beschläge oder Verschlüsse. Nun streichst du die ganze Kiste mit einer Pastellfarbe. Nach dem Trocknen wird nun mit dem Wachsrest über die ganze Fläche gestrichen (besonders die Kanten bearbeiten). Bei der Verzierung braucht nur die Oberseite gewachst werden, nicht die Rillen und Ecken.

Fortsetzung nächste Seite

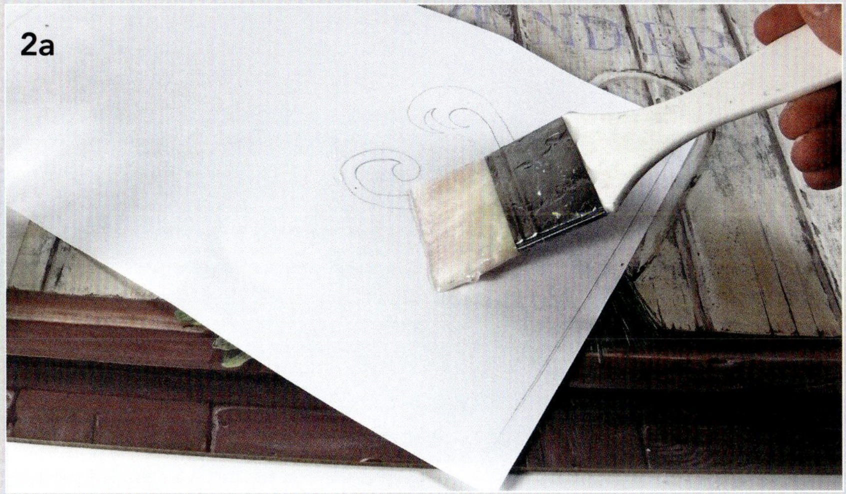
2a

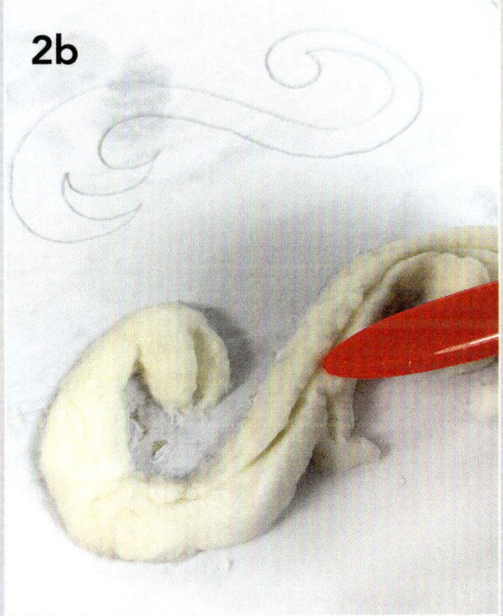
2b

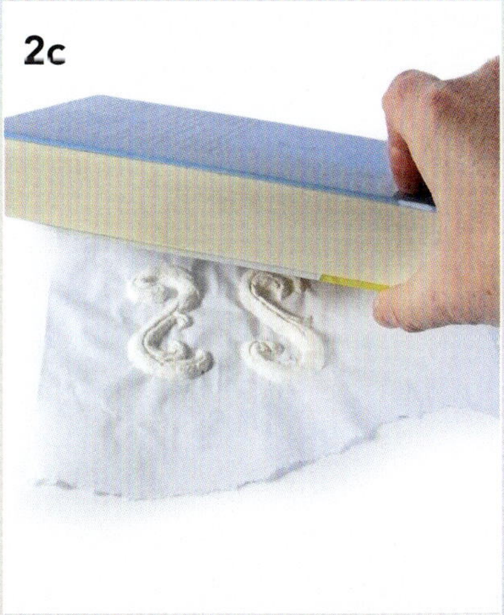
2c

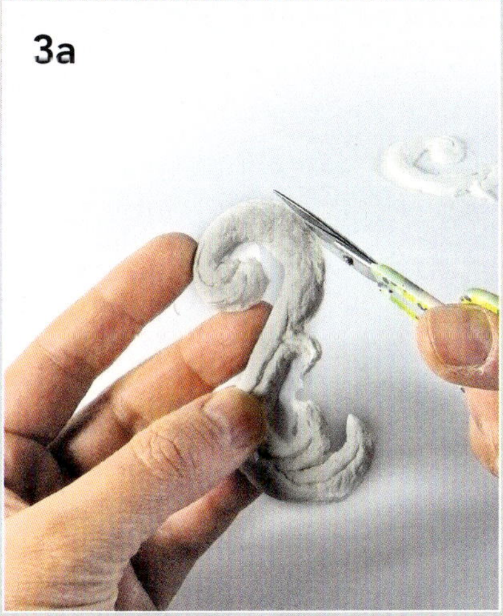
3a

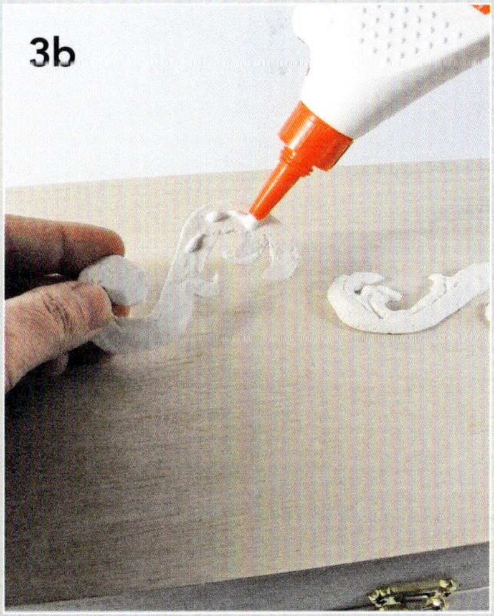
3b

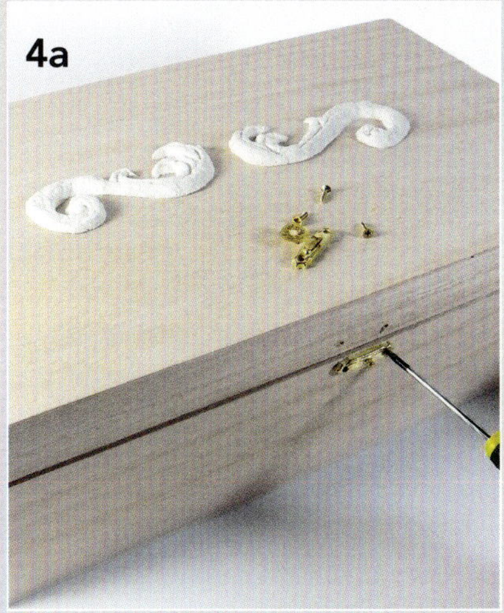
4a

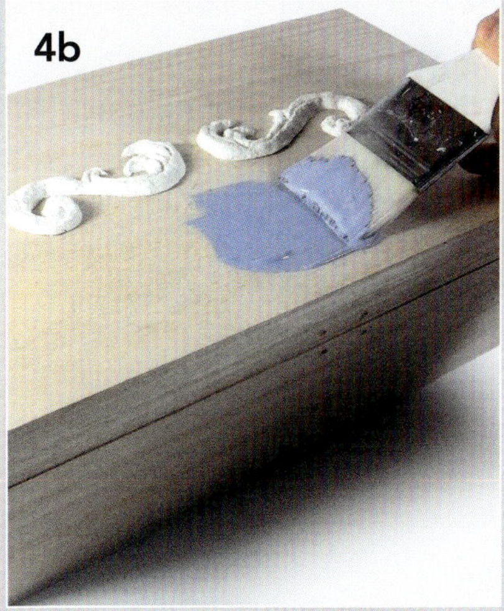
4b

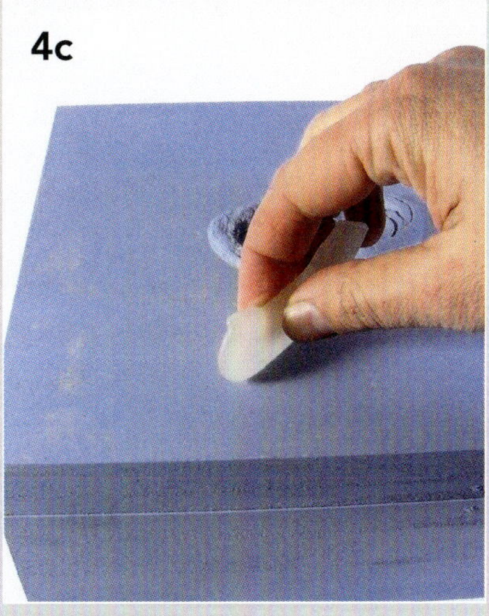
4c

Und so gehts weiter:

5. Nun wird alles mindestens 2x mit weißer Farbe überstrichen. So oft wiederholen, bis nichts mehr vom ersten Anstrich durchschimmert.

6. Fahre nun grob mit feinkörnigem Schleifpapier über die Verzierungen, die Flächen und die Kanten, um einen schönen Used-Look zu erzeugen. Zuletzt mit einem Lack oder schützenden Anstrich versehen. Beschläge und Verschlüsse habe ich nicht wieder angeschraubt, weil mir das Gold zu dem neuen Outfit der Box nicht gefiel.

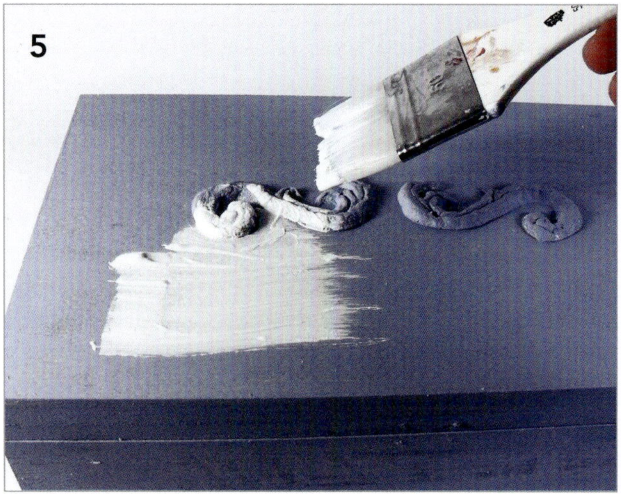

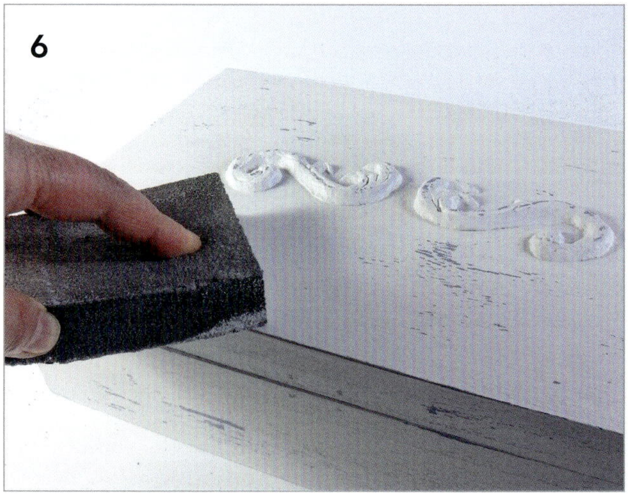

Weitere Ideen

Weitere Möbelstücke, die mit Stuck und Vintageanstrich aufgepimpt werden können: Stuhllehnen, Schranktüren, Kommodenschubladen, Zimmertüren …

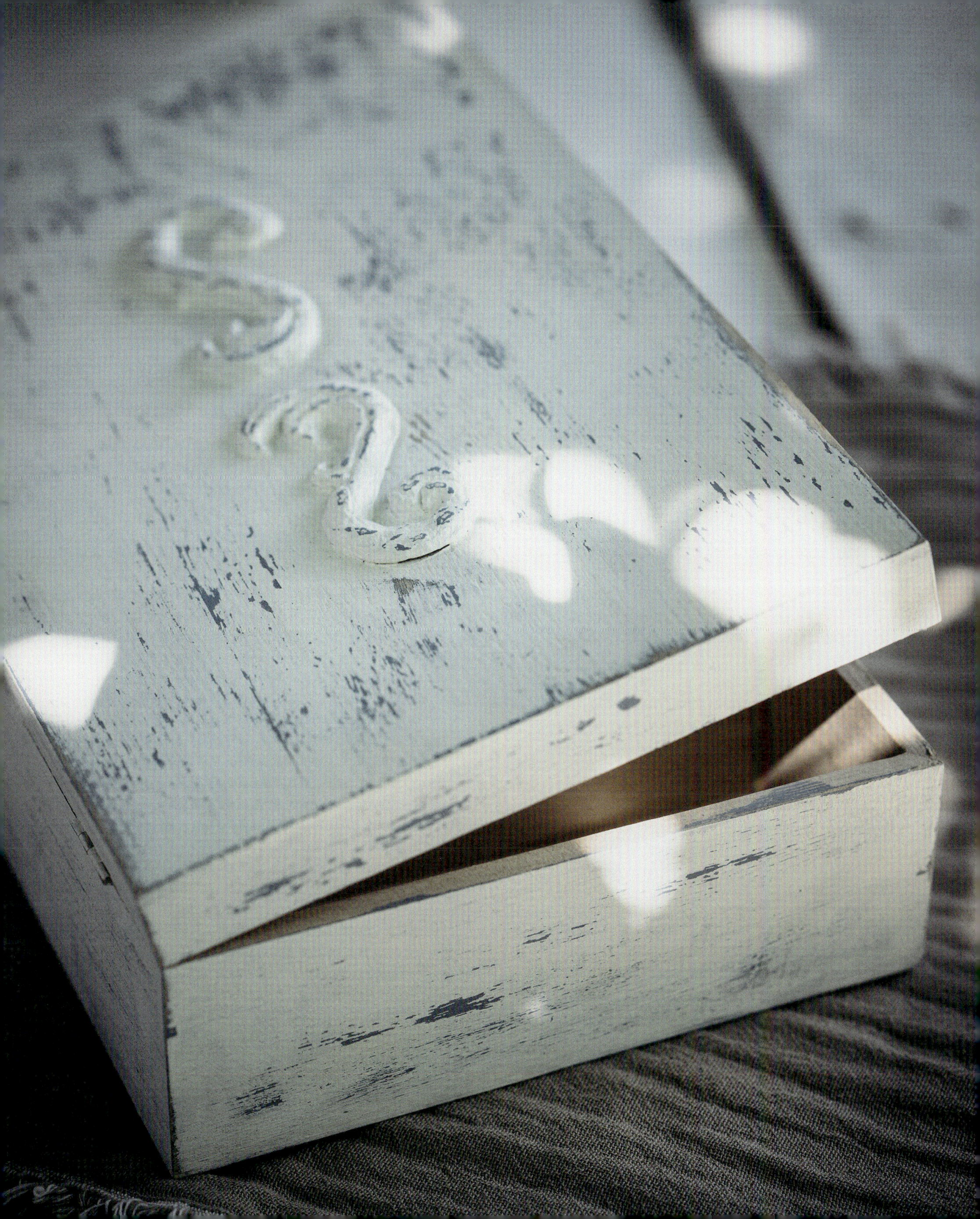

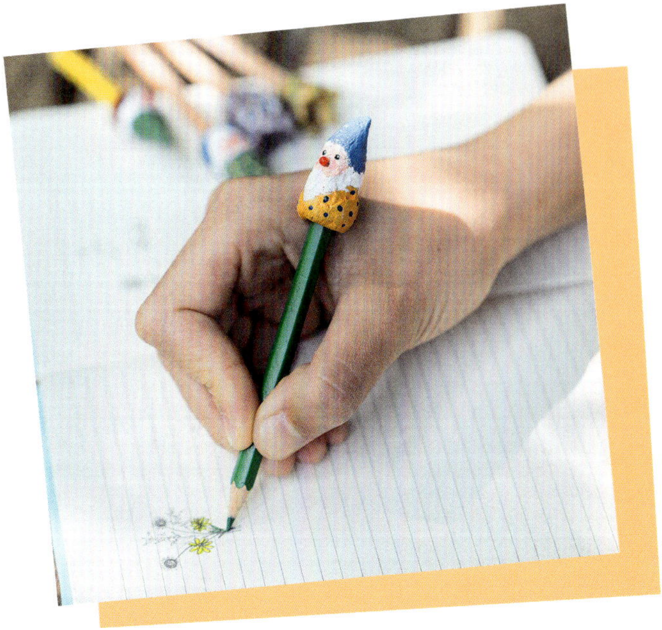

Zwergenaufstand

WICHTELSTIFTE

Was für eine süße Geschenkidee ist das denn bitte? Die kleinen Zwerge peppen selbst langweilige Bleistifte auf und sind dabei schön leicht, sodass sie beim Schreiben nicht stören.

Das braucht du:

- Holzbleistifte
- ein halbes oder ganzes Rezept Pappmaché-Teig – sehr fein geknetet!
- Stecknadeln mit rotem Kopf
- evtl. Gesso oder Wandfarbe
- Acrylfarben, evtl. Acrylstifte
- Kneifzange
- Pinsel
- Feile, Schleifschwamm

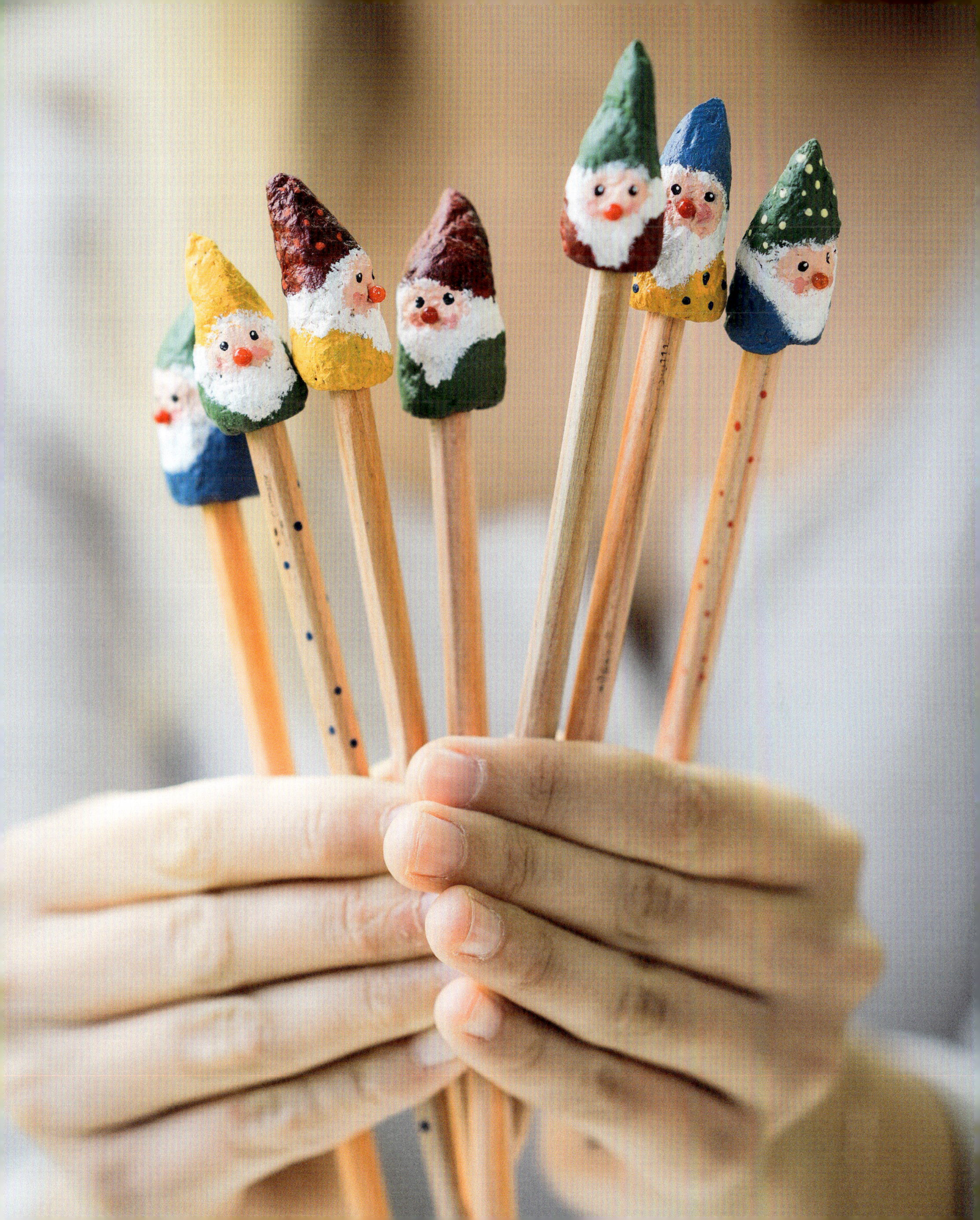

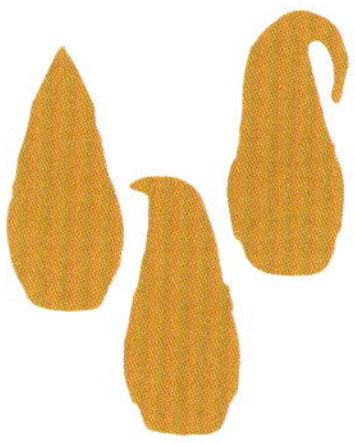

Und so gehts:

1. Probiere aus, was für dich besser klappt: Den Zwerg kegelförmig aus einem ca. erdbeergroßen Stück Papierteig formen, das Bleistiftende hineinbohren und nachmodellieren – oder den Wichtel gleich um den Stift formen.

2. Kürze mit der Zange die Stecknadeln auf ca. 0,5 – 1 cm und bringe an jedem der fertigen Wichtel eine rote Stecknadelkopf-Nase an (ca. in der Mitte des Wichtels). Trocknen lassen.

3. Glätte die getrockneten Wichtel mit Feile und Schleifschwamm. Wenn du ein ganz glattes Ergebnis erzielen willst, bemale die Wichtel noch 1 – 2x mit Gesso oder Wandfarbe und schleife sie erneut ab. Ich habe mir diesen Schritt jedoch gespart.

4. Entferne die Stecknadeln zunächst noch einmal und male mit Acrylfarbe allen Wichteln als Erstes ein rundes Gesicht rund um das Stecknadelloch herum. Falls du keine hautfarbene Acrylfarbe hast: Eine schöne Gesichtsfarbe mischt man mit Weiß, einer kleinen Menge Gelb und einer kleinen Menge Rot. Wenn du möchtest, kannst du einen Teil der Gesichtsfarbe mit ein wenig mehr Rot färben und mit einem feinen Pinsel links und rechts der Nase noch kleine Bäckchen damit aufmalen. Trocknen lassen.

5. Dann werden Mützen und Kleidung in bunten Farben gestaltet: ca. in der horizontalen Mitte des Zwergs ist die Grenze zwischen den beiden verschiedenen Farben.

6. Nun füge die Nasen wieder in das dafür vorgesehen Loch ein. Mit einem schwarzen Acrylstift malst du nun zwei Punkte als Augen oberhalb der Bäckchen in das Gesicht. Wer es detailverliebt mag, nimmt mit einem Zahnstocher ein wenig weiße Acrylfarbe auf und tupft noch Glanzpunkte in jedes (getrocknete!) Auge.

7. Mit einem harten, feinen Borstenpinsel tupfe nun mit Weiß den Bart und die Haare rund um das Gesicht und auch auf die Trennlinie zwischen Kleidung und Mütze. Optional kannst du zum Schluss noch einzelnen Zwergen bunte Punkte auf Mütze oder Kleidung malen. Auf die Holzstifte stecken.

Ideen

Eulen, Katzen, Bienen, Herzen … lass deiner Fantasie zur Gestaltung von Stiften freien Lauf! Und die Zwerge können natürlich auch ganz ohne Stift eine süße Deko sein.

1

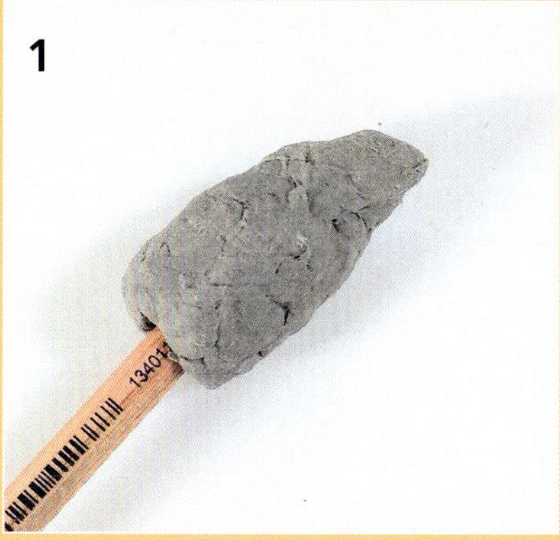

2a

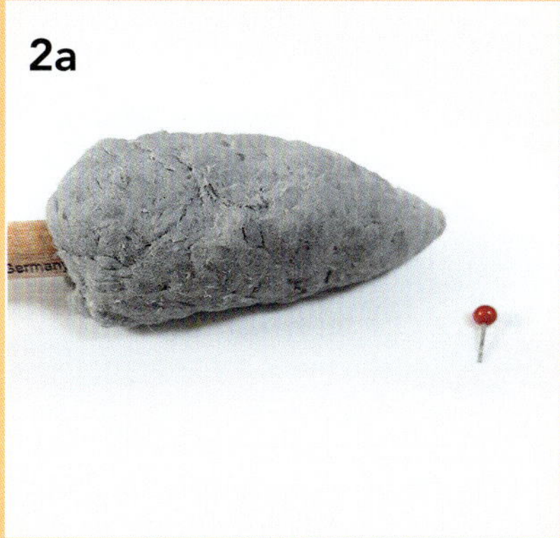

2b

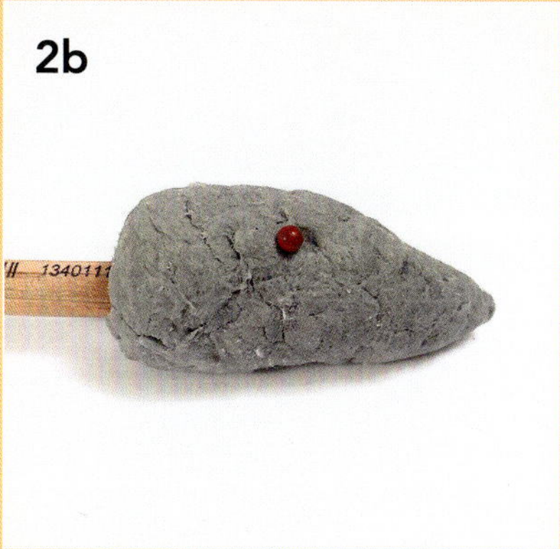

4

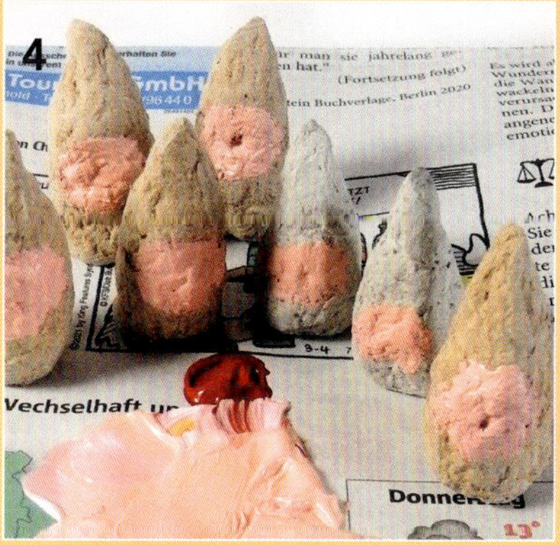

5

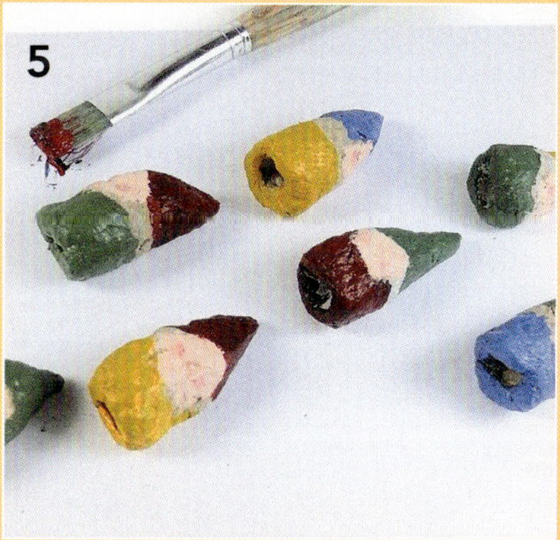

7

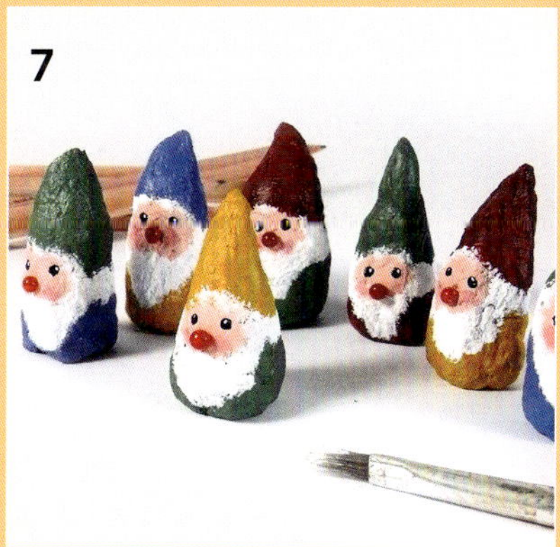

Ideen

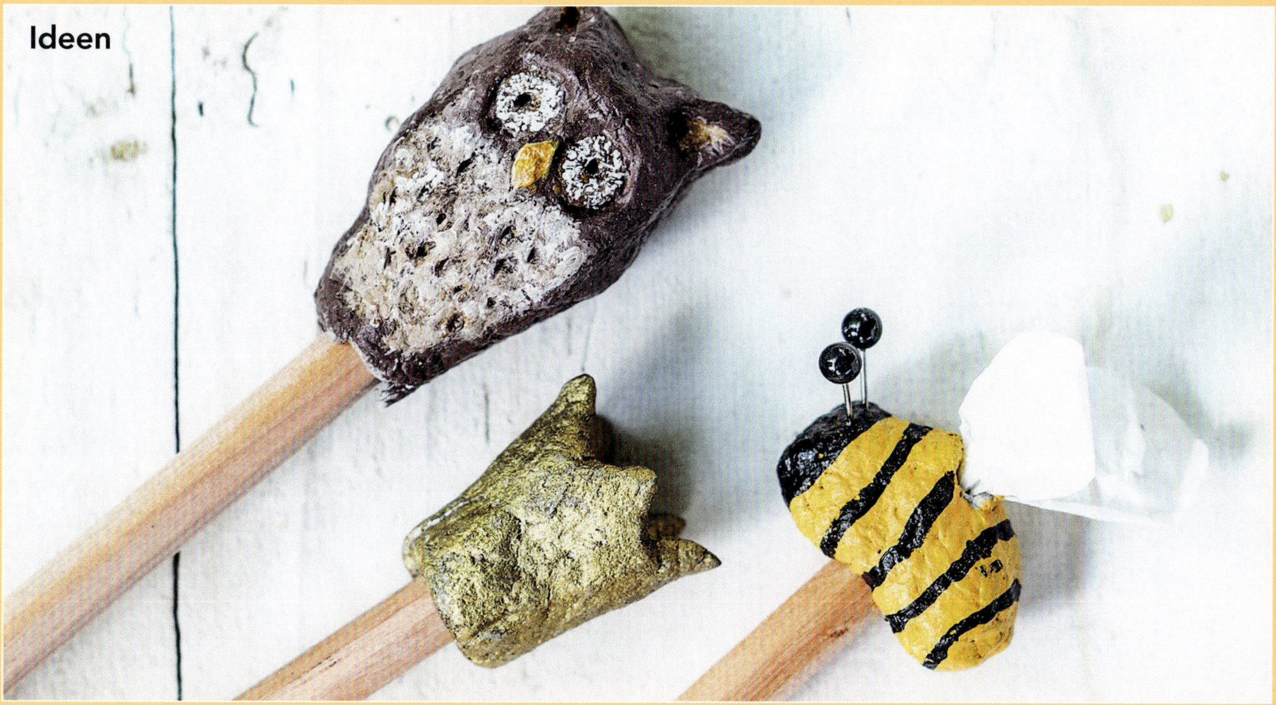

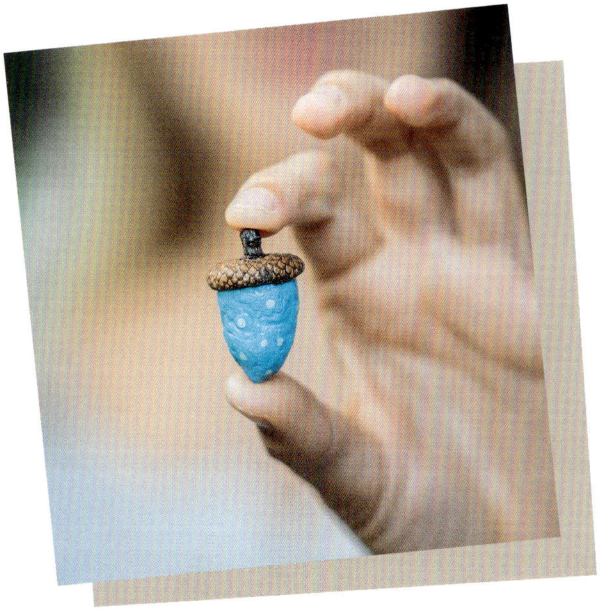

Bunte Eicheln

EICHELN

Wunderschön sehen sie aus – die Früchte der amerikanischen Eiche (sie wächst auch überall bei uns in Deutschland!). Wenn du welche entdeckst, solltest du einige einsammeln und mit nach Hause nehmen. Du kannst mit Papierteig eine farbenfrohe Herbstdeko daraus basteln!

Das braucht du:

- Käppchen von amerikanischen Eicheln, eine Eichel als Vorlage
- Papierteig-Rest (jedes Rezept funktioniert)
- fein gemustertes Papier
- angerührten Kleister (s. S. 133)
- Klarlack
- Holzleim
- evtl. Acrylstifte
- Feile und Schleifschwamm oder Schleifpapier

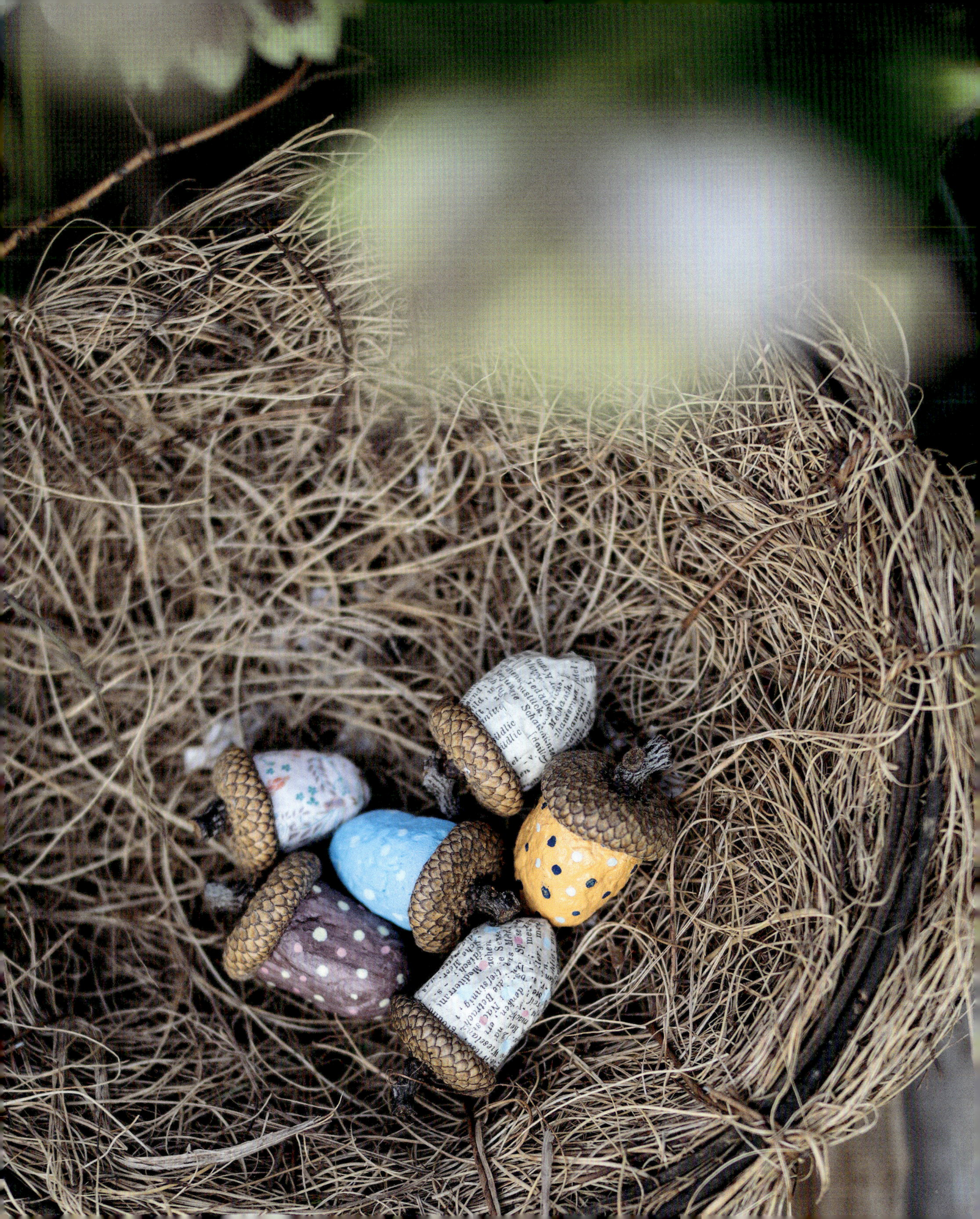

Und so gehts:

1. Rolle ein wenig Papierteig (in der Größe einer Eichel) zu einer Kugel. Forme aus der Kugel einen Zylinder und modelliere eine der Seiten zu einer Spitze, die andere Seite bleibt flach. Du kannst eine echte Eichel als Vorlage verwenden, um die Form hinzubekommen. Nimm auch die Käppchen als Maß – allerdings muss die fertig geformte Eichel ein wenig zu groß sein für das Käppchen, damit sie nach dem Trocknen passt. Fertige mehrere dieser Papier-Eicheln und lass sie trocknen.

2. Nach dem Trocknen suche dir zu jeder Papier-Eichel ein passendes Käppchen heraus, glätte die Eichel mit Feile und Schleifschwamm und bringe sie so in Form, dass die Käppchen passen.

3. Das Papier wird in sehr kleine Schnipsel gerissen und mit Kleister auf der Eichel festgepinselt. Trocknen lassen. Nach Geschmack noch mit Acrylstiften bemalen. Mit Klarlack versiegeln.

4. Die Eichelkäppchen mit Holzleim ankleben.

5. **Variante**
   Die getrockneten Eichel-Rohlinge können auch mit Gesso oder Wandfarbe mehrfach deckend gestrichen und geschliffen werden, um die Unebenheiten auszugleichen. Danach mit Acrylfarben/ -stiften bemalen (5). Eichelkäppchen ankleben.

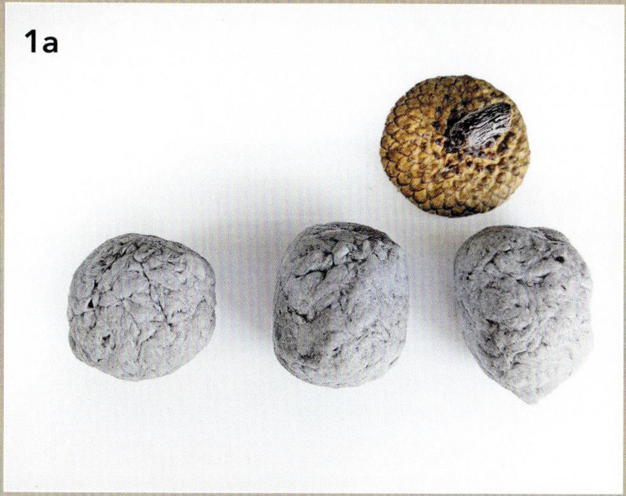
1a

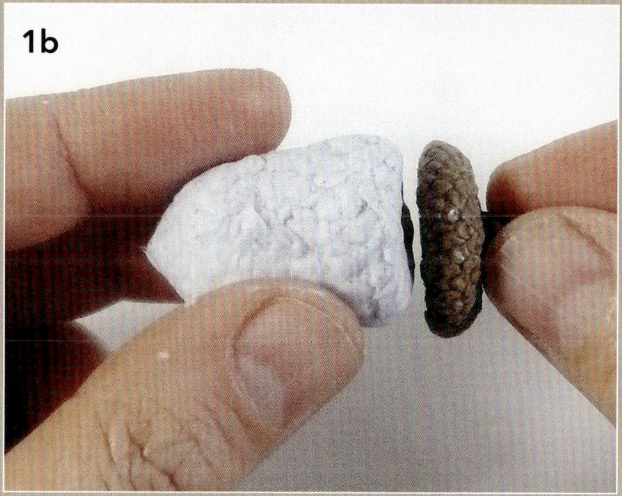
1b

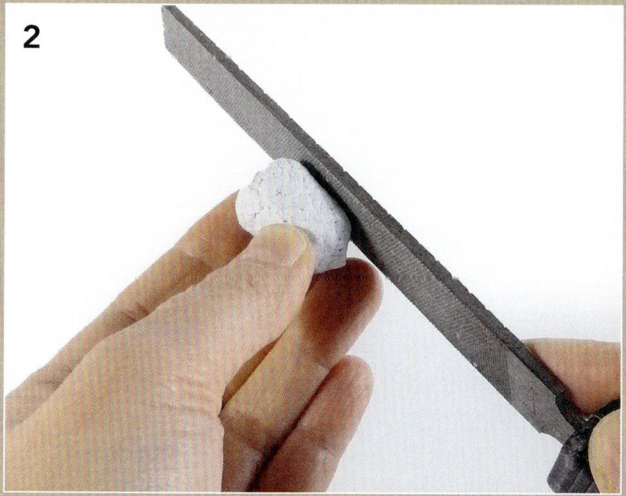
2

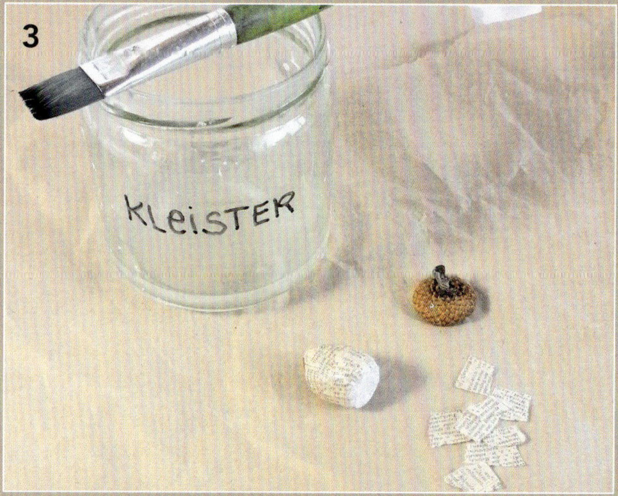

3

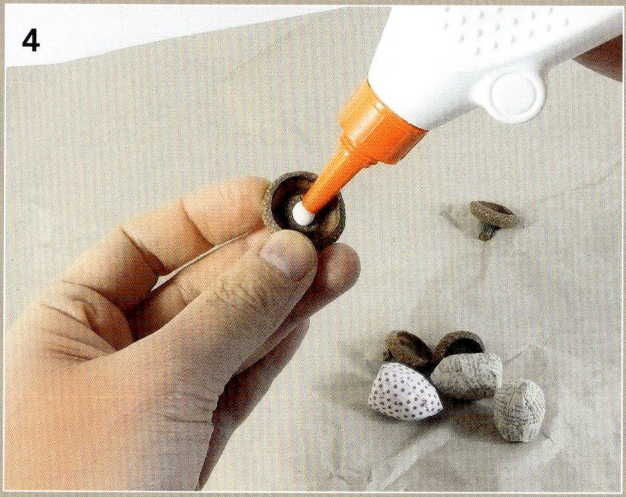
4

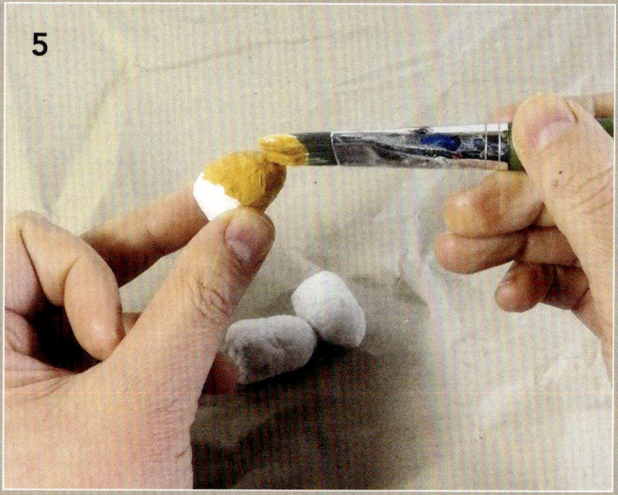
5

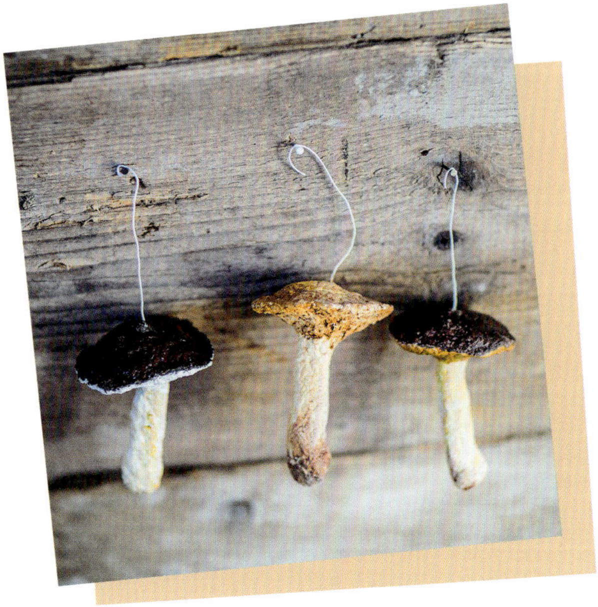

Waldpilze

PILZE

Diese Pilze fangen den Herbst für uns ein. Essbar sind sie zwar nicht – dafür aber unbegrenzt haltbar. Man meint, den herbstlichen Wald zu riechen!

Das braucht du:

- Pappmaché-Teig Grundrezept (s. S. 113)
- Zeitung
- Malerkrepp
- Draht (z.B. von einem verbrauchten Collegeblock)
- Gesso oder Wandfarbe (s. S.123)
- Acrylfarben in Ocker, Braun, Schwarz
- Schleifschwamm oder Feile
- Pinsel

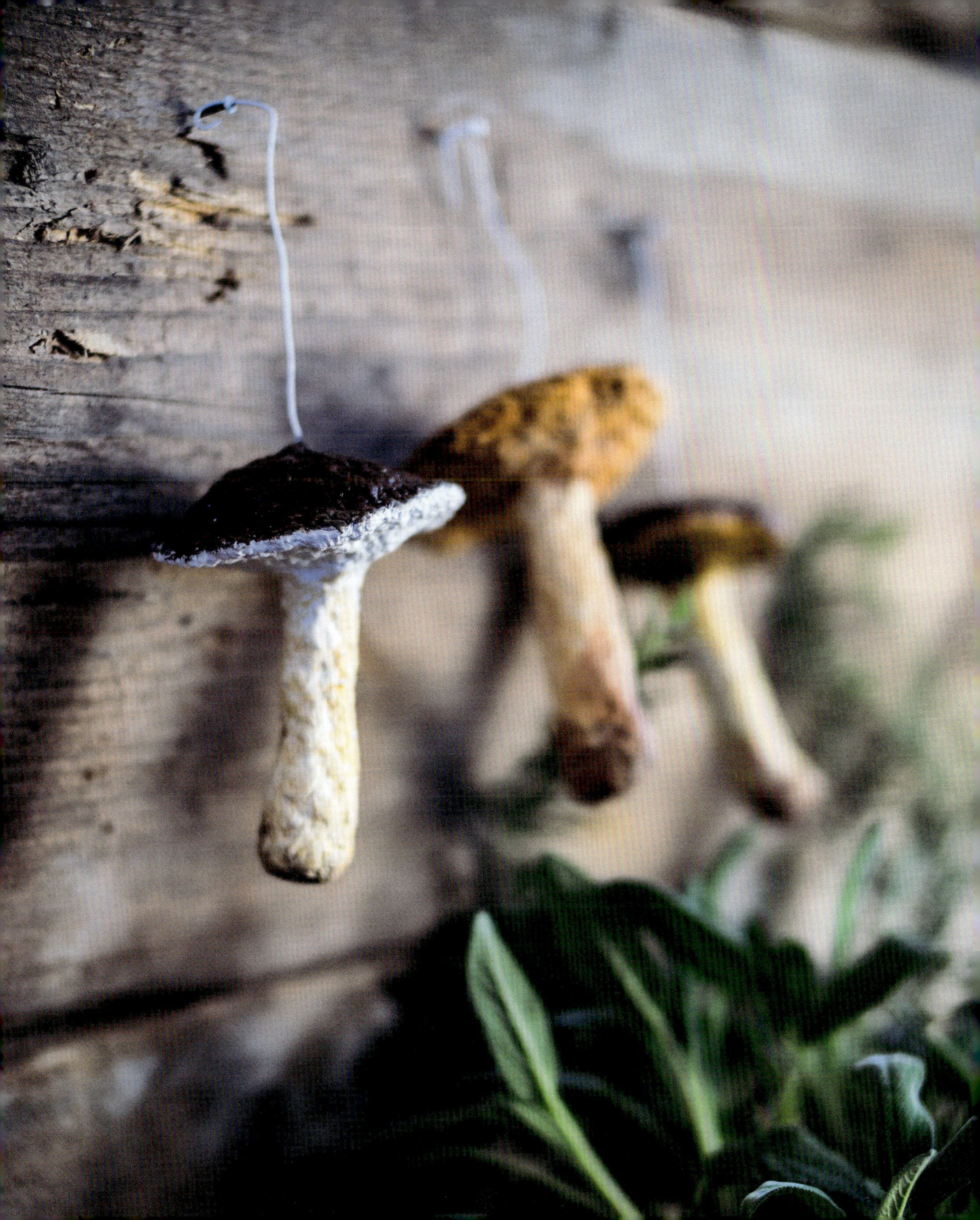

Und so gehts:

1. Forme ein Stück Zeitung zu einem pilzförmigen Grundgerüst, indem du eine Ecke des Blattes aufdrehst und umschlägst und das verbleibende Stück zu einer Pilzkappe modellierst. Fixiere die Form mit Malerkrepp.

2. Mit einem Stück Malerkrepp wird nun noch der zu einem Aufhängehaken geformte Draht oben auf dem Pilz angeklebt.

3. Jetzt ummantelst du die Grundform erst grob mit Papiermasse, in einem zweiten Arbeitsgang modellierst du die Form aus: Das untere Ende des Stiels sollte ein wenig dicker sein, die Kappe wird schön ausgeformt und sehr glatt gestrichen.

4. Jetzt muss der Pilz trocknen. Am Draht kann man ihn allerdings erst aufhängen, wenn die Masse ein wenig ausgehärtet ist. Beim Trocknen immer mal wieder glatt streichen, drehen und die Form korrigieren.

5. Wenn alles gut getrocknet ist, muss die Oberfläche noch ein wenig geglättet werden: Dafür schleifst du den Pilz von allen Seiten ab, trägst dick Gesso auf und lässt es trocknen. Dieser Vorgang kann mehrfach wiederholt werden bis die gewünschte Glätte erreicht ist.

6. Zum Schluss folgt noch die Bemalung: Hier kannst du dich von Bildern echter Waldpilze inspirieren lassen. Mische die Farben beim Auftragen, sodass die Farbflächen – wie in der Natur – nicht allzu homogen aussehen!

Varianten

Natürlich kannst du die Pilze auch ganz klassisch mit roter Kappe und weißen Punkten bemalen. Oder fantasievoll mit pastellfarbenen Kappen. Oder du gestaltest die Kappen mit Kaschiertechnik (s. S. 133). Oder wie wäre es mit goldener Kappe und weißem Stiel? Deiner Fantasie sind keine Grenzen gesetzt!
Variante im 3D-Rahmen: In einem 3D-Rahmen lässt sich eine herbstliche Waldidylle mit Pilzen aus Papierteig ausgestalten. Forme dafür die Pilze so, dass sie in den Rahmen passen – mit einer abgeflachten Seite zur Hinterwand des Rahmens hin.

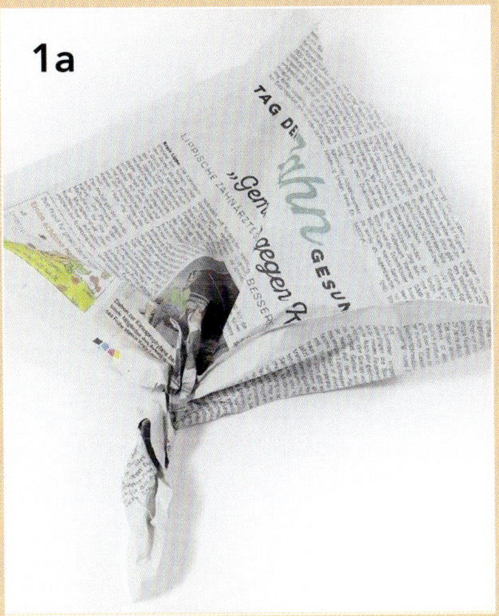
1a

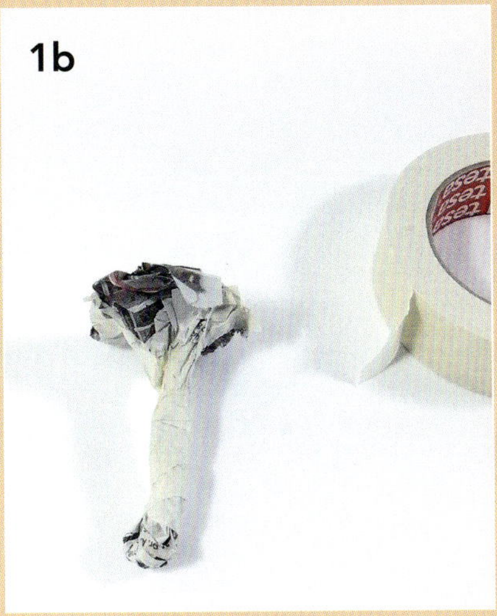
1b

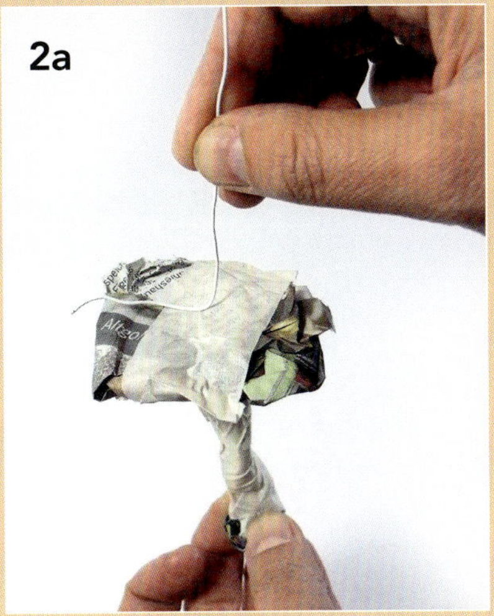
2a

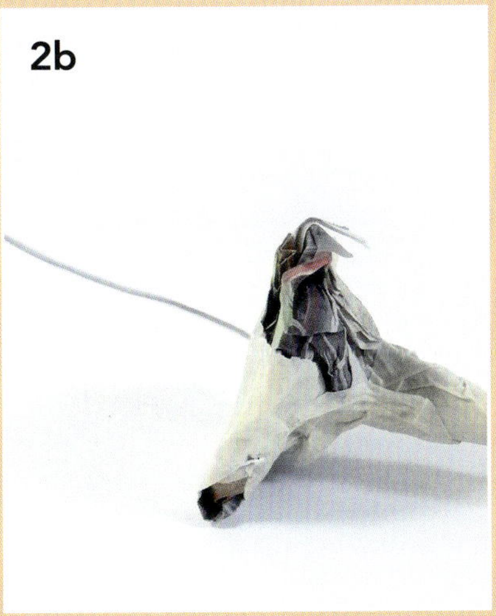
2b

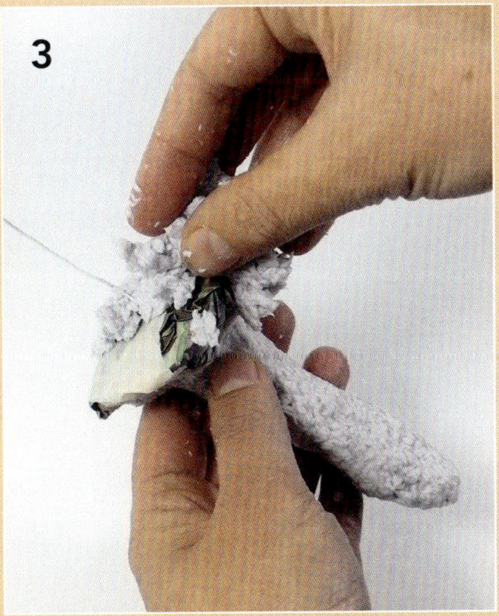
3

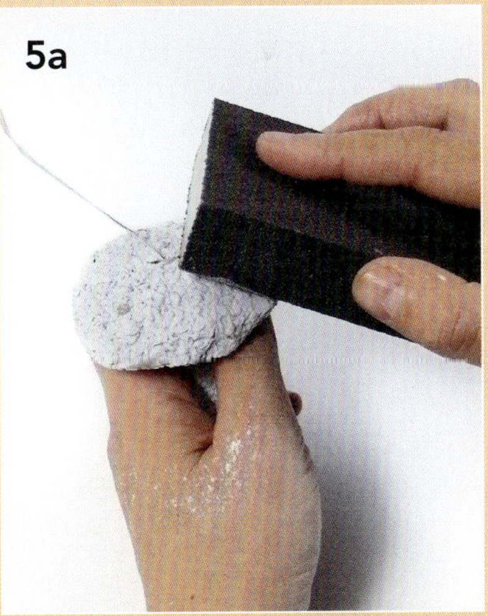
5a

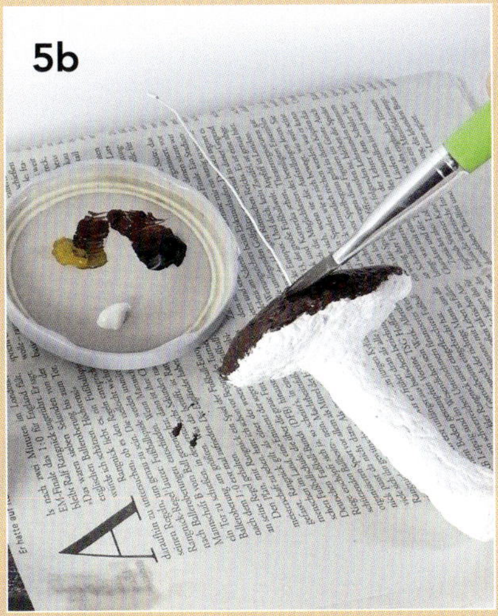
5b

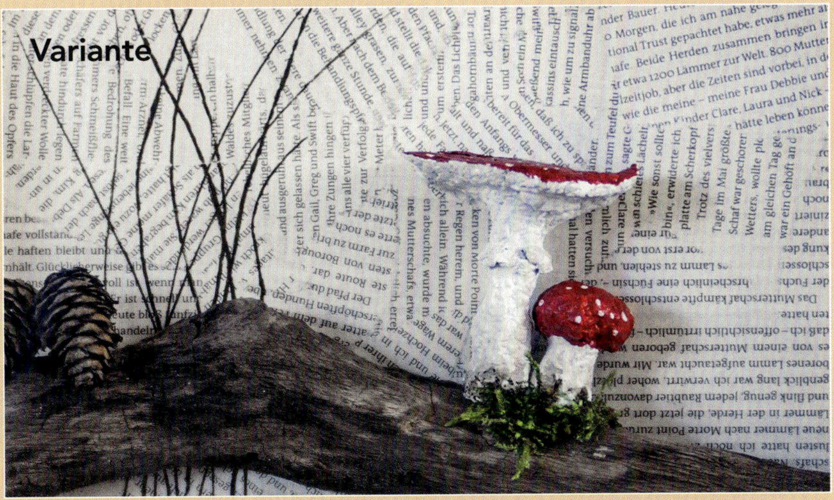
Variante

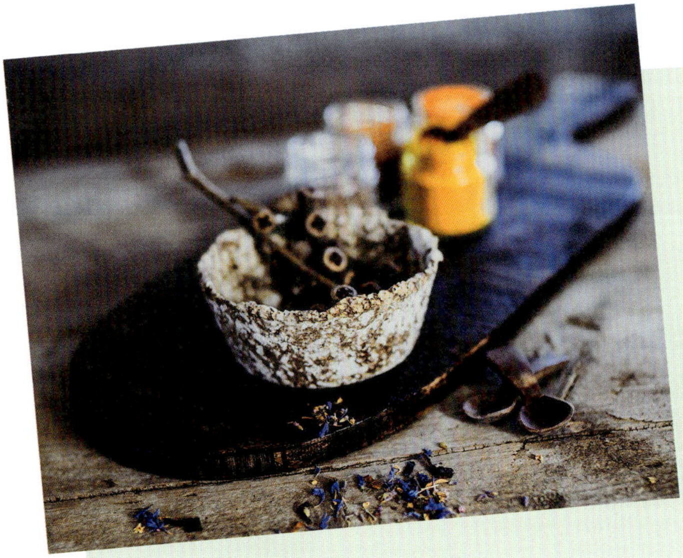

Wie das duftet!

GEWÜRZSCHALEN

In diesem Kapitel möchte ich dich einladen, mit dem zu experimentieren, was du in der Küche findest! Bis auf das Papier sind alle Zutaten der Schalen essbar und die Farben werden ausschließlich mit Gewürzen, Kräutern, Tee oder Gemüse erreicht. Die Gefäße sind nicht nur ein dekorativer Blickfang, sondern jedes duftet auch noch anders!

Das braucht du:

- Papierteig mit Mehl und ohne Leim (s. S. 116) – das verwendete Papier sollte nicht zu viel Eigenfarbe mitbringen! (z.B. aussortierte Kopien oder Ähnliches)
- Schmierfett (s. S. 119), ich habe hier Kokosfett verwendet
- färbende Zutaten aus der Küche (z.B. Kurkumapulver, Paprikagewürz, Curry, Kaffeesatz, Früchtetee, bunte Gewürzmischungen, Kräutertee, TK-Spinat)
- Plastikschälchen als Form
- evtl. eine Schere

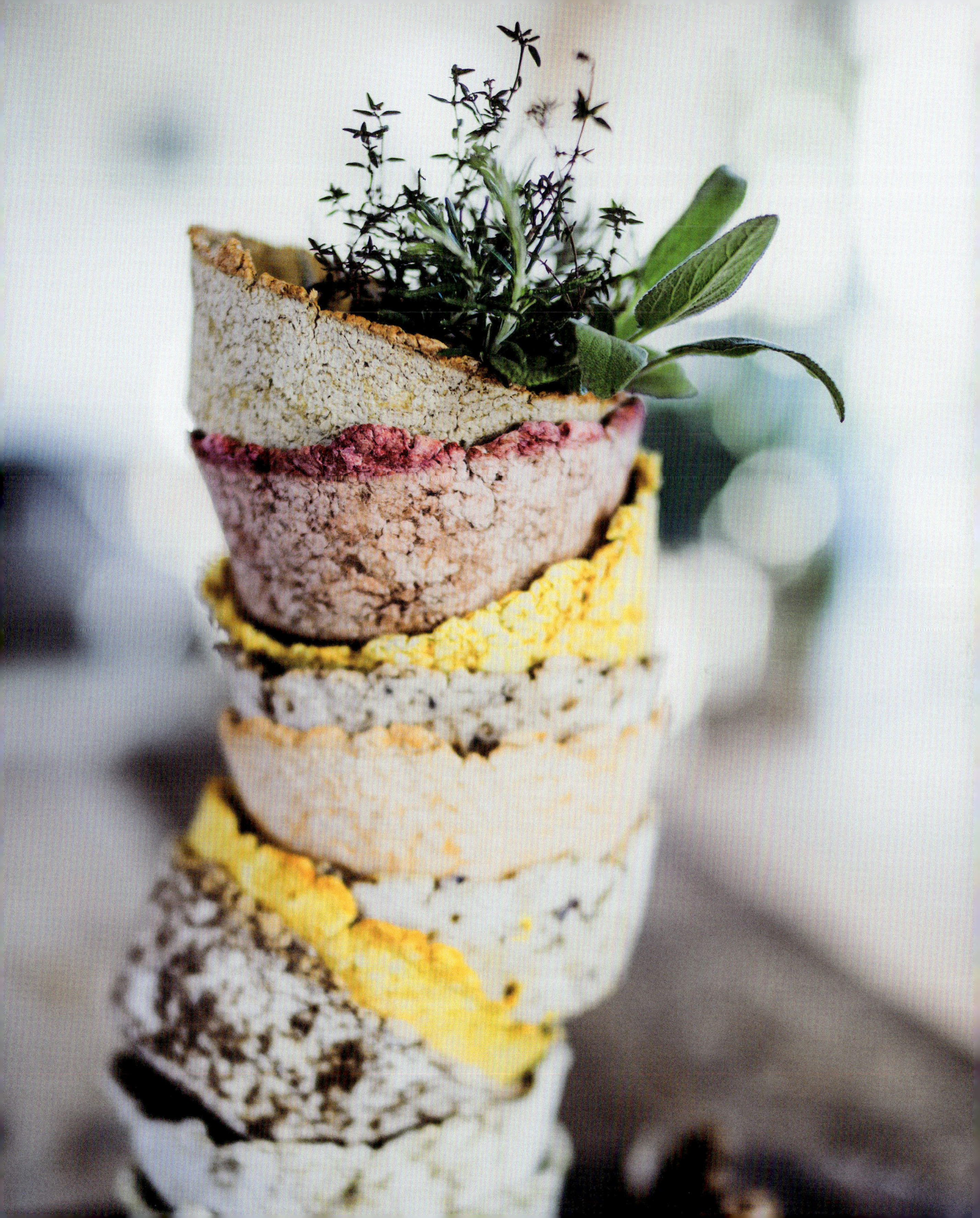

Und so gehts:

1. Bereite Papierteig zu und teile die Masse in so viele gleichmäßige Teile auf, wie du Schälchen machen möchtest. Ich habe für drei Schälchen mit einem Durchmesser von 22 cm und einer Höhe von 5 cm zwei Grundrezepte mit insgesamt 100 g Papier gebraucht.

2. Mische in jede der Papiermassen andere Gewürze oder Pulver aus der Küche. Unter Umständen dem Teig noch einige Tropfen Wasser zufügen.

3. Diese Ergebnisse sind zu erwarten:
   Kurkuma: intensiv orange-gelb
   Paprikapulver: orange/lachs
   Curry: intensiv gelb
   Kaffeesatz: schwarz gepunktet
   Früchtetee: braun-bunt gepunktet
   Kräutertee: grün gesprenkelt
   TK-Spinat: (am besten püriert) grünlich mit grünen Punkten
   Rote Beete: zartrosa (Verarbeitung: Frische Rote Beete kleinschneiden und mit etwas Wasser zusammen pürieren (s. Abb. 3a). Etwas von der Masse unter den stärker ausgedrückten Papierteig mischen. Nach dem Trocknen farblos gewordene Stellen mit dem frischen Rote Beete-Saft bepinseln und dadurch nachfärben (s. Abb. 3b).

4. Bestreiche die Plastikschalen innen gründlich mit dem Fett und kleide sie jeweils mit einer Teigsorte aus. Gründlich trocknen lassen und erst dann aus der Form lösen.

Ideen + Varianten

Wer es lieber geradlinig mag, kann den Rand der Schalen auch gerade schneiden. Dafür einfach am oberen Rand der Form entlangschneiden, wenn die Schälchen trocken sind (Hilfslinie mit Bleistift ziehen!).

Varianten: Du kannst auch das Plastikschälchen von außen mit Papierteig umkleiden und umgedreht trocknen lassen. Den Rand evtl. noch gerade abschneiden. Die glatte Innenseite kannst du nach dem Trocknen mit (Schmuck-)Papierschnipseln kaschieren (s. S. 133) und lackieren.

2

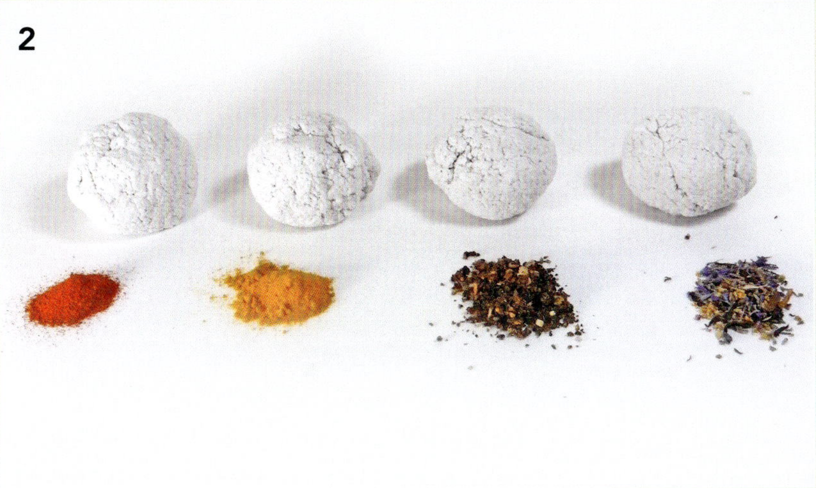

3

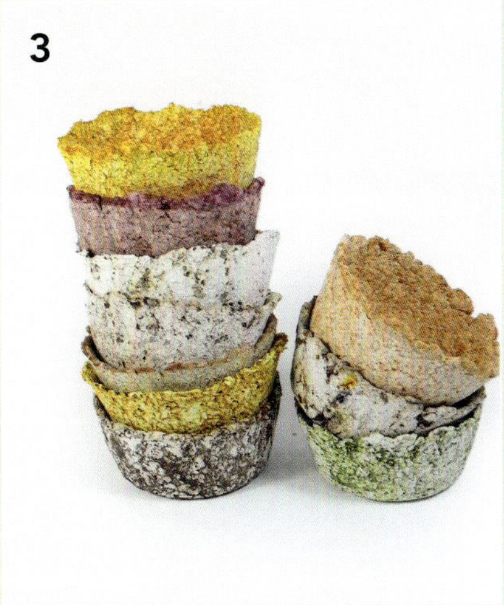

3a

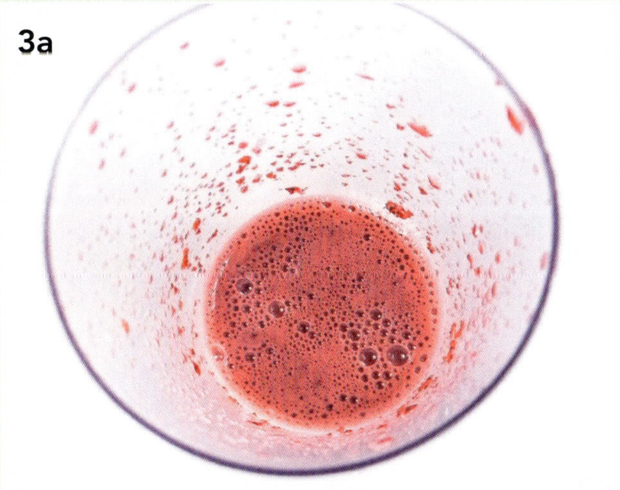

3b

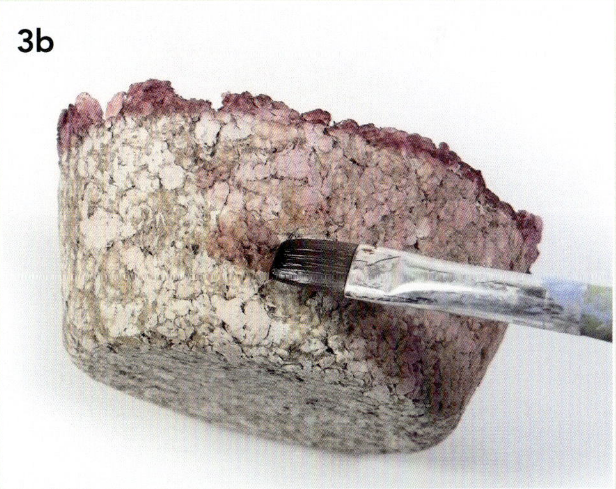

4

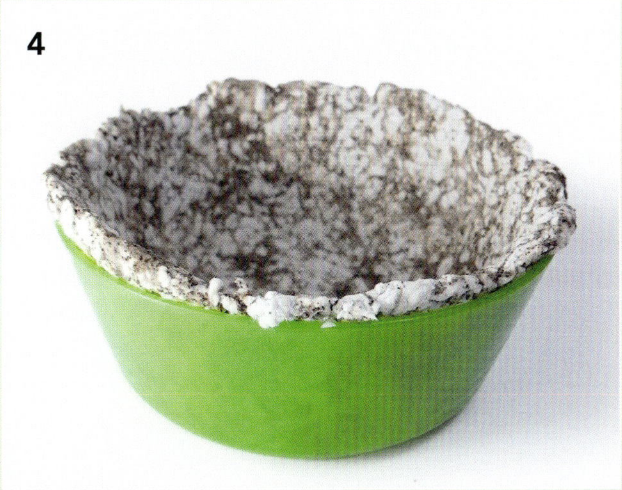

Variante

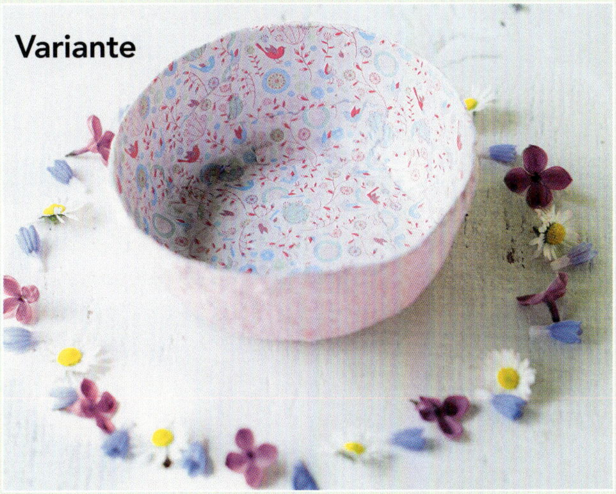

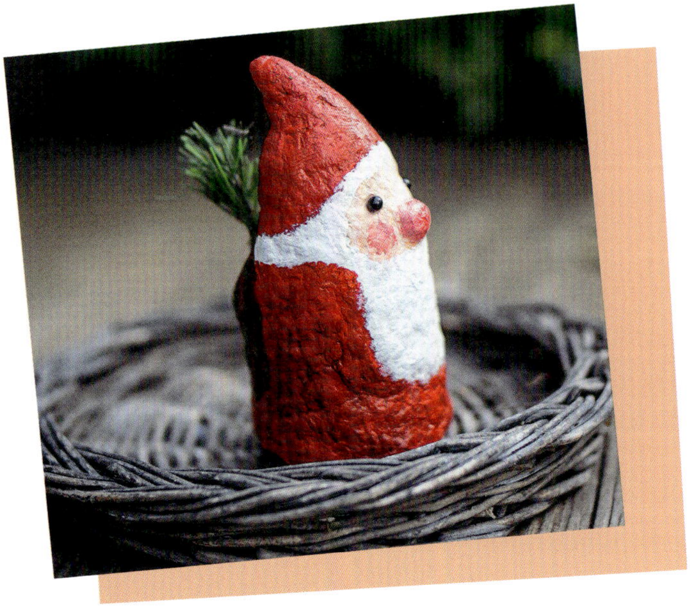

Von drauß' vom Walde …

NIKOLAUS

Dieser knuffige Geselle lässt garantiert Weihnachtsvorfreude aufkommen – und ist ein süßes Nikolausgeschenk.

Das braucht du:

- Plastikverpackung (Tüten)
- Malerkrepp
- 1 Rezept Papierteig mit Mehl (je nach Größe kann mit einem Rezept aber mehr als ein Nikolaus modelliert werden) (s. S. 113)
- angerührter Tapetenkleister (s. S. 133)
- zwei Stecknadeln mit schwarzem Kopf
- Acrylfarbe
- Pinsel
- Kneifzange
- optional: Bohrer oder Ahle und kleinen, künstlichen Tannenzweig

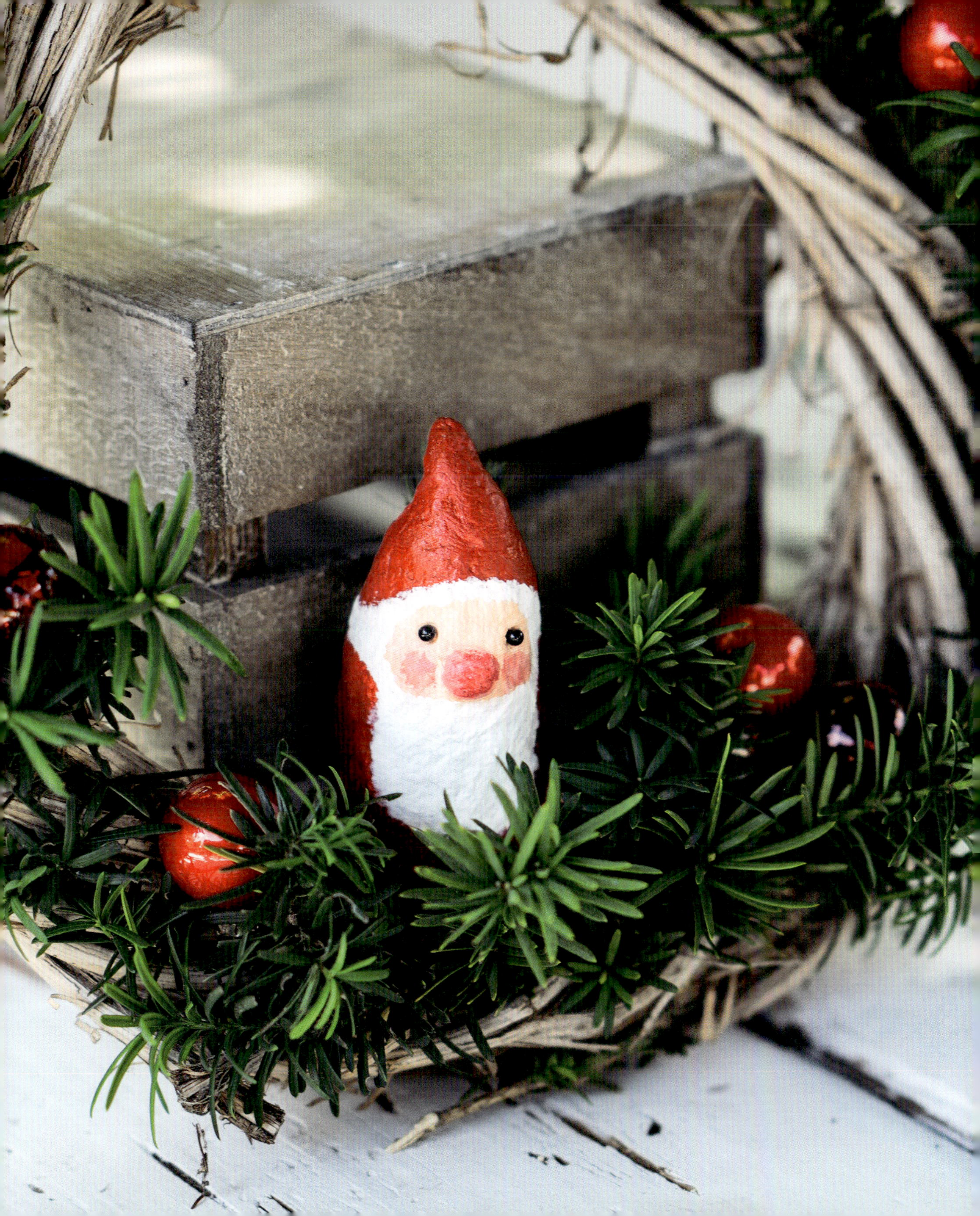

Und so gehts:

1. Knülle die Plastikverpackung zusammen und forme daraus mithilfe des Malerkrepps einen Kegel. Für den Sack auf dem Rücken des Nikolauses noch ein kleines Stückchen Tüte zusätzlich in der Mitte des Kegels ankleben.

2. Umhülle den Kegel nun komplett mit Teig – nimm den angerührten Kleister dabei zur Hilfe.

3. Mit einer kleinen Menge Teig wird eine winzige Nase modelliert. Die Oberfläche wird mithilfe von Kleister dabei geglättet. Die Mütze bekommt eine leicht umgebogene Spitze und ein Nikolaussack wird auf dem Rücken geformt. Glätten.

4. Kürze zwei Stecknadeln mit der Kneifzange und stecke die Augen in den Papierteig. Trocknen lassen.

5. Nun werden die Augen wieder entfernt und das Gesicht wird mit Gesichtsfarbe bemalt (Gesichtsfarbe wird aus Weiß und sehr wenig Orangerot gemischt). Bäckchen und Nase bekommen einen rosaroten Farbton (ganz wenig Rot zur Gesichtsfarbe mischen). Augen wieder einfügen.

6. Male den Mantel und die Mütze leuchtend rot. Der Sack auf dem Rücken wird braun bemalt. Mit einem harten Borstenpinsel kannst du zuletzt den Bart und die Haare auftupfen.

7. Wenn du magst, bohre zum Schluss noch ein Loch oben in den Sack und stecke den künstlichen Tannenzweig hinein.

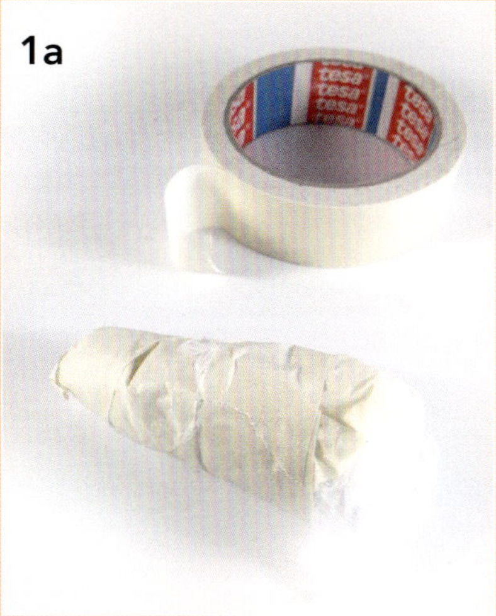

1a

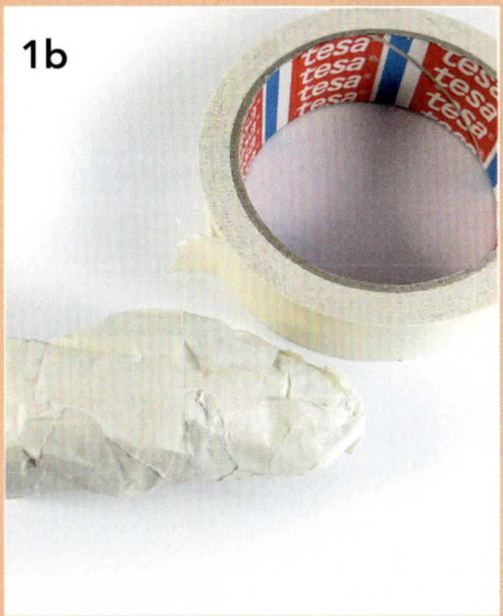

1b

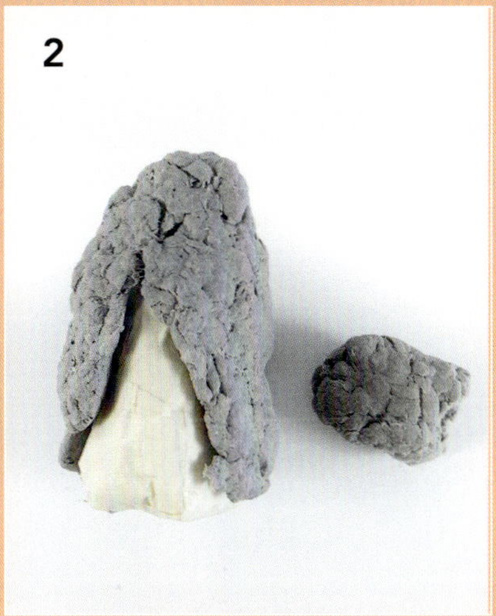
2

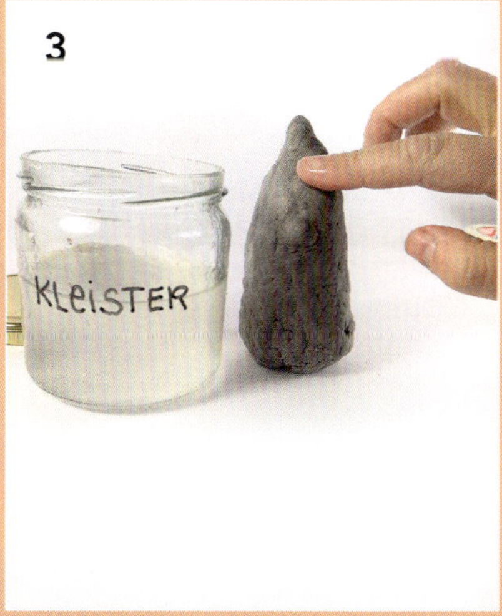

3

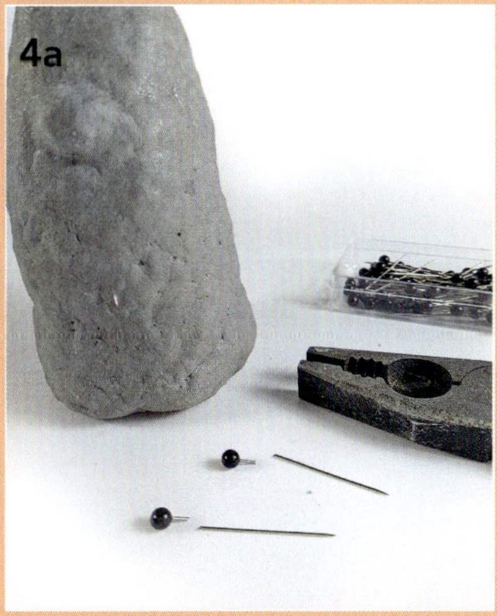
4a

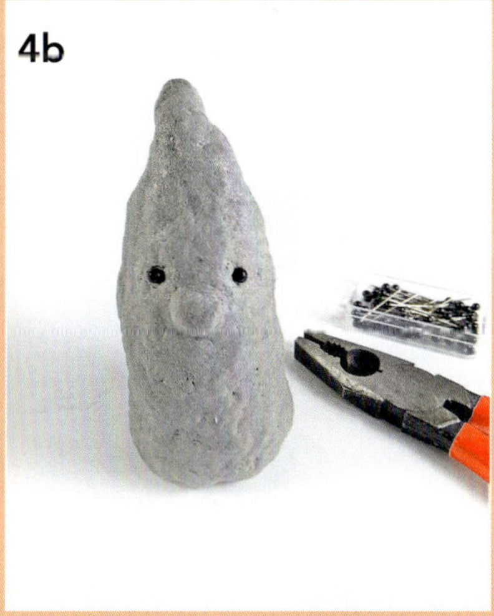
4b

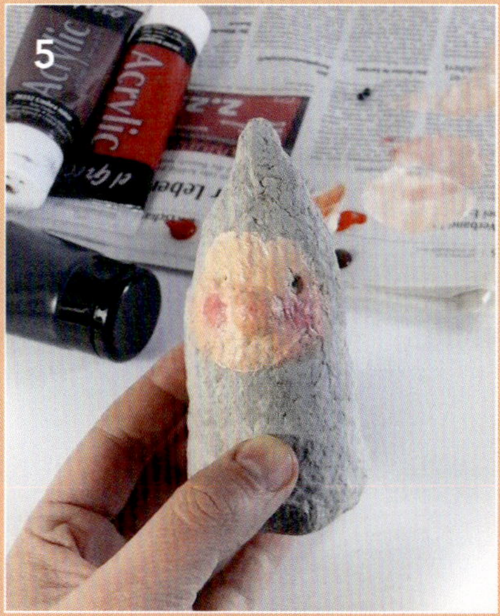

5

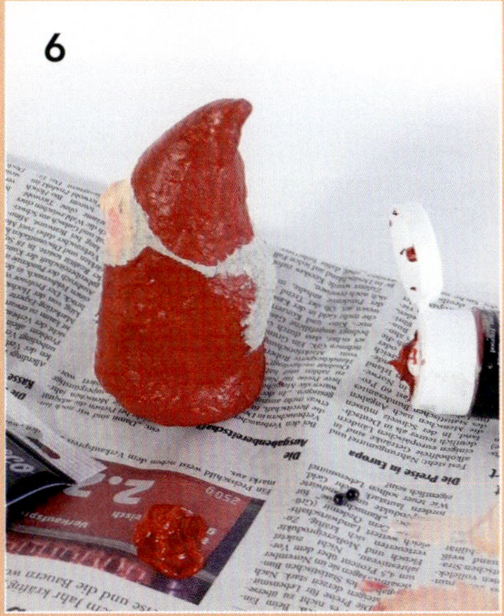
6

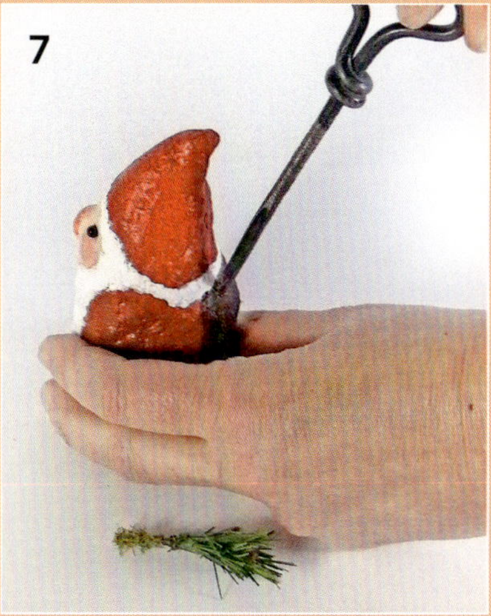
7

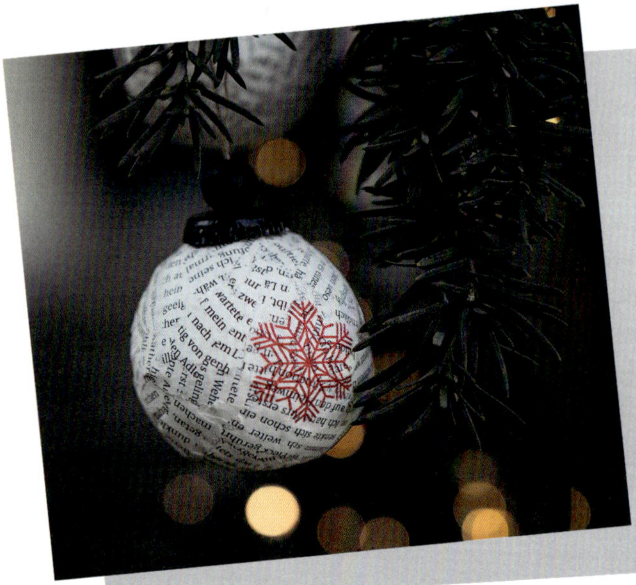

Kugeliges CHRISTBAUMKUGELN

Ein Weihnachtsbaum ohne Kugeln ist irgendwie unvollständig. Wie du federleichte Kugeln aus ganz einfachen Zutaten selber machen kannst, zeige ich dir hier.

Das braucht du:

- ein ausrangiertes Buch
- angerührten Kleister (s. S. 133)
- kleine Luftballons (Wasserbomben)
- Toilettenpapierrolle, in Teile geschnitten
- Juteband
- Streichhölzer
- Bierflaschendeckel (Kronkorken), schwarz angemalt und mit einem mittigen Loch versehen
- schwarze Holzperlen
- Pinsel

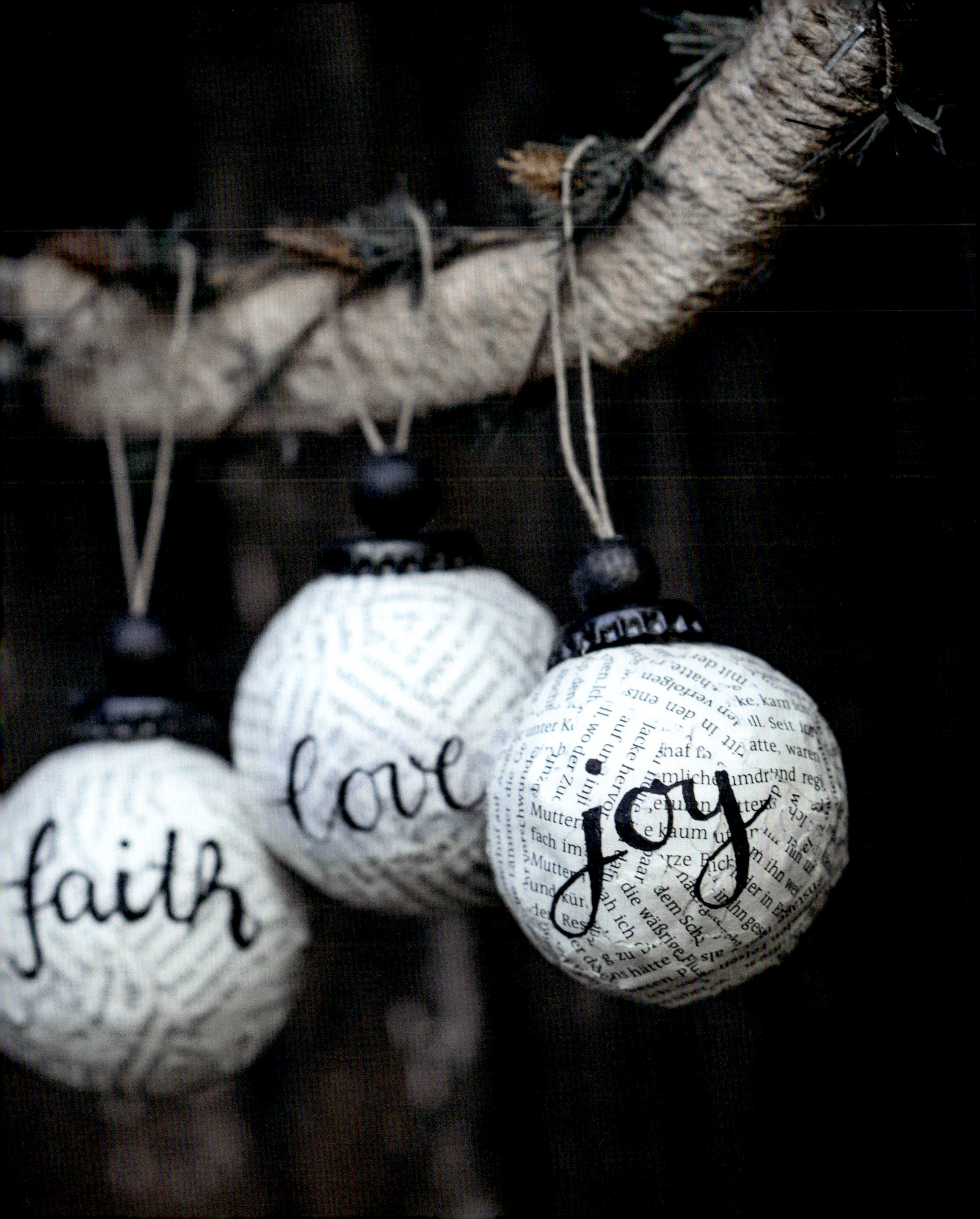
faith
love
joy

Und so gehts:

1. Puste die Luftballons auf (die Ballons vor dem Aufpusten kräftig dehnen und auseinanderziehen, dann geht es leichter). Die Größe richtet sich nach der gewünschten späteren Kugelgröße.

2. Reiße einige Seiten aus dem Buch in kleine Schnipsel von ca. 1 cm x 1 cm.

3. Tauche den Pinsel in den Kleister, bestreiche eine Stelle auf dem Ballon, nimm danach mit dem klebrigen Pinsel einen Schnipsel auf und streiche ihn auf der vorbehandelten Stelle fest. Auf dem ganzen Ballon wird nun überlappend Papier angekleistert. Wer schon einmal einen großen Ballon mit Papier bekleistert hat, wird feststellen, dass es bei dieser kleinen Größe etwas schwieriger ist. Aber hat man erst einmal eine geschlossene Papierdecke, bleibt das Papier auch da, wo es hingehört. Streiche alles mehrfach mit den Händen und Kleister glatt.

4. Ist eine Schicht aufgebracht, lässt du den Ballon auf dem Toilettenpapierrollenstück trocknen. Dabei mehrfach drehen.

5. Trage eine weitere Schicht Papier auf und lass das Ganze trocknen. Die Papierumhüllung wird im trockenen Zustand ganz hart. Ballon entfernen.

6. Befestige eine Schlaufe aus Juteband an einem Streichholz, dessen Schwefelkopf du vorher entfernt hast. Schiebe das Streichholz in die Öffnung und verkeile es so, dass es nicht mehr herausgleitet. Sollte die Öffnung zu groß sein, kleistere einfach nochmal ein paar Papierschnipsel rundherum und lass alles trocknen.

7. Schiebe nun den schwarzen Kronkorken und die Perle auf das Juteband.

Gestaltungsideen

Variante 1: Die oberste, hauchdünne bedruckte Schicht einer Weihnachtsserviette vorsichtig abziehen. Ausgewählte Motive ausschneiden. Die gewünschte Stelle auf der Kugel mit Leim oder Kleister bepinseln, Motiv auflegen und mit dem Pinsel glattstreichen.
Variante 2: Ein Papiertaschentuch auf die gewünschte Vorlage (herunterladen unter www.pirlipause.de) legen – falls nötig, so viele Schichten des Tuchs abziehen bis die Buchstaben zu sehen sind. Mit einem sehr dünnen, wasserfesten Stift (vorher testen) nachzeichnen. Oberste Schicht des Taschentuchs abziehen. Schriftzug ausschneiden und mit Leim und Pinsel auf die Christbaumkugel auftragen.

3

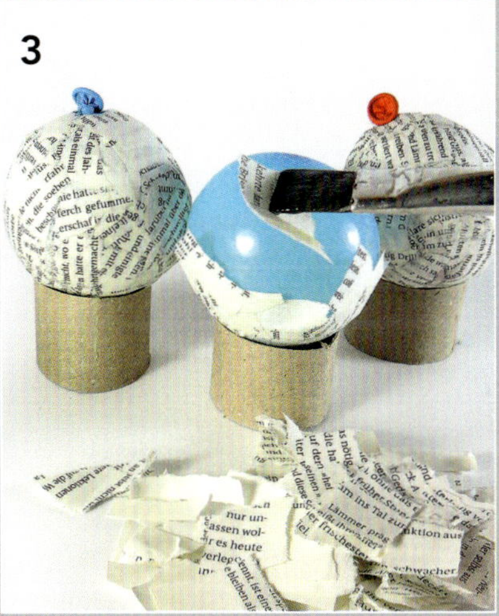

6a

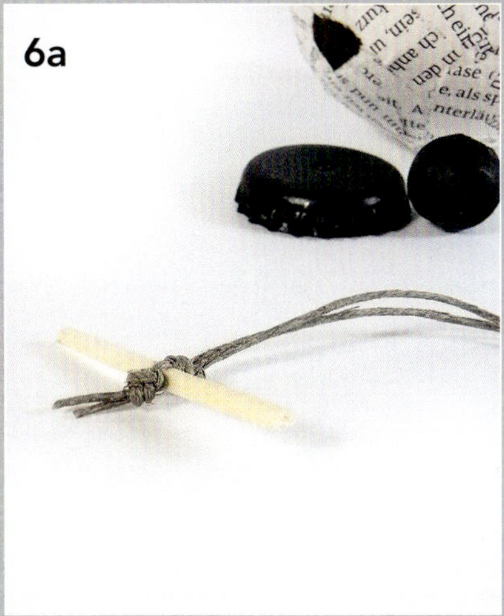

6b

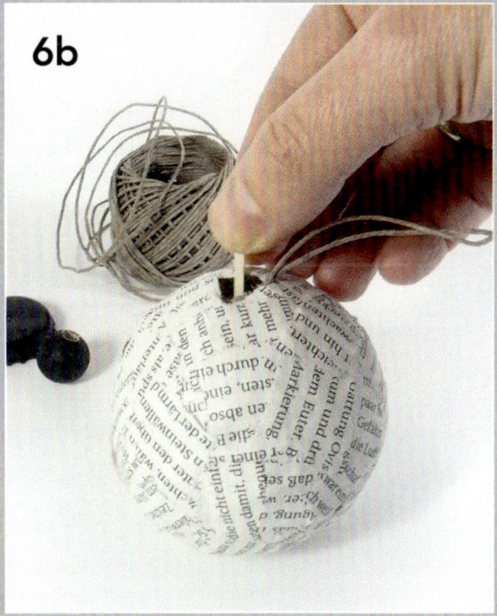

7

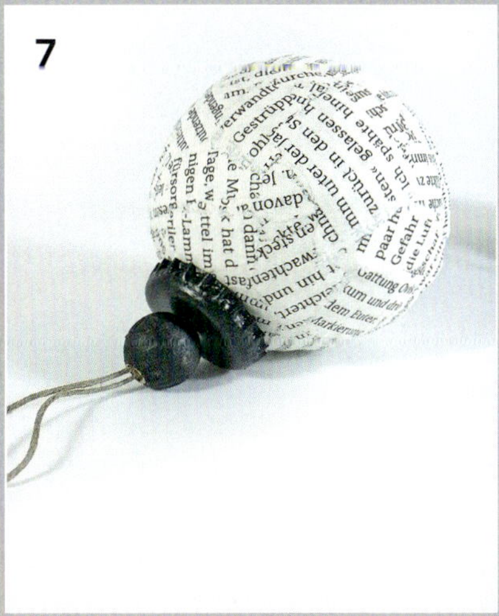

Variante 1a

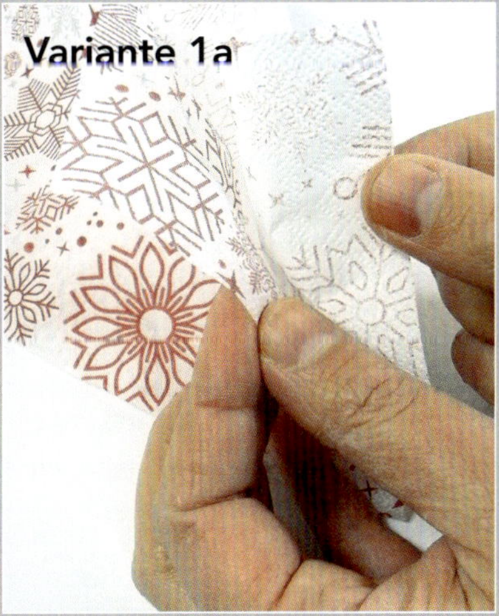

Variante 1b

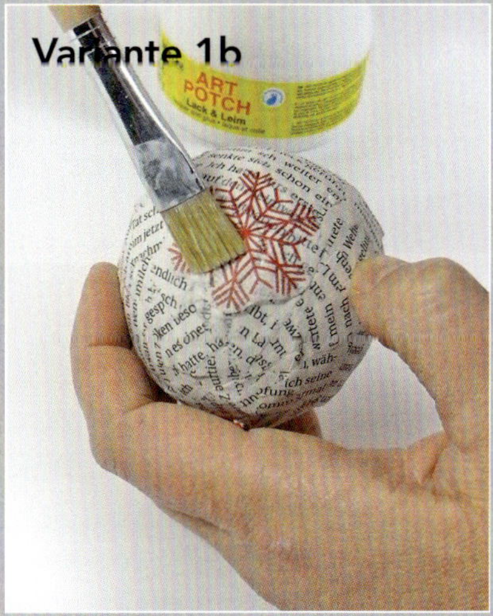

Variante 2a

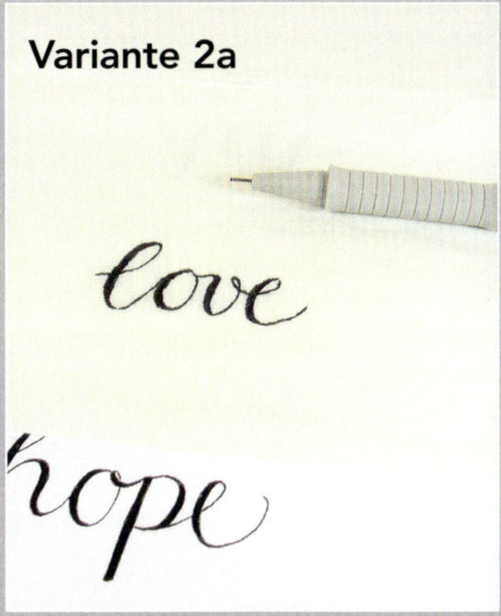

Variante 2b

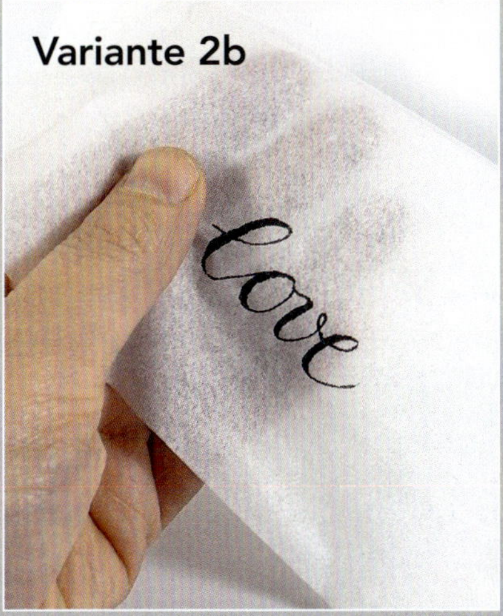

Variante 2c

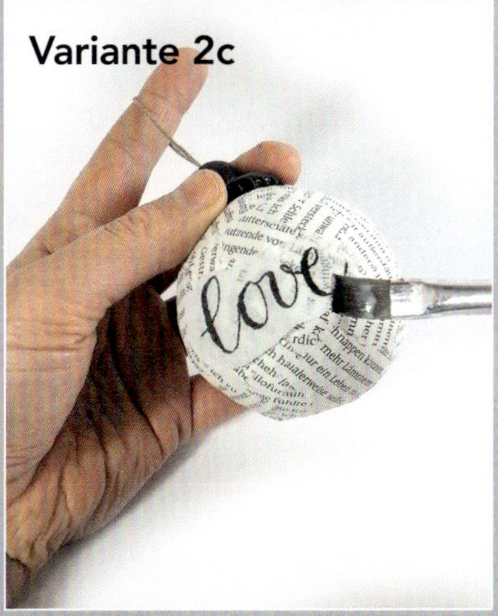

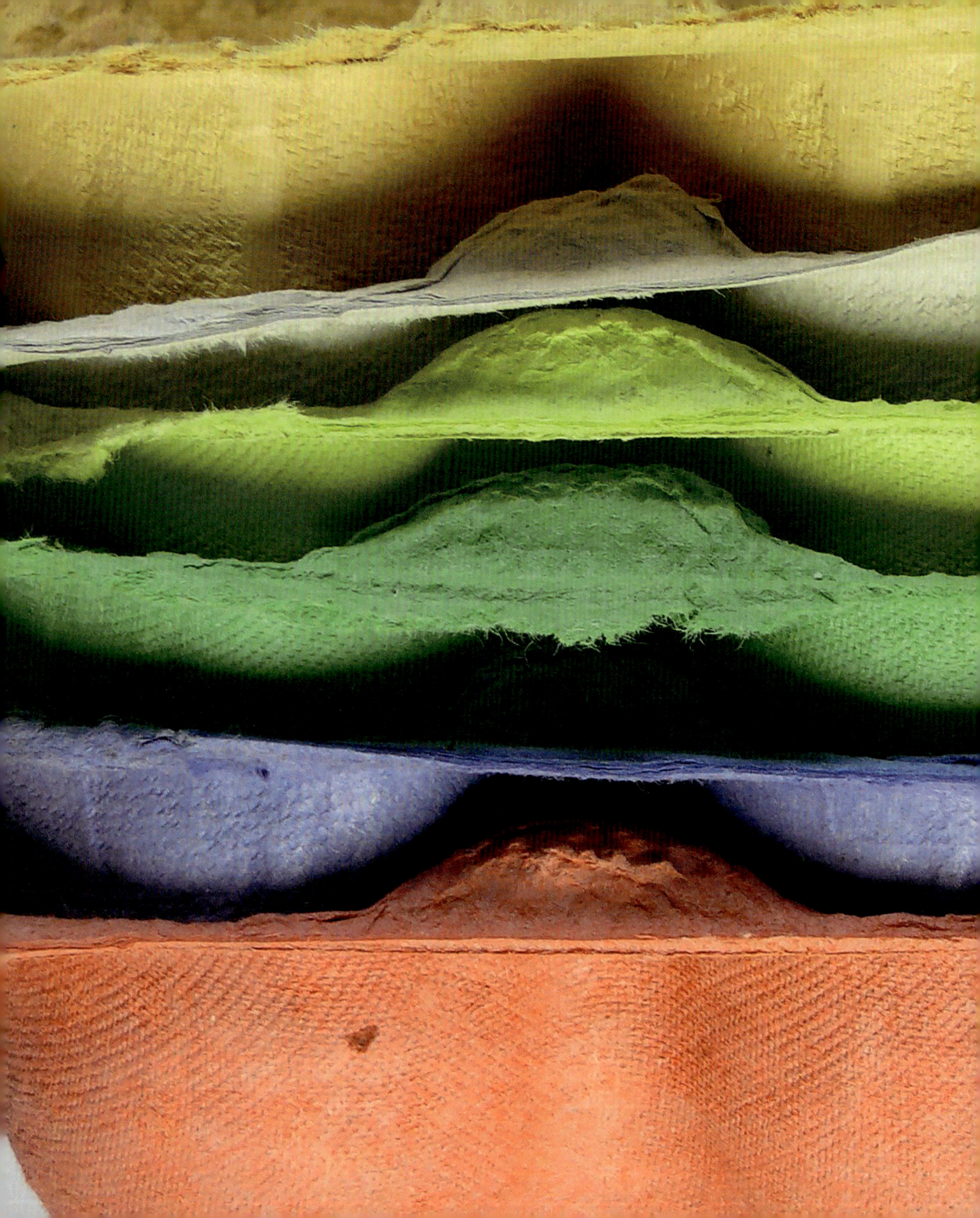

Anleitungsteil

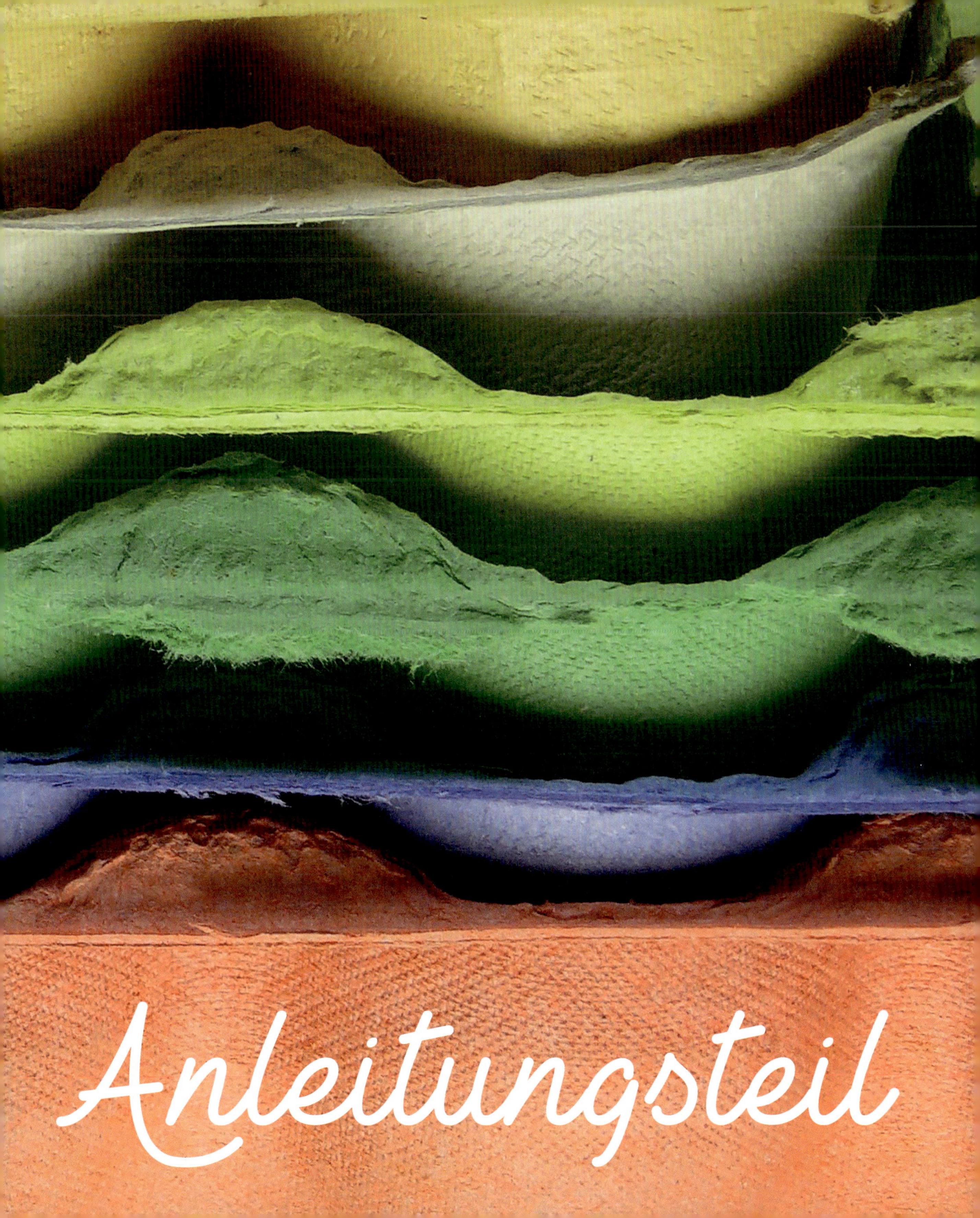

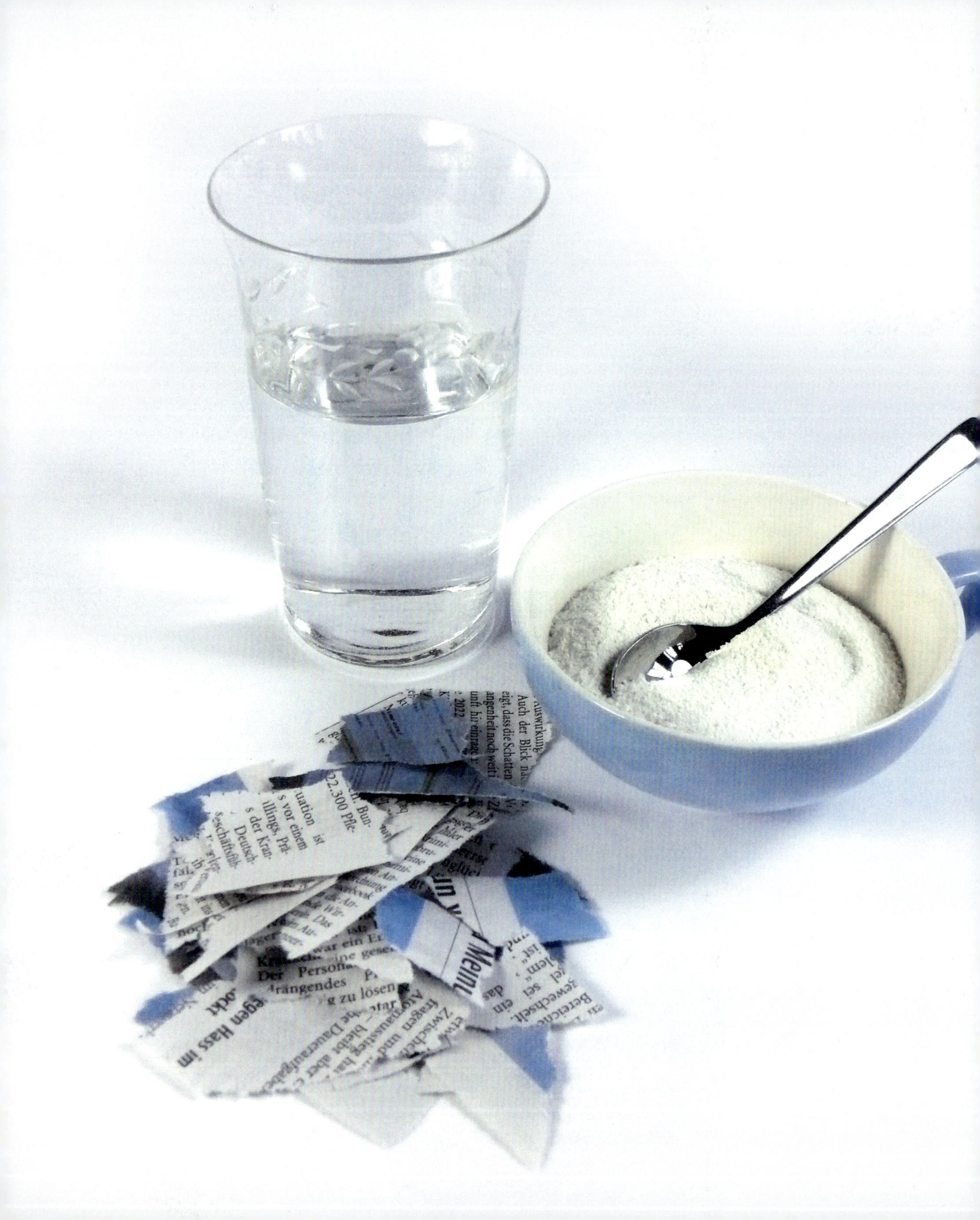

Papierteige herstellen

Rezepte für Pappmaché gibt es unzählige. Da fällt es manchmal schwer herauszufinden, welche Zutaten denn nun wirklich nötig und sinnvoll sind – und wofür die einzelnen Zusätze gut sein sollen!

Um dir die Sicherheit zu geben, dass schon dein erster Teig richtig gut funktioniert, arbeite ich mit ziemlich genauen (Gewichts-)Angaben. Lass dich dadurch aber nicht davon abhalten, selbst mit den verschiedenen Zutaten zu experimentieren!

DIE KOMPONENTEN

Ein Papierteig besteht aus mehreren Komponenten. Du solltest ihre Funktion kennen, um das Material deinen Bedürfnissen anpassen zu können.

Wasser:
Das Wasser löst die Papierstrukturen auf und ist nötig, damit der Tapeten- oder Mehl-Kleister aufquellen kann. Beim Trocknen der Objekte entweicht es vollständig. Ein zu trockener Teig hält nicht zusammen und ist extrem klumpig.

Papier:
Das Papier wird durch das Wässern und Pürieren in seine einzelnen Fasern zerlegt. Die Faserstruktur gibt allen Papierteigen eine besondere Konsistenz, die sie von Knete oder Ton unterscheidet. Drückt man zu viel Wasser heraus, bilden sich feste Klumpen, die sich später selbst durch sorgfältiges Kneten nicht wieder auflösen lassen.

Hochglanzpapier aus Zeitschriften oder Prospekten sind als Ausgangsbasis untauglich.

Für Papierteige sind alle Arten von Altpapier geeignet, die nicht stark behandelt oder versiegelt sind:

- Zeitungen
- Eierkartons
- Pappe
- Papier aus dem Aktenvernichter (super, weil schon zerkleinert!)
- Papier aus dem Büropapierkorb
- Servietten
- Verpackungspapier aus Paketen
- Seiten aus ausrangierten Büchern ...

Natürlich ließe sich auch neues Papier verwenden (Toilettenpapier, Kopierpapier etc.), allerdings nehme ich persönlich dieses nur in kleinen Mengen.

Kleisterstoffe:
Hier eignen sich Tapetenkleister und Mehl/Stärke. Beide nehmen die Feuchtigkeit aus dem Papier auf, quellen innerhalb von 20 - 30 Minuten fertig auf und sorgen dafür, dass die Papierfasern zusammenkleben und die Masse geschmeidig und formbar wird.

Mehlhaltiger Teig hält sich im Kühlschrank nicht so lange wie Teig, der mit Kleister angemischt wurde.

Füllstoffe:
Mit Füllstoffen meine ich untergemischte Stoffe, welche die Zwischenräume zwischen den Papierfasern auch nach dem Trocknen noch ausfüllen und damit für ein glatteres Endergebnis sorgen. In gewisser Weise dient Mehl nicht nur als Kleisterstoff, sondern zusätzlich als Füllstoff, denn es trocknet im Vergleich zu Tapetenkleister nicht komplett weg. Traditionell wird auch gern (Schlämm-)Kreide als Füllstoff in Papierteig verwendet. Teige mit Kreide als Füllstoff halten länger frisch als mehlhaltige Teige.

Konservierungsstoff:
Hier ist vor allem Salz zu nennen, das einen mehlhaltigen Teig haltbarer macht. Teige ohne Mehl benötigen keinen zusätzlichen Konservierungsstoff.

Gleitstoff:
Ich finde, etwas Öl als Gleitstoff tut der Verarbeitbarkeit des Papierteiges sehr gut und verbessert die Haptik.

Festiger:
Weißleim/Holzleim lässt das fertige Objekt später noch härter und stabiler werden – ähnlich wie Holz. Papierteig ohne Festiger ist nach dem Trocknen ungefähr so fest wie dicke Pappe. Das ist für sehr viele Bastelprojekte mit Pappmaché völlig ausreichend. Allerdings lässt sich Teig ohne Holzleim durch Wasser wieder aufweichen, während solcher mit Holzleim hart bleibt.
Mehl und Weißleim/Holzleim können zusammen klebrig werden. Manchmal verwende ich diese Kombination aber trotzdem – man muss sich danach eben ein bisschen aufwändiger die Hände waschen.

Achtung! Tapetenkleisterpulver nach dem Öffnen in ein trockenes, sauberes Schraubglas umfüllen, damit das Pulver trocken und gebrauchsfähig bleibt.

GRUNDREZEPT ZUR HERSTELLUNG VON ALLEN PAPIERTEIGEN:

Du brauchst:

- Papier
- Wasser
- ein Gefäß
- einen Pürierstab oder Mixer (s. Tipp S. 116)
- ein Tuch (Mullwindel, Geschirrtuch, altes T-Shirt etc.)
- eine Waage
- weitere Zutaten je nach Rezept

Und so geht es:

1. Zunächst zerkleinerst du das Papier, wiegst es dem Rezept entsprechend ab (Abb.1a), bedeckst es großzügig mit (evtl. kochendem) Wasser (1b) und lässt es einige Zeit stehen (z.B. über Nacht). Kochendes Wasser verringert die nötige Einweichzeit

2. Das weich gewordene Papier mit einem Mixstab sehr gründlich durchpürieren (Abb. 2). Evtl. noch mehr Wasser zugeben, um eine bessere Durchmischung und Zerkleinerung zu ermöglichen.

3. Lege das Tuch ausgebreitet in ein Waschbecken (oder in einen Durchschlag im Waschbecken), gieße den Brei hinein (Abb. 3) und drücke mit dem Tuch das meiste Wasser heraus.

4. Nimm den Papierklumpen aus dem Tuch heraus und lege ihn auf die Waage (Abb. 4). Je nach Ergebnis drückst du entweder noch mehr Wasser heraus oder fügst wieder eine genau abgewogene Menge Wasser zu – bis Papier und Wasser im angegebenen Verhältnis in der Masse enthalten sind. (Beispiel: Du hast 50 g Papierschnipsel mit Wasser zusammen püriert. Wenn im Rezept 150 g Wasser gefordert sind, muss der ausgedrückte Papierklumpen 200 g wiegen.)

5. Der Papierklumpen wird fein zerkrümelt (Abb. 5), die weiteren Zutaten dem Rezept entsprechend beigefügt und mit der Papiermasse gut verknetet. Das sorgfältige Verkneten ist sehr wichtig, um einen möglichst geschmeidigen Teig zu erhalten! Nach 20 bis 30 Minuten Quellzeit, in der der Teig immer wieder einmal geknetet werden sollte, ist er einsatzbereit.

6. Fertige Papiermasse kann im Kühlschrank je nach Zutaten Tage bis Wochen in einem verschlossenen Behälter aufbewahrt werden (Teige ohne Mehl halten länger als solche mit). Riecht der Teig unangenehm, muss er entsorgt werden.

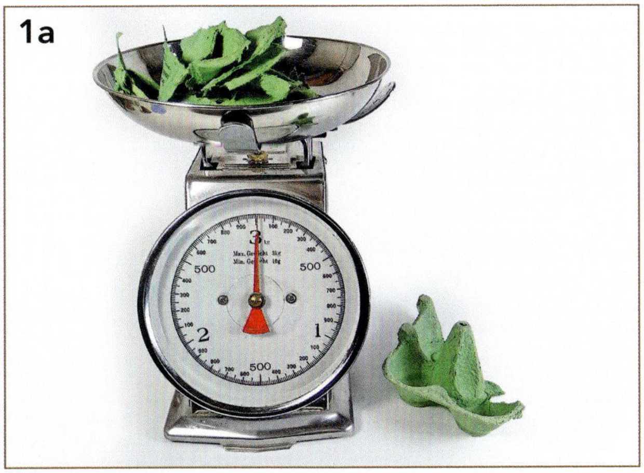

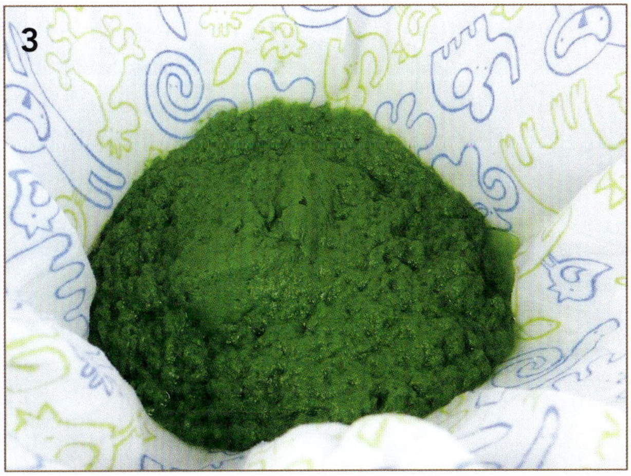

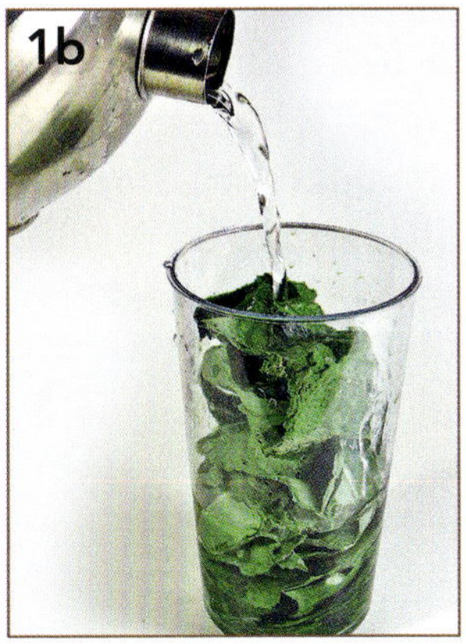

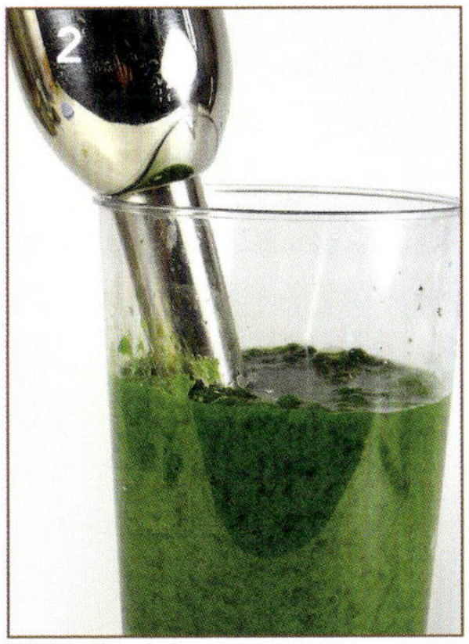

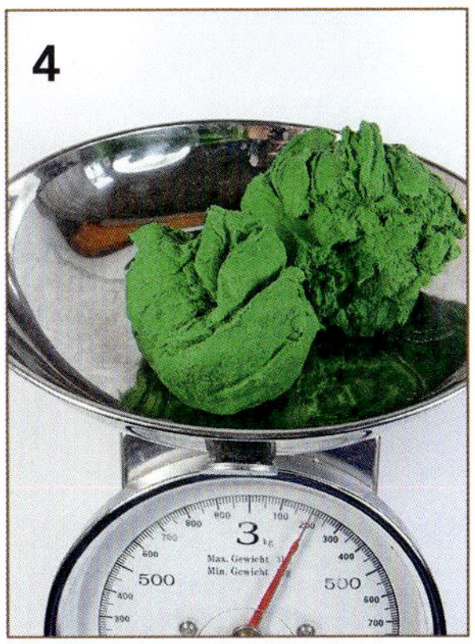

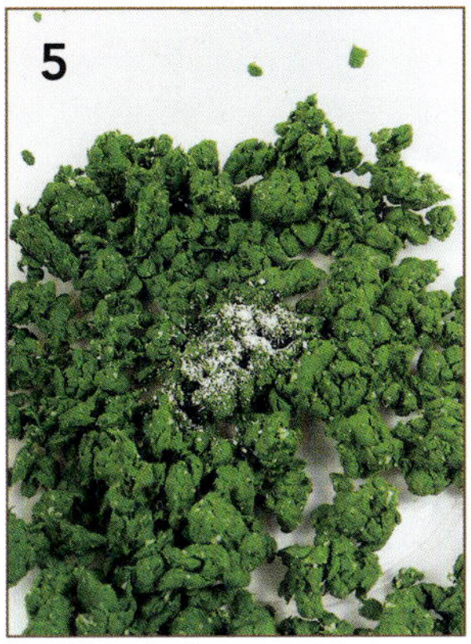

TIPP:
Druckerschwärze, Altpapier und Karton sind nicht für den direkten Kontakt mit Lebensmitteln geeignet, weshalb Pürierstab, Mixer und Co. nach der Verwendung für Papiermasse sehr sorgfältig gereinigt werden müssen. So bekommst du den Pürierstab wieder sauber:

1. In einem hohen Gefäß heißes Wasser mit einem Schuss Öl durchpürieren (Druckfarben sind i.d.R. fettlöslich).

2. Mechanisch mit einer Bürste, einem Schwamm oder einem Tuch reinigen.

3. Nochmals frisches warmes Wasser mit ein paar Tropfen Spülmittel durchpürieren.

4. Bei Bedarf nochmals abwischen und anschließend mit klarem Wasser abspülen.

Solltest du häufig mit Papierteig arbeiten, lohnt es sich vielleicht, ein extra Gerät anzuschaffen.

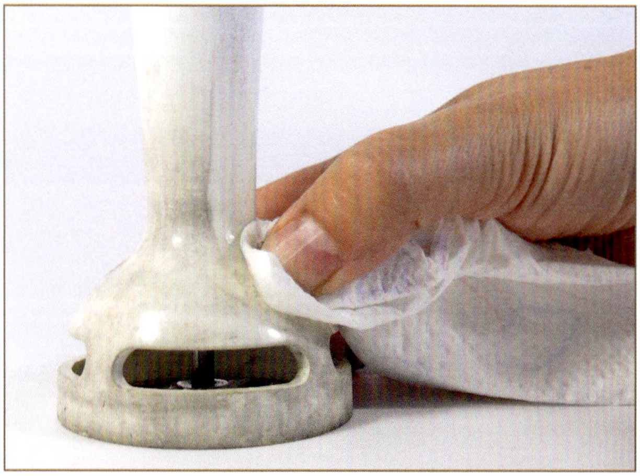

VERSCHIEDENE PAPPMACHÉ-REZEPTE

Bei meinen Rezepten gehe ich immer von einer Menge von 50 g Papier aus. Das ergibt einen etwa tennisballgroßen Teigklumpen. Wer größere Dinge herstellen möchte, kann die Rezepte unkompliziert vervielfachen.

Der Klassiker – einfach und pur:

- 50 g Papierschnipsel
- 150 – 170 g Wasser
- 1 TL Tapetenkleisterpulver
- Optional: ca. 1 EL Weißleim (für mehr Festigkeit)

Der Natürliche:

- 50 g Papierschnipsel
- 150 – 170 g Wasser
- 4 EL Mehl oder Speisestärke
- 1 TL Salz

Mein Lieblingsrezept:

- 50 g Papierschnipsel
- 170 – 180 g Wasser
- 4 EL oder 40 g Mehl
- 1 TL Tapetenkleister
- 1 TL Salz
- 1 TL Öl

Für Filigranes und Winziges:
Wenn ich etwas sehr filigran ausformen möchte oder nur ganz kleine Mengen Papierteig brauche, verwende ich ausnahmsweise (wenig) Toilettenpapier, da die Fasern darin zarter und feiner sind und damit mehr Details ermöglichen.

Das geht so:
Nimm einige Blatt Toilettenpapier, streiche sie einzeln mit angerührtem Kleister ein (Rezept für angerührten Kleister s. S. 133 und stapele sie aufeinander (siehe Abb. unten).
Lass das Ganze einen Moment einwirken und verknete alles. Ist die Masse zu matschig, gib noch etwas Toilettenpapier hinzu, ist sie zu trocken, fehlt noch Kleister. Soll das Endergebnis nach dem Trocknen besonders hart sein, kannst du noch etwas Leim hinzufügen.

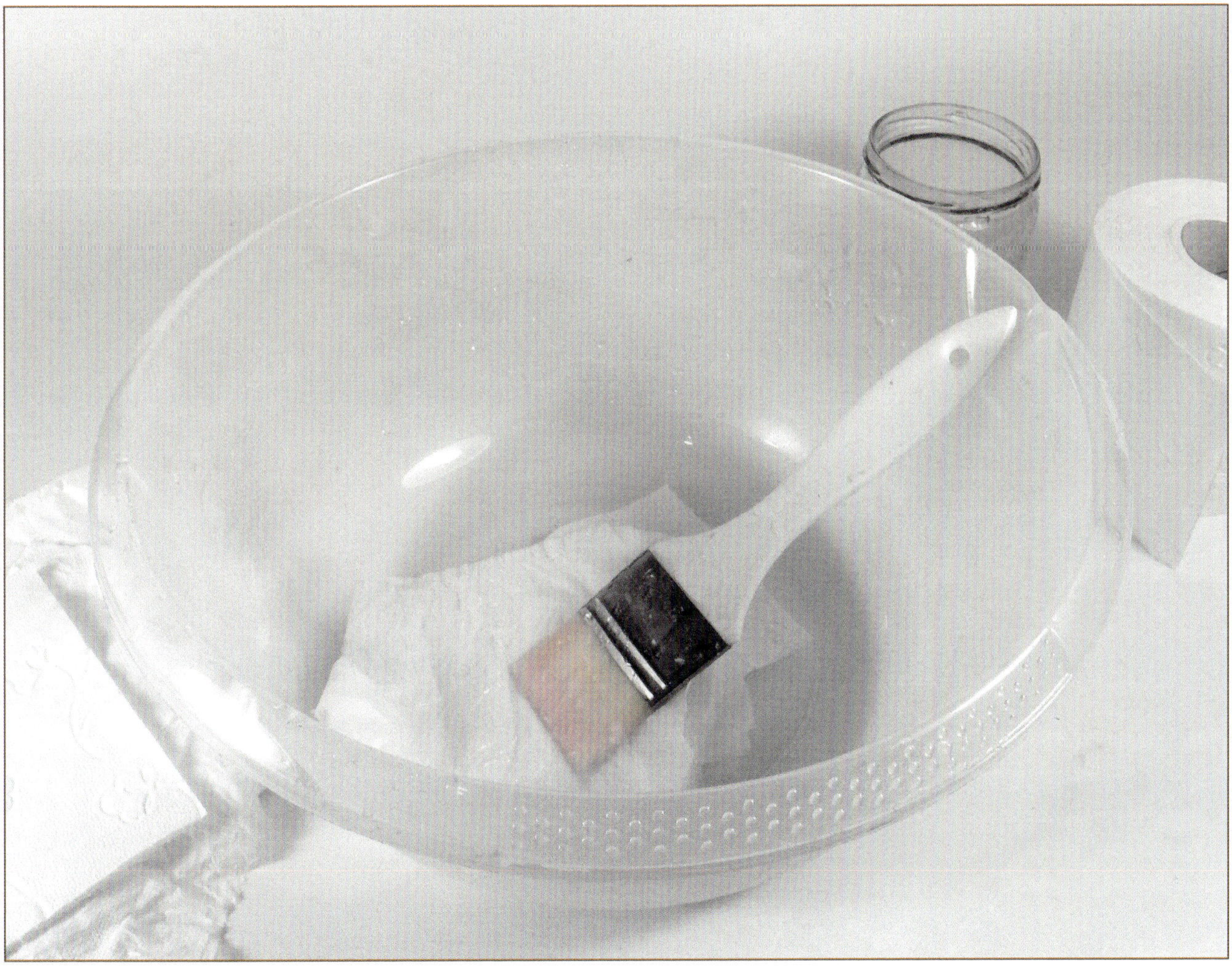

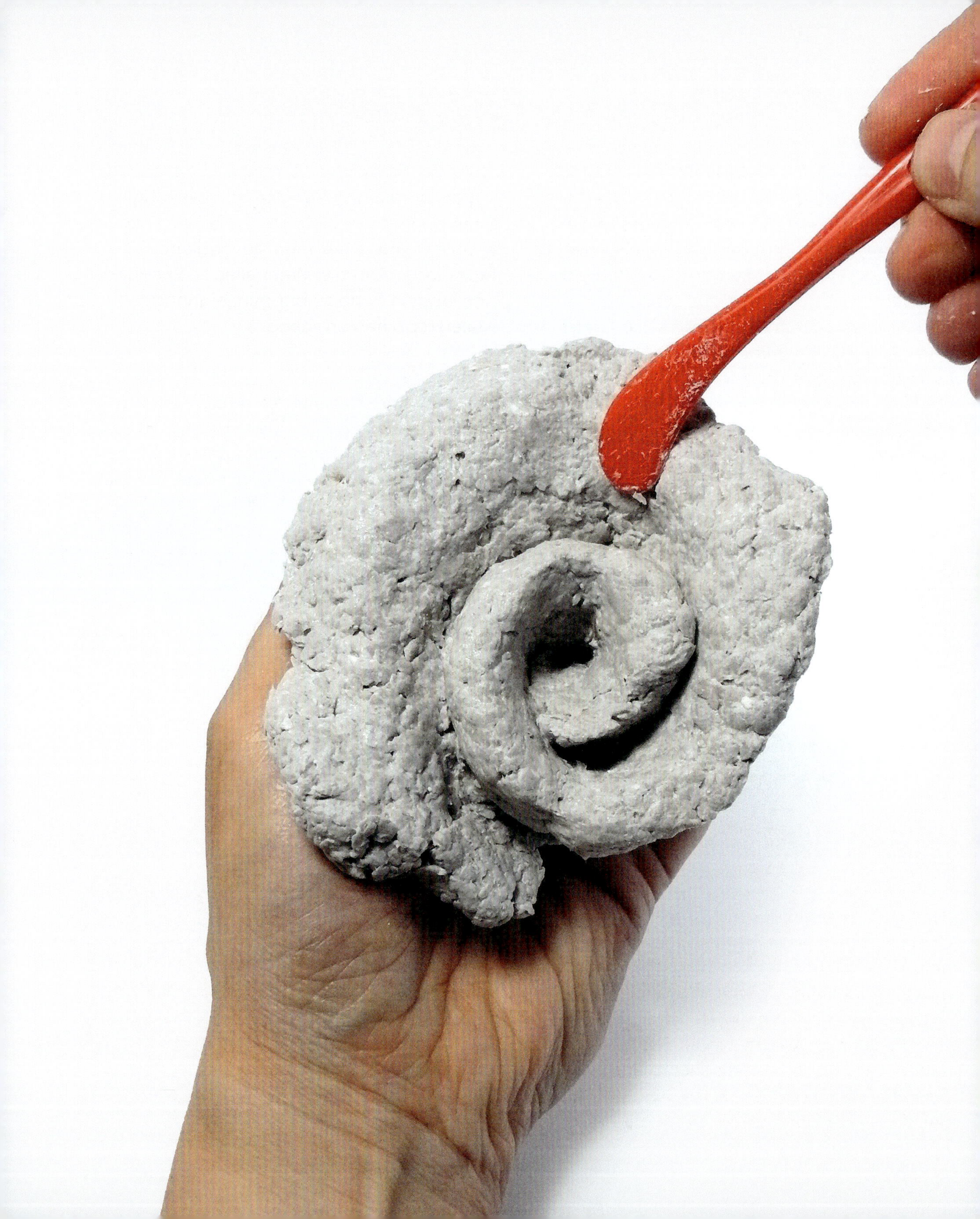

Die Form modellieren

Wenn du schon mit anderen Modelliermassen gearbeitet hast, die eine sehr glatte Beschaffenheit haben (wie z.B. Ton, Fimo etc.), wirst du die Arbeit mit Pappmaché zunächst vielleicht etwas ungewohnt finden: Die Papierfasern verhalten sich manchmal etwas widerspenstig. Dein wichtigstes Werkzeug sind deine Hände, mit denen du die Masse in Form bringst, glättest, modellierst usw. Ein normales Frühstücksmesser oder ähnliche Modellierwerkzeuge können zum Glattstreichen unterstützend hinzugenommen werden. Oft ist ein wenig angerührter Kleister (Rezept s. S. 133) an den Fingerspitzen zusätzlich dabei hilfreich!

Füllungen/Gerüste

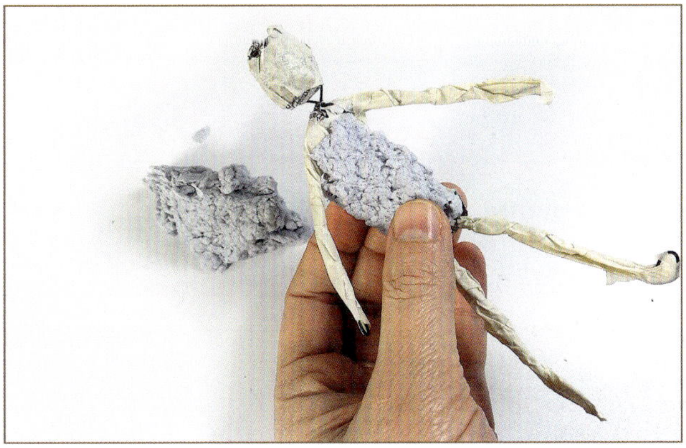

Häufig ist es sinnvoll, die grobe Form des Objekts aus anderen Materialien vorzufertigen. Würde man alles komplett aus Papiermasse modellieren, könnte der Trocknungsvorgang besonders bei größeren Objekten enorm lange dauern und es könnte reißen oder sich stark verziehen.
Als Füllmaterial bietet sich fast alles an, was der Haushalt oder der Mülleimer hergibt: zusammengeknülltes Zeitungs- oder Packpapier, Joghurtbecher, Waschmittel- oder Shampooflaschen, Holzreste, Karton, Draht, feinmaschiger Drahtzaun, ausgedientes Porzellan … Um die Materialien zu verbinden und/oder in Form zu bringen, eignet sich Malerkrepp hervorragend.

Abformungen

Manchmal möchte man z.B. ein Gefäß mit Papiermasse abformen (Beispiele s. S. 10, 98). Dabei ist es wichtig, ein Trennmittel zwischen Form und Masse einzusetzen, damit sich die Masse später gut wieder ablösen lässt. Selbst auf sehr glatten Oberflächen haftet der Papierteig nach dem Trocknen oft erstaunlich gut – und das soll ja nicht passieren.

Geeignete Trennmittel:

- eine (nicht zu dünne!) Schicht Fett
- Stoff (siehe unten)
- Alufolie
- Frischhaltefolie
- Backpapier

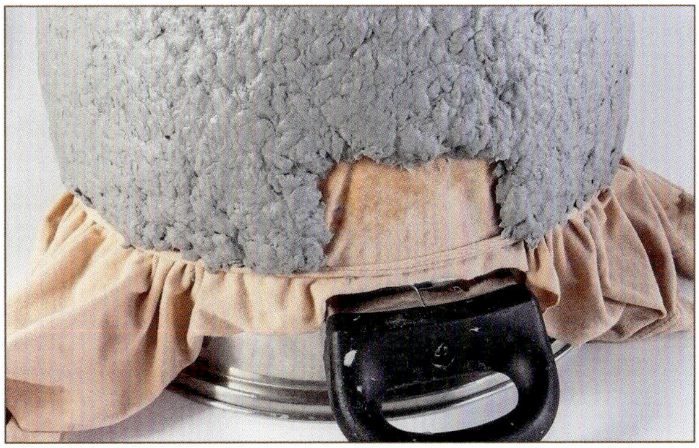

In der Abbildung rechts konnte der Teig nach dem Trocknen nur noch in Stücken von der Form entfernt werden, so fest hatte er sich mit dem glatten Untergrund verbunden!

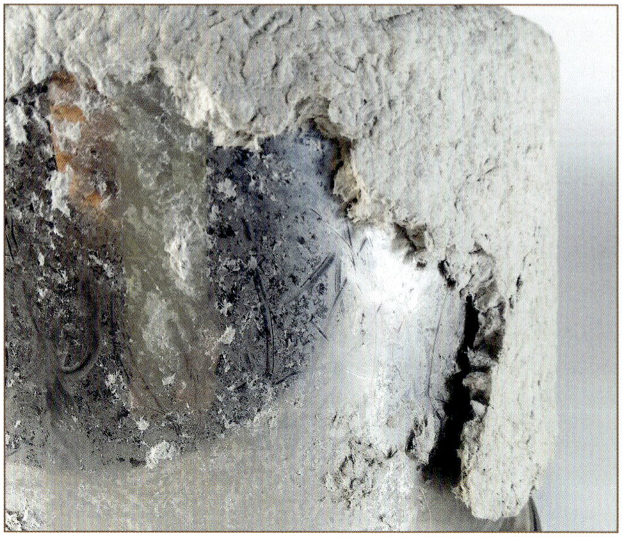

Tipp:
Möchtest du eine sehr dicke Schicht Papiermaterial haben, solltest du zunächst eine ca. 0,5 – 1 cm dicke Schicht auftragen und diese trocknen lassen. Dann die erste Schicht mit Kleister einpinseln und die zweite Lage aufbringen. Dem Pappmaché-Teig sollte Holzleim zugesetzt sein, damit die erste Schicht nicht erneut aufweicht.

Der Trocknungsvorgang

Papiermodelliermasse ist nichts für Ungeduldige! Es kann je nach Dicke der Pappmaché-Schicht durchaus eine Woche dauern, bis deine Bastelarbeit durchgetrocknet ist. Daran erkennst du, ob dein Objekt wirklich trocken ist (Abb. 1-3):

- Es hat keine dunklen Stellen mehr.
- Es fühlt sich nirgendwo mehr kühl an.
- Der Teig gibt auf Druck nicht mehr nach.

1

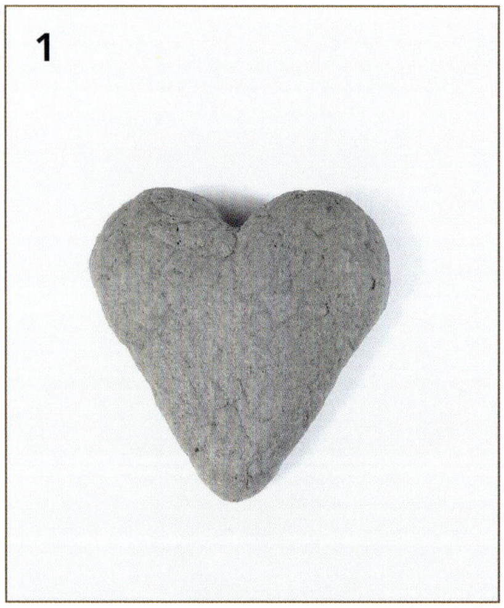

2

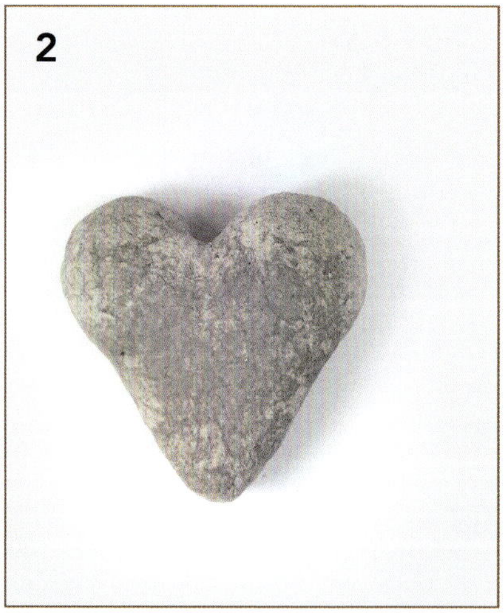

3

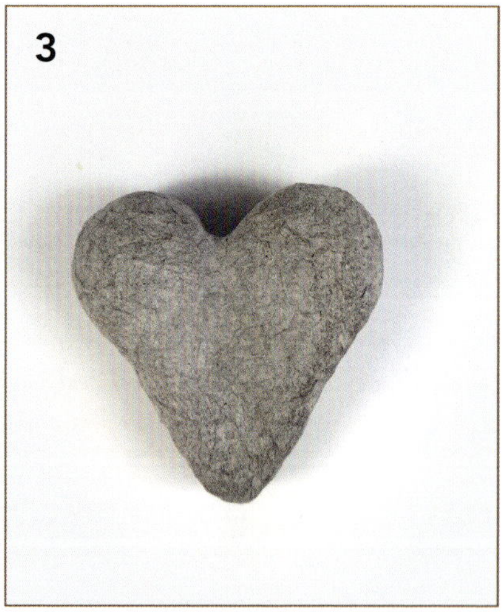

Das Papierobjekt verändert im Verdunstungsprozess immer ein klein wenig seine Form. Die Trocknungszeit solltest du deshalb nutzen, um dein Objekt immer wieder glatt zu streichen und behutsam die Form zu korrigieren.

Beschleunigen im Ofen
Natürlich kann man den Trockenvorgang durch Wärme beschleunigen. Im Heizungskeller, am Ofen oder in der Sonne geht es schneller. Aber auch im Backofen lassen sich kleinere Objekte gut trocknen, wenn es wirklich einmal schnell gehen muss: bei 150°C Umluft, am besten indem man mittels eingeklemmtem Holzlöffel/Topflappen oder Ähnlichem die Ofentür einen Spalt breit offen hält, damit die Feuchtigkeit entweichen kann.

Schwinden und schrumpfen
Da frisches Pappmaché einen hohen Wassergehalt hat, schrumpfen die Objekte um bis zu einem Drittel beim Trocknen. Dabei können manchmal unvorhergesehene Risse entstehen (Abb. 4) und die Oberfläche wird etwas hügeliger. Das alles ist aber kein Grund zur Panik: Größere Risse können im Nachhinein mit etwas Kleister und frischem Teig geflickt werden (s. S. 123). Kleine Risse und Unebenheiten können mit dickflüssiger Farbe und Schleifpapier ausgeglichen werden.

Flächen trocknen
Manchmal möchten wir etwas aus Pappmaché herstellen, das ganz flach und gerade liegen soll. Allerdings verziehen sich Flächen beim Trocknen meist sehr und werden wellig und uneben (Abb. 5). In diesem Fall lässt man das Objekt antrocknen (bis die Oberfläche schon heller geworden ist), drückt es immer wieder flach und legt dann beschwerende Gegenstände (z. B. Bücher) darauf.

4

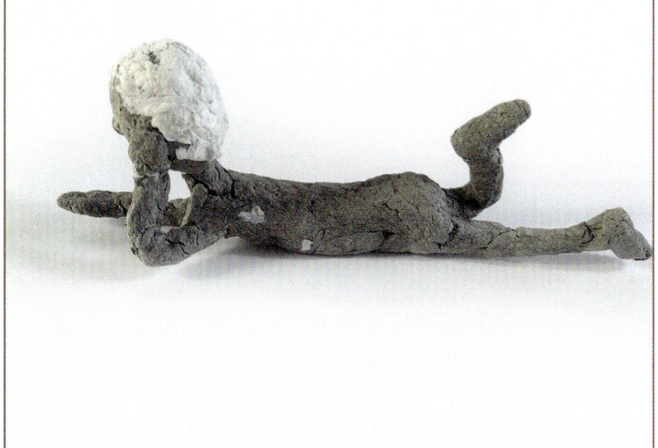

5

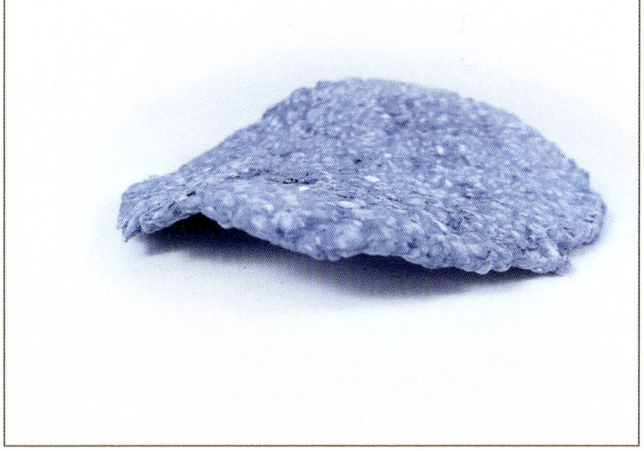

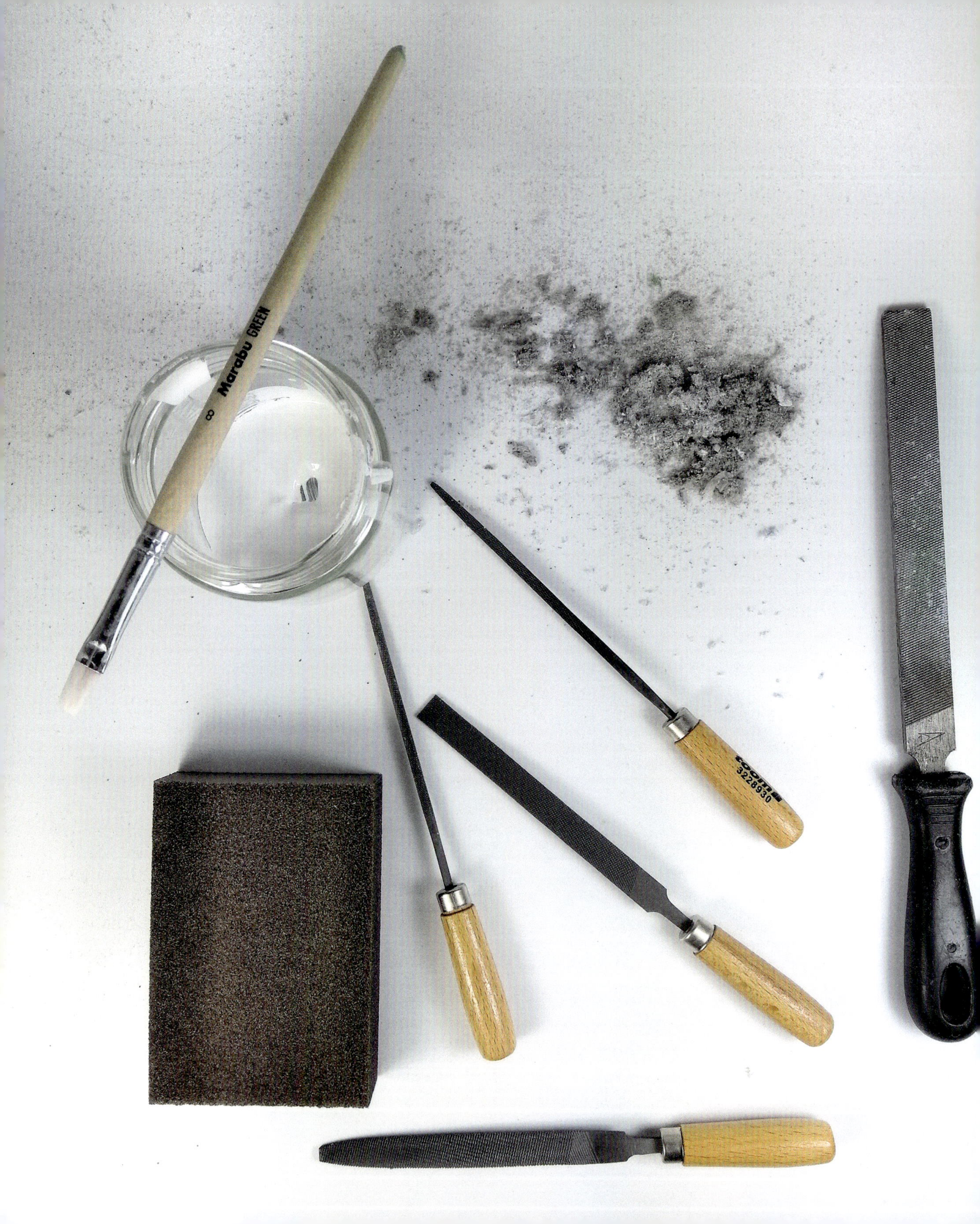
Marabu GREEN

Nachbearbeitung des Rohlings

Der getrocknete Rohling kann ähnlich wie Holz nachbearbeitet werden. Folgende Prozeduren kannst du unter anderem bei getrocknetem Pappmaché anwenden:

- schleifen
- feilen
- schneiden
- sägen (Abb. 1 oben)
- bohren (Abb. 1 mitte)
- lochen

GLÄTTEN DER OBERFLÄCHE

Ganz gleich, wie glatt du die Papiermasse vor dem Trocknen gestrichen hast – nach dem Trocknen ist das Material leicht hügelig. Es lässt sich jedoch bei Bedarf auch wieder eine glatte Oberfläche erreichen. Ich verwende gern verschieden geformte Feilen oder Schmirgelpapier. Das staubt sehr! Mache es also am besten draußen oder in einem Werkstattraum – evtl. mit Mundschutz. Die noch verbleibenden Unebenheiten kannst du ausgleichen, indem du eine dickflüssige Farbe wie Gesso*, normale Wandfarbe oder Acrylfarbe aufstreichst. Erneutes Schleifen, Streichen und Schleifen sorgt für eine noch glattere Oberfläche. (Abb. 2)

AUSGLEICHEN VON RISSEN

Beim Trocknen können manchmal unvorhergesehene Risse entstehen. Dem kannst du gelassen entgegensehen, wenn du vom Papierteig einen Rest im Kühlschrank aufbewahrt hast: Einfach etwas flüssigen Kleister (s. S. 133) in die Risse pinseln und die Lücken mit frischem Teig ausstreichen. Erneut trocknen lassen. (Abb. 3)

**Gesso ist eine weiße Farbe, die speziell zum Ausfüllen von Rissen und Unebenheiten entwickelt wurde und im Künstlerbedarf erhältlich ist. Sie enthält Kreide als Füllstoff und hat eine cremige Konsistenz. Allerdings konnte ich in Versuchen mit Pappmaché-Objekten eigentlich keinen großen Vorteil feststellen im Vergleich zu normaler Wandfarbe.*

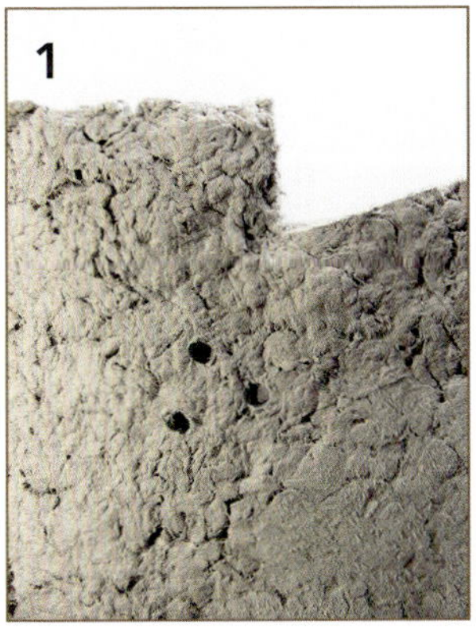

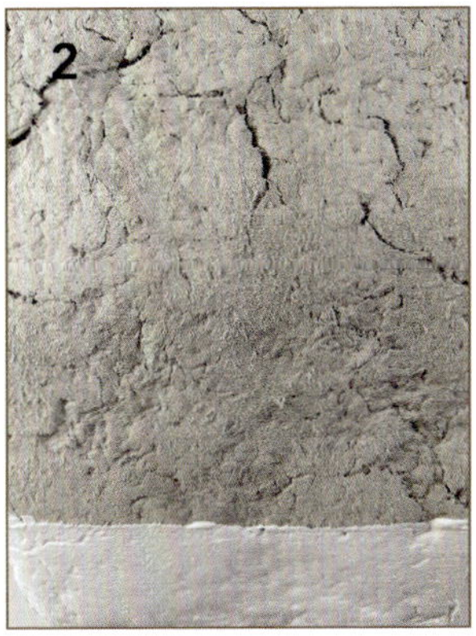

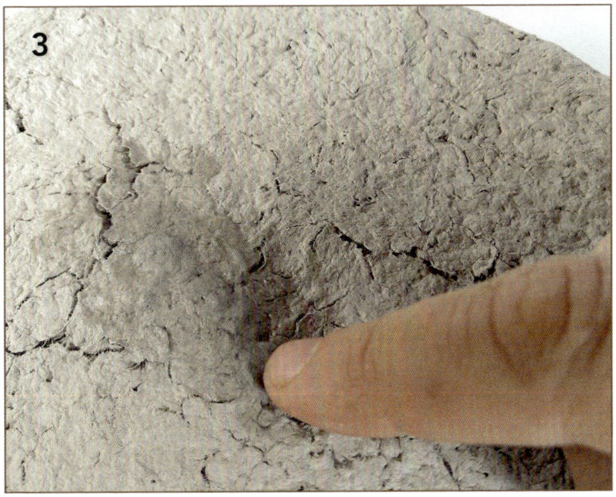

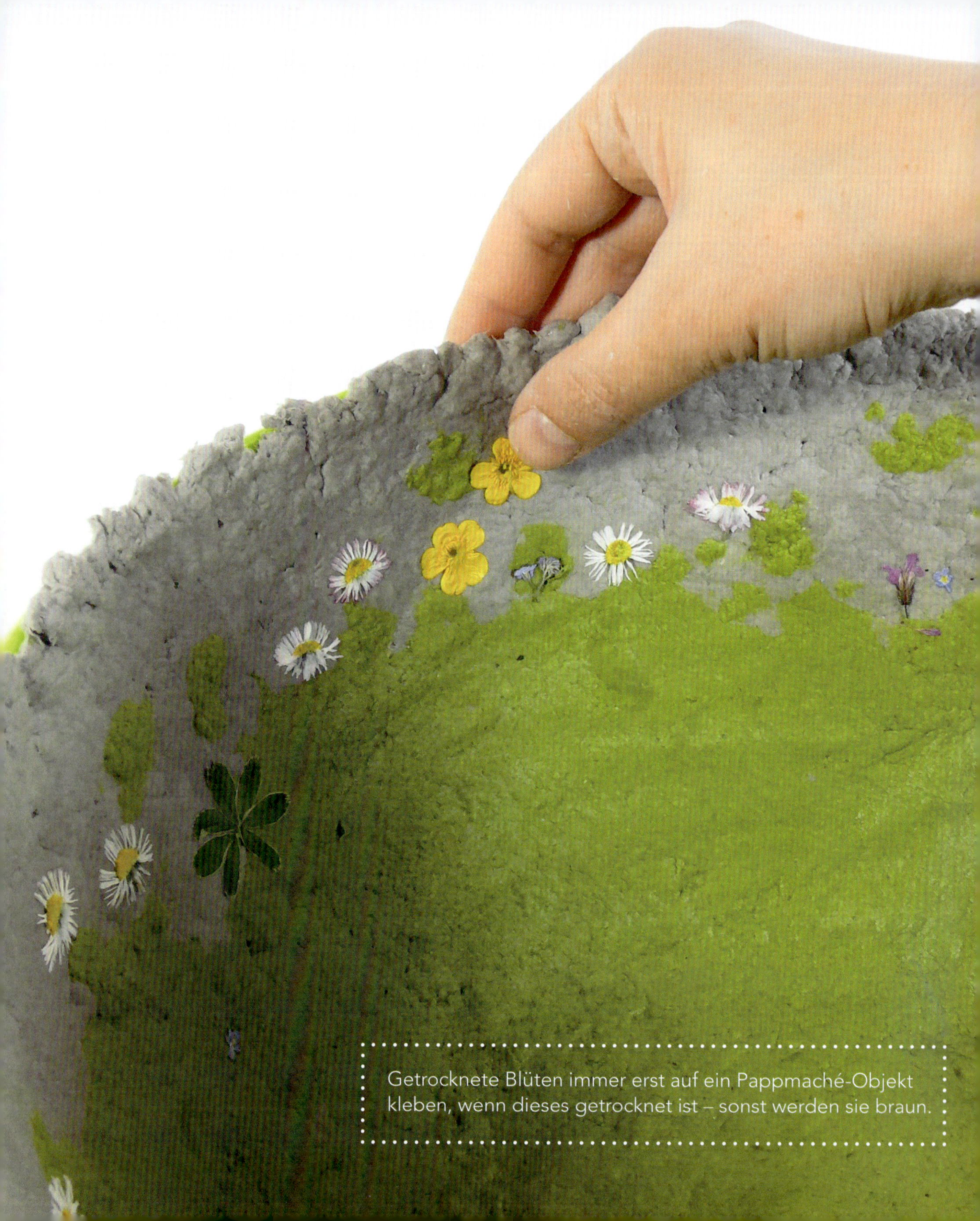

Getrocknete Blüten immer erst auf ein Pappmaché-Objekt kleben, wenn dieses getrocknet ist – sonst werden sie braun.

Farbliche Gestaltung

Die Möglichkeiten, ein Pappmaché-Objekt farblich zu gestalten, sind vielfältig.

Zur Herstellung eines farbigen Papierteiges kannst du die Eigenfarbe des Papiers nutzen oder dem Teig folgende Stoffe untermischen:

- farbige Servietten
- farbiges Kopierpapier
- Krepppapier
- Ostereierfarben
- Farben aus dem Schulmalkasten
- Pigmentpulver
- bunte Gewürze
- farbigen Gemüsesud
- Tinte
- Acrylfarbe oder andere Bastelfarben-Reste

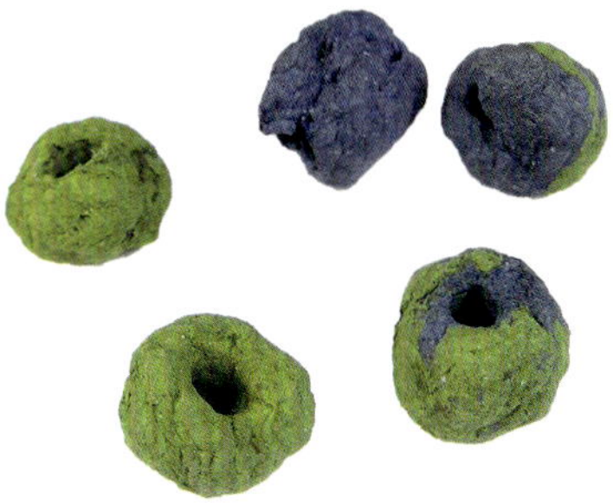

BESTIMMTE TEIGFARBEN ERZEUGEN

Hier gilt grundsätzlich: Beim Beimischen von Farbe oder farbigem Papier einen möglichst farblosen Teig verwenden – hierfür ist in der Regel kein komplett weißes Papier nötig. Es geht auch mit nur wenig bedrucktem Altpapier (z.B. entsorgten Kopien auf weißem Papier oder Seiten von ausrangierten Büchern). Das ergibt in der Regel einen leicht grauen Teig, der sich gut einfärben lässt.
Je nachdem, welche Farben eingesetzt werden, sollten bei der Verarbeitung des Teiges Handschuhe getragen werden.

Gelb: gelbe Eierpappe, gelbes Pigment, Curry oder Kurkuma, gelbe Servietten …

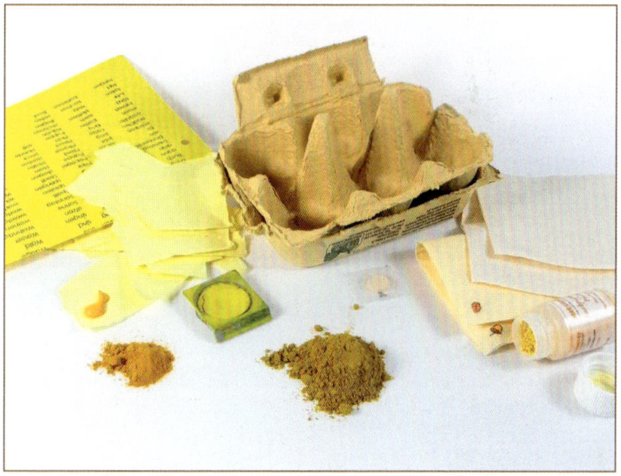

Blau: blaue Eierpappe, blaues Pigment, Tinte, blaues Papier/Krepppapier …

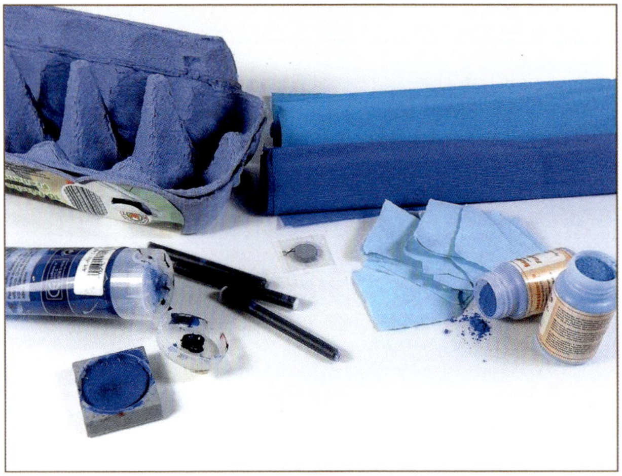

Rot: rote Eierpappe, rotes Pigment, Paprikapulver, rote Servietten …

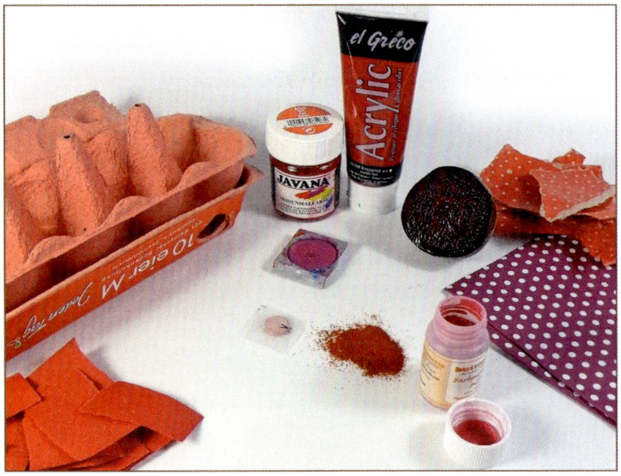

Braun: Verpackungspapier, Brottüten, gut eingeweichter Karton, braune Eierpappe, Packpapier, braunes Pigment, stark vergilbtes Papier …

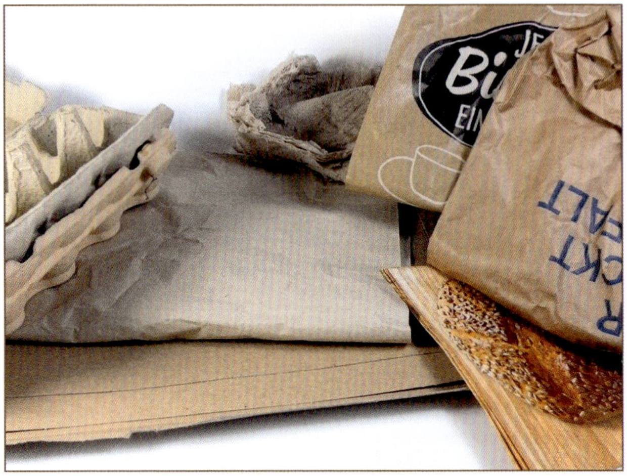

Grau: Zeitung, Buchseiten, Papier aus dem Aktenvernichter, nicht mehr benötigte Kopien oder Ausdrucke …

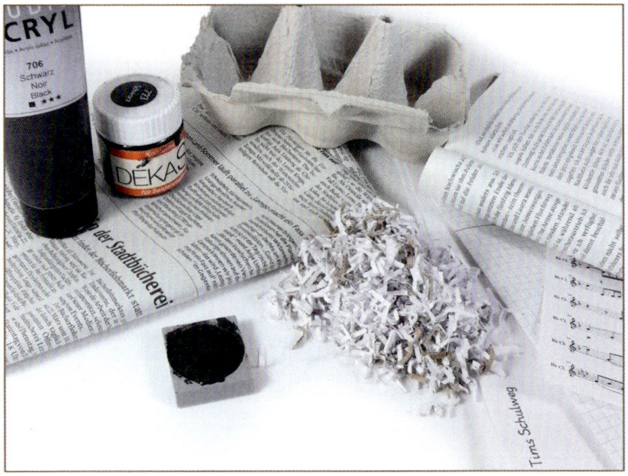

Teigfarben lassen sich auch mischen:

- Gelb + Rot = Orange
- Blau + Rot = Lila
- Gelb + Blau = Grün
- Rot + Grün = Braun
- Rot + Weiß/Hellgrau = Rosa
- Blau und Weiß/Hellgrau = Hellblau usw.

BEMALEN

Beim Bemalen kannst du auf ganz unterschiedliche Art und Weise vorgehen. Verwendbar sind:

- **deckende Bastelfarben:** Am gebräuchlichsten sind im Hobbybereich Acrylfarben. Wer die Farben Rot, Gelb, Blau, Schwarz und Weiß hat, kann sich alle weiteren mischen. Acrylstifte erlauben oft ein noch feineres und sparsameres Auftragen der Farbe.
- **Wandfarben:** Wer noch Wandfarben übrig hat, kann sie verwenden. Sie eignet sich prima, um Unebenheiten von Oberflächen nach dem Trocknen auszugleichen (s. S. 123). Von der Haptik her sind sie allerdings nicht so schön: Sie fühlen sich rau an und sehen meist eher matt aus.
- **Kreidefarben:** Kreidefarben eignen sich besonders für Projekte im Shabby-Chic (s. S. 80).
- **andere Farben:** Reste von Seidenmalfarben, Farben aus dem Schulfarbkasten, Lacke, Ölfarben – eigentlich eignet sich fast alles, was an Farbresten im eigenen Haus halt vorhanden ist. Manche Farben ziehen komplett in die Oberfläche ein, andere bilden eine matte oder glänzende Schicht.

KASCHIEREN

Das sogenannte „Kaschieren" von Pappmaché-Objekten (das Bekleistern mit Papierstückchen) ist eine weitere, vielseitige Möglichkeit der farblichen Gestaltung. Dazu gibt es ein extra Kapitel auf S. 133.

FINISH

Fertig gestaltete Pappmaché-Modelle können noch mit einer schützenden Schicht überzogen werden:

Schutz der Modelle:

- Klar- oder Mattlack
- (farblose) Holzlasur
- mit Holzleim, Serviettenkleber oder weißem Bastelkleber bestreichen

Wetterbeständigkeit erreichen:

- Bootslack
- bis zu einem gewissen Grad: Holzlasur

Wenn die Gegenstände Hautkontakt oder Kontakt mit (trockenen) Lebensmitteln haben werden:

- Kinderspielzeug-geeignete Holzlasur

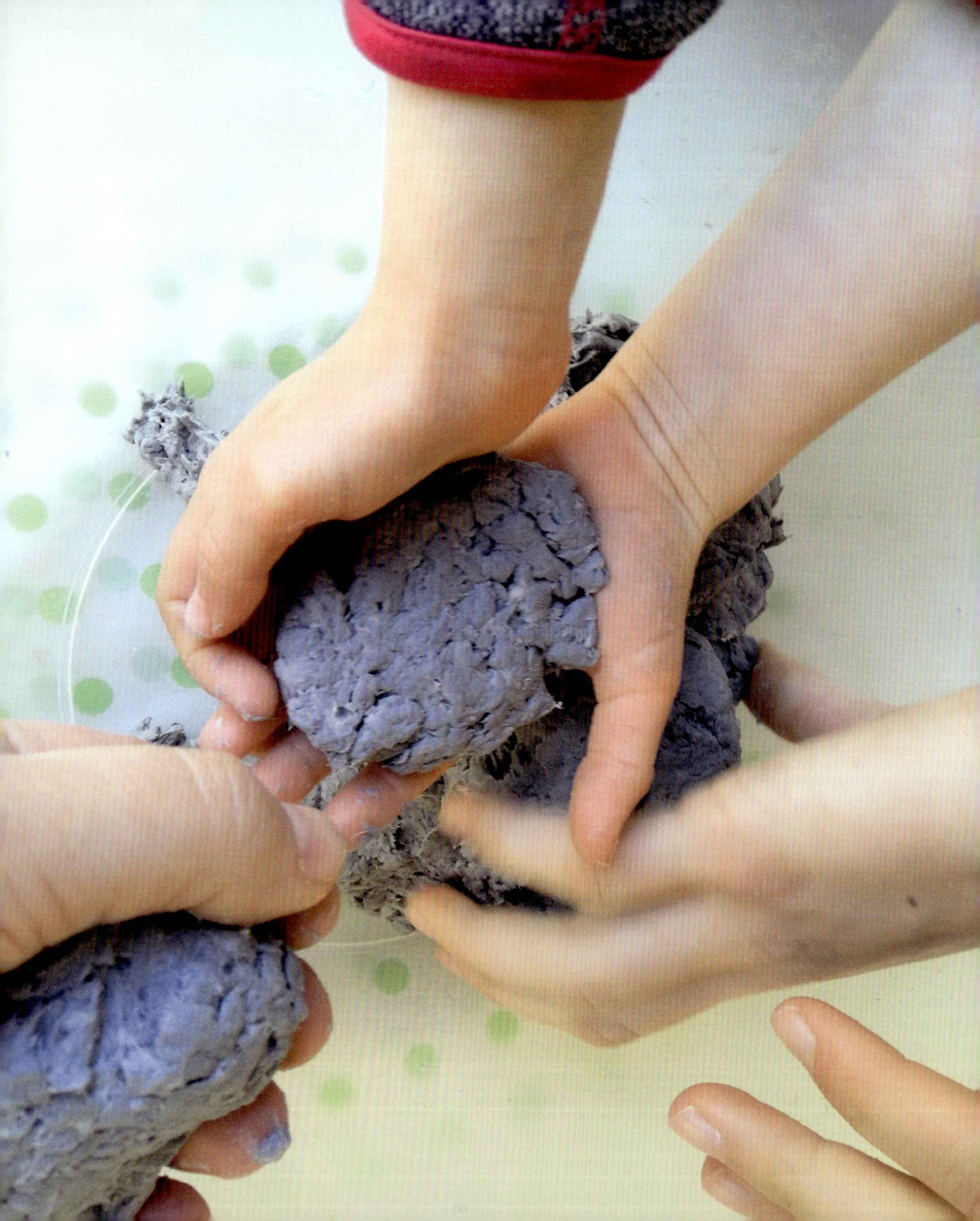

Pappmaché mit Kindern

Kindern macht es oft besonders viel Spaß, mit Modelliermassen zu arbeiten. Mit Mehlpapierteig können alle Altersklassen umgehen – auch die ganz Kleinen. Ab dem Grundschulalter kann man den Teig mit Kleister verwenden.

Kaschiertechnik (s. S. 133) eignet sich ebenfalls sehr gut für Kinder.
Besonders gern arbeiten die Kids mit farbigen Teigen. Anregungen hierfür findest du auf S. 125).
Auch Teige mit Gewürzen (s. S. 98) bieten sich an, sie duften sogar bei der Verarbeitung!

Bei der Entscheidung, was modelliert wird, helfen vielleicht folgende Gedanken:

- eher einfache Grundformen gestalten
- nicht zu kleine Objekte formen lassen

HIER EINE IDEENSAMMLUNG FÜR KINDER AB DEM GRUNDSCHULALTER (TEILWEISE BITTE MIT ERWACHSENENHILFE)

- **Fantasievolle Kopfbedeckungen mit Luftballons als Grundform:**
  Beispiel griechischer Helm (Abb. 1): Ring aus Pappe formen, den Luftballon oben hineinsetzen und alles mit Malerkrepp festkleben, die ganze Form mit Packpapier 3-lagig kaschieren, trocknen lassen; Gesichtsöffnung herausschneiden, Kamm ausschneiden und mit Kleister und Papierstücken befestigen, trocknen, anmalen.

1

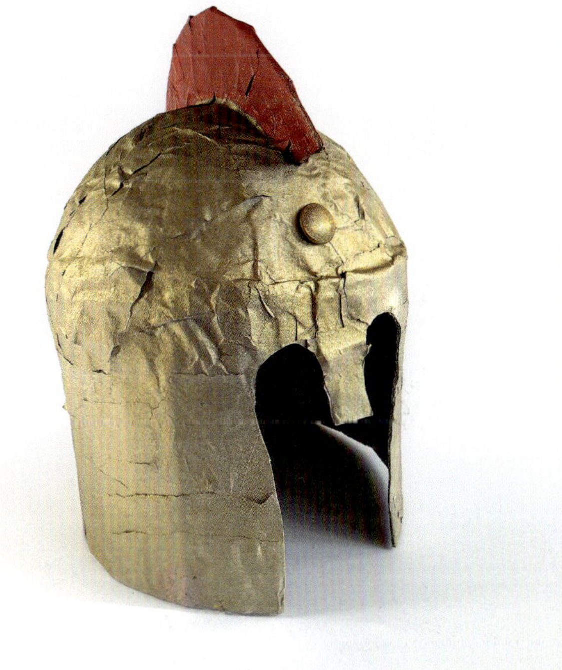

- **Tiere:**
  Beispiel Häschen (Abb. 2): eiförmigen Papierball mit Malerkrepp fixieren, mit braunem Teig ummanteln, Ohren/Schwanz entweder direkt anmodellieren oder separat formen und nach dem Trocknen ankleben. Gesicht mit schwarzem Filzstift aufmalen.

2

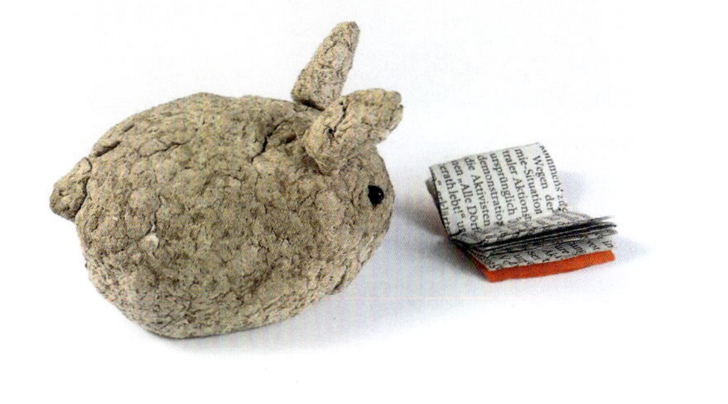

* **Handpuppen:** (Abb. 2+3)
Toilettenpapierrolle längs aufschneiden, enger zusammenrollen, so dass der Zeigefinger gerade noch gut hineinpasst, so fixieren; eine Kopf-Grundform aus zerknülltem Zeitungspapier und Malerkrepp auf der einen Seite der Rolle aufstecken und fixieren; Kopf mit Papierteig ummanteln und modellieren; trocknen lassen, bemalen; Papierrolle evtl. etwas kürzen; passende Kleidung nähen.

1

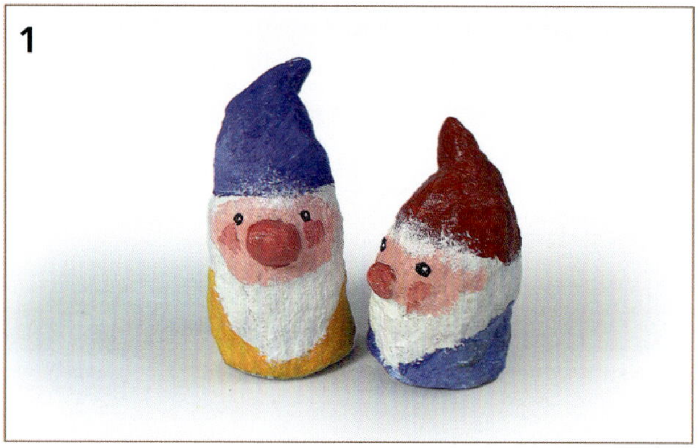

2

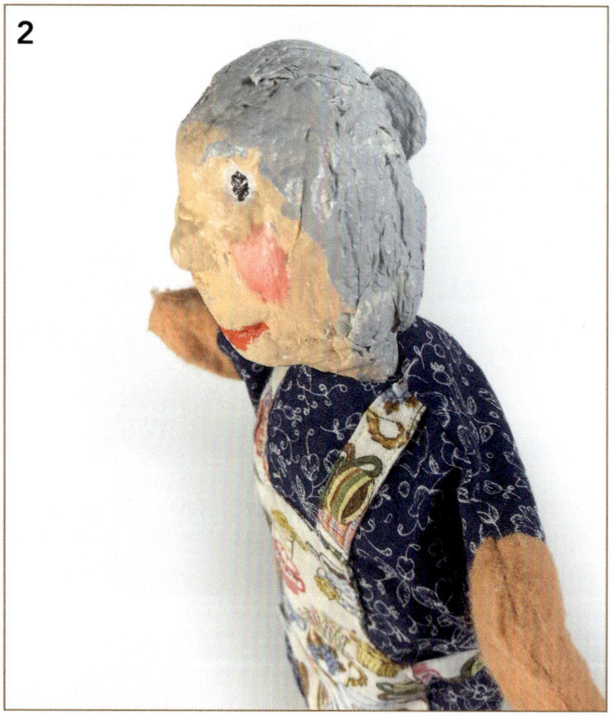

* **Einfache Figuren zum Spielen:** (Abb.1)
Beispiel: Wichtel (ähnlich wie der Weihnachtsmann), als Grundform ist auch ein Korken geeignet, der mit Pappmaché umkleidet wird.

3

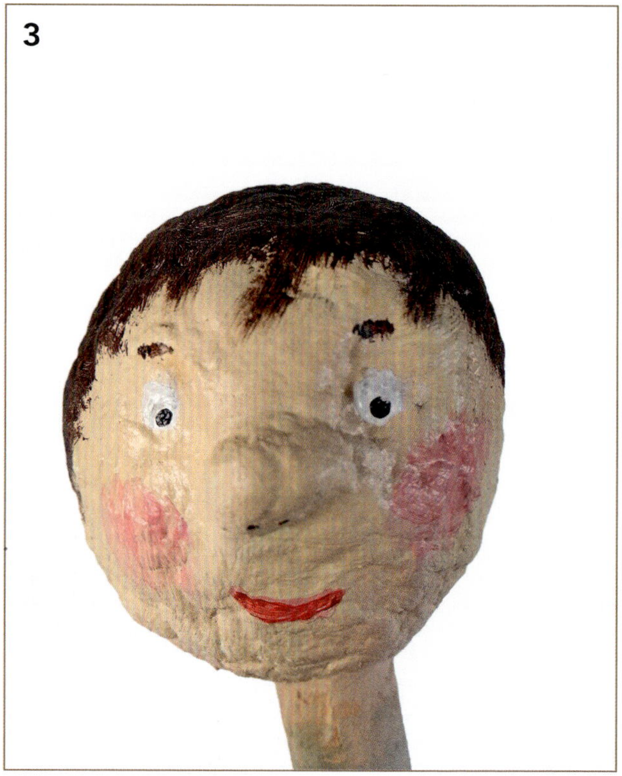

* Einen **Schuhkarton mit Kaschiertechnik** verschönern.
* Aus Plastikmüll ein **Fantasietier** zusammen kleben und mit Kaschiertechnik, Pappmaché und Farbe verkleiden (ein tolles Video dazu ist auf dem YouTube Kanal von Martina Reis zu sehen!)
* Eine **Erdkugel und/oder einen Planeten** mit Kaschiertechnik aus runden Ballons entstehen lassen.

- **Projekte aus diesem Buch, die sich für Kinder eignen** (teilweise je nach Alter mit mehr oder weniger Unterstützung durch Erwachsene): die Osterhasen, die Gewürzschalen, die Kühlschrankmagneten, die Vögel, die Halsketten.

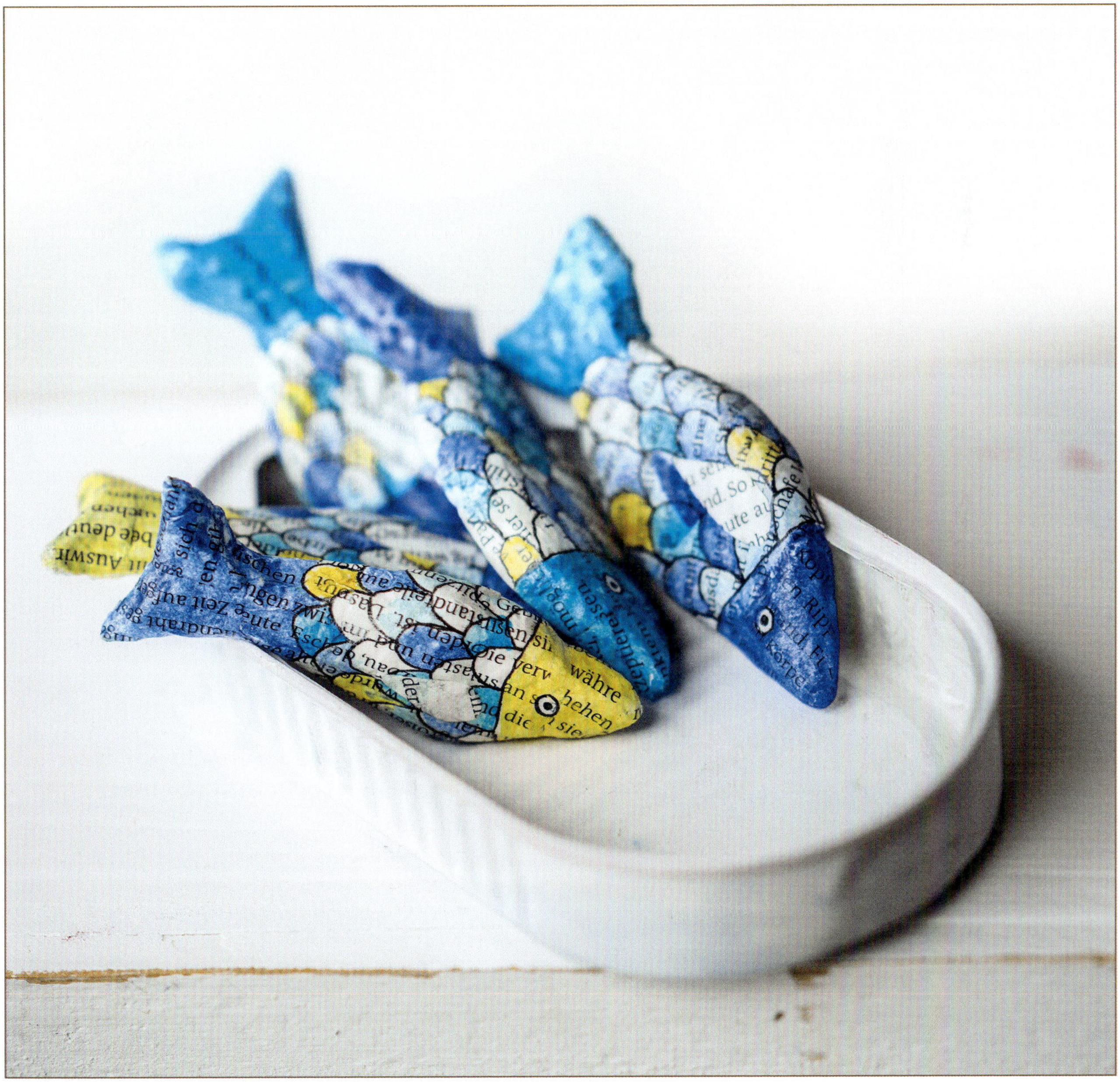

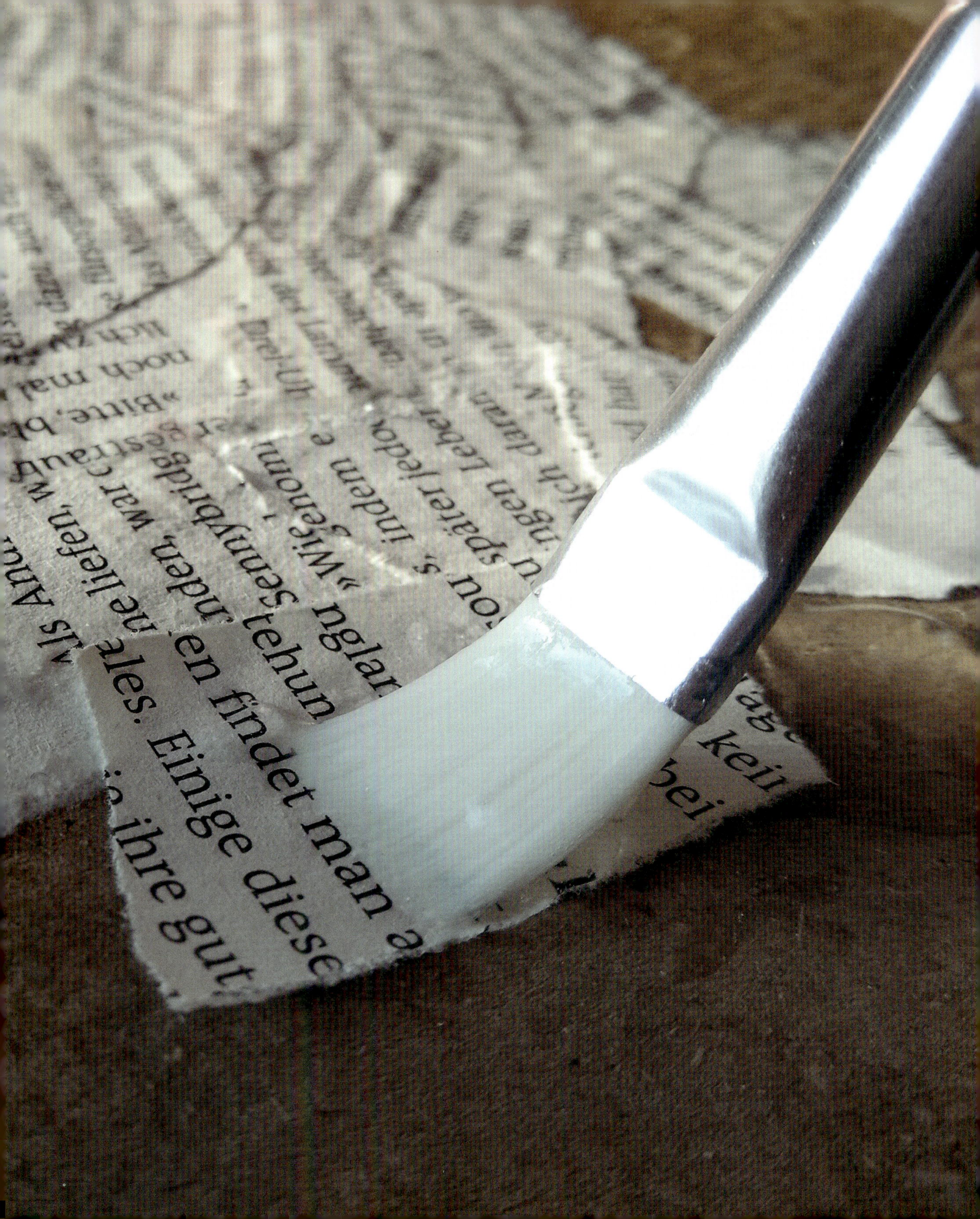

»Bitte, b
noch mal
Einige diese
findet man
ihre gut
kein
bei

Kaschiertechnik

Oft wird die Kaschiertechnik fälschlicherweise als Pappmaché bezeichnet. Das ist zwar nicht ganz korrekt, aber tatsächlich gehören Pappmaché und Kaschiertechnik einfach zusammen.

Kaschieren ist die einfachste Möglichkeit, mit Papier und Kleister zu arbeiten: Dabei werden Schichten von kleingerissenem (nicht geschnittenem!) Papier auf einen Untergrund gekleistert. Beispiele dafür, wie du mit Kaschiertechnik arbeiten kannst, findest du bei den Projekten: Kühlschrankmagnete, Figuren, Osterhasen, Osterei, Christbaumkugeln, Helm (Kapitel Pappmaché mit Kindern), Girlande.

Du benötigst dafür: Kleister

- 100 – 150 ml Wasser
- ein Schraubglas
- 1 TL Kleisterpulver (kein spezielles für Vliestapeten o. ä. verwenden!)

Wasser in das Schraubglas geben, Kleisterpulver hinzufügen und ca. 20 Minuten warten, bis keine weißen Klümpchen mehr zu sehen sind.

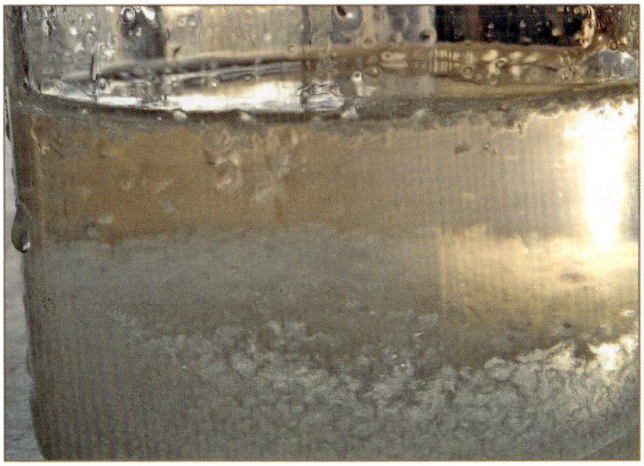

Dabei ab und zu schütteln oder umrühren. Das Glas im Kühlschrank aufbewahren. Dann hält der Kleister einige Wochen. Wenn er nicht mehr gelartig ist, sondern flüssig wird, muss er entsorgt werden.

Papier und anderes Material zum Kaschieren

Hier einige Ideen, womit du kaschieren kannst:

- Zeitungspapier
- Seiten aus einem ausrangierten Buch
- Notenpapier
- Geschenkpapier
- Butterbrotpapier
- Transparentpapier
- (farbiges) Kopierpapier
- Papier aus Zeitschriften
- Servietten
- Landkarten
- Schmuckpapier
- getrocknete Blätter
- Stoff

Je kleinteiliger und verwinkelter die zu kaschierende Form, umso kleiner sollten die Papierschnipsel sein.
Das Papier wird komplett durchweicht und ist somit besonders form- und glättbar. Die vormals weiche Schicht wird nach dem Trocknen erstaunlich hart und stabil.

Vorgehen:
Streiche mit einem Pinsel oder mit den Fingern Kleister auf den Untergrund, lege gerissene Papierschnipsel dicht an dicht bzw. leicht überlappend auf und kleistere erneut mit Pinsel oder Händen darüber (siehe unten).

Veredeln von kaschierten Dingen:
Ist die Papier-Kleisterschicht getrocknet, kannst du auch auf kaschierten Oberflächen noch mit Farbe oder Stiften arbeiten (s. rechts) oder die Fläche mit Lack überziehen.

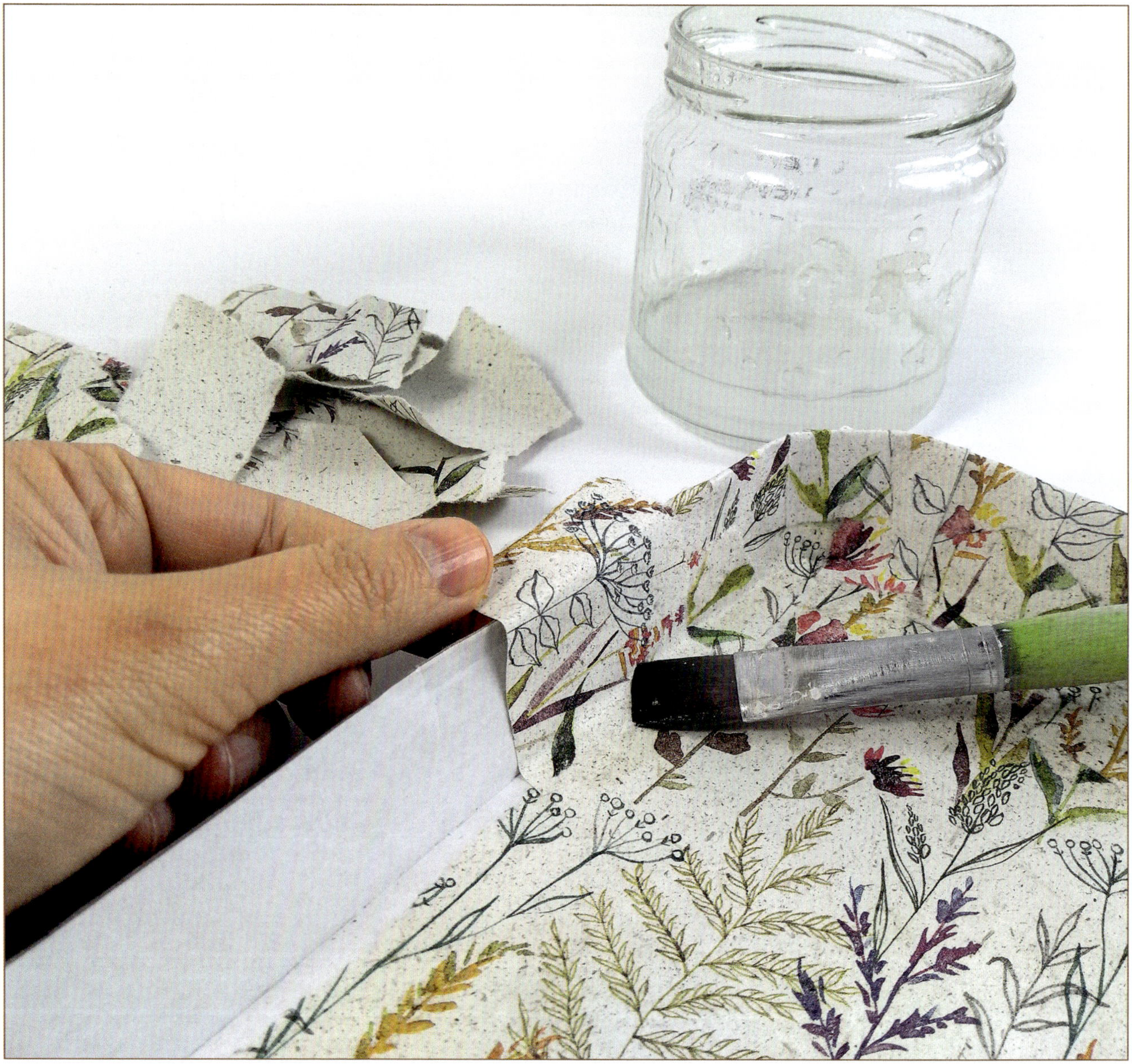

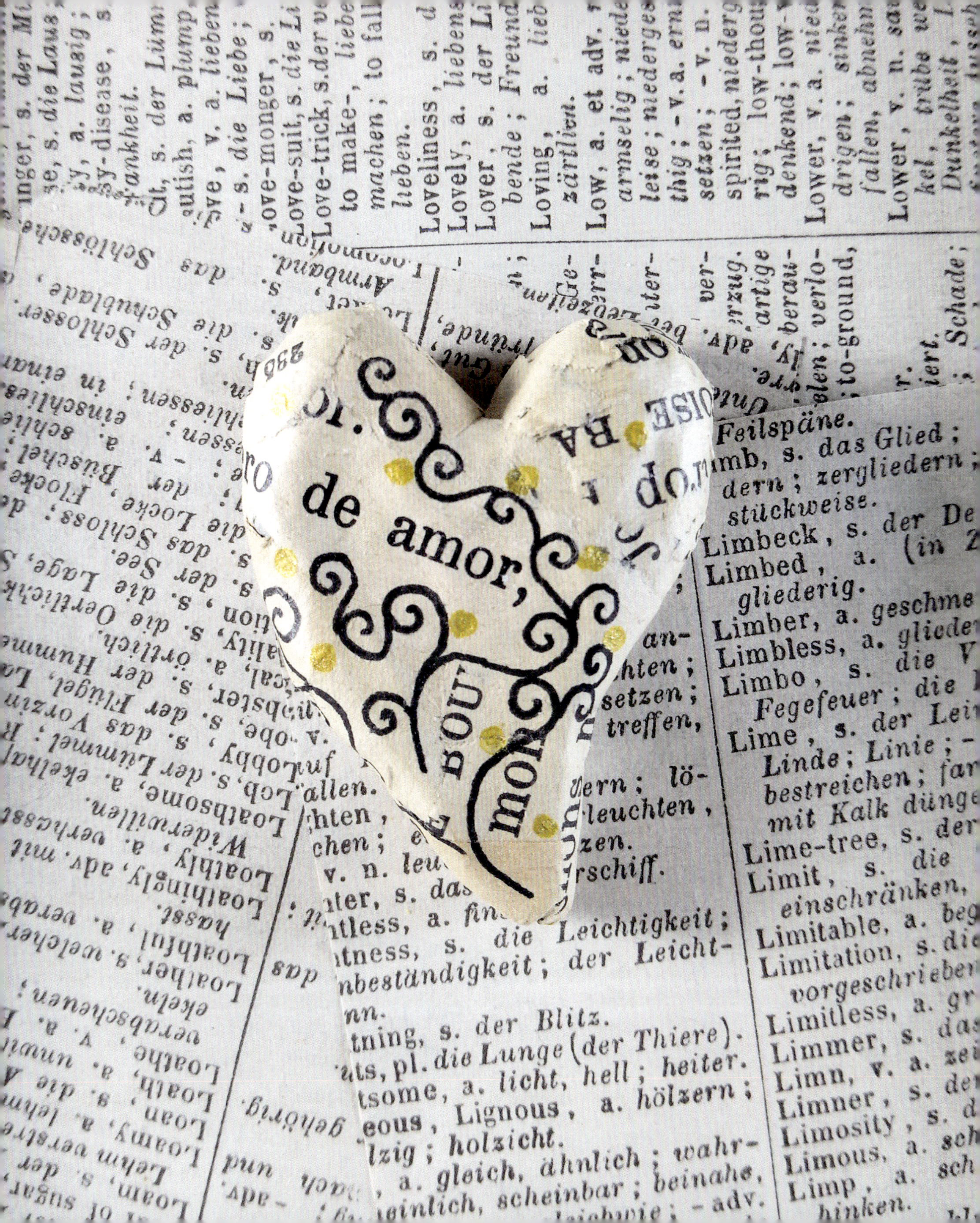
de amor,

Große Projekte

Pappmaché eignet sich wie kaum ein anderes Material, um auch sehr große Dinge zu modellieren. Zum einen kostet es wenig, viel Modelliermasse herzustellen – zum anderen sind die Objekte nach dem Trocknen trotz ihrer Größe immer noch vergleichsweise leicht.

Ich habe mich in diesem Buch trotzdem bewusst hauptsächlich auf kleinere Objekte aus Pappmaché beschränkt. Aber vielleicht gibt es ja den einen oder die andere, die durch die Beschäftigung mit dem Material Lust bekommt, sich auch an richtig große Modelle zu wagen.

GROSSE MENGEN PAPIERTEIG HERSTELLEN

Für viele Menschen ist es wahrscheinlich am praktikabelsten, **mehrere Portionen Papierteig nacheinander herzustellen**, um ein größeres Objekt zu umkleiden. Für die Schnecke habe ich zum Beispiel 1 kg Papier in 4 Portionen nach und nach verarbeitet (das ist das 20-fache Grundrezept).

Um **extrem große Mengen Papierteig auf einmal herzustellen** wird die Papiermasse in einem Eimer oder Maurerkübel angesetzt. Wenn du schon etwas Erfahrung mit Pappmaché gesammelt hast, ist die Herstellung des Teiges auch ohne genaues Abwiegen (einfach nach Gefühl) möglich.

Mit einem auf die Bohrmaschine aufgesetzten Mörtelquirl kann die Masse durchmischt und zermatscht werden. Evtl. mit einem Pürierstab noch feiner zermusen.

Das Ausdrücken der Papiermasse muss in mehreren Portionen erfolgen.
Das Zusammenkneten von Papier, Kleister und anderen Zutaten braucht je nach Menge viel Zeit und Kraft. Ist die Masse zu feucht, kann evtl. noch Mehl hinzugefügt oder es können noch einmal einzelne Portionen ausgedrückt werden. Ist sie zu trocken, evtl. noch etwas Wasser beimischen.

GROSSE OBJEKTE GESTALTEN

Für ein großes Objekt braucht man immer ein Untergestell oder ein Grundmodell, auf das die Masse aufgebracht wird. Wunderbar funktioniert das mit einem Grundgerüst aus Kaninchendrahtzaun. Dieser wird auf einem stützenden Untergestell (z.B. aus Holz, Abb.1) in die gewünschte Form gebracht (Abb.2).

1
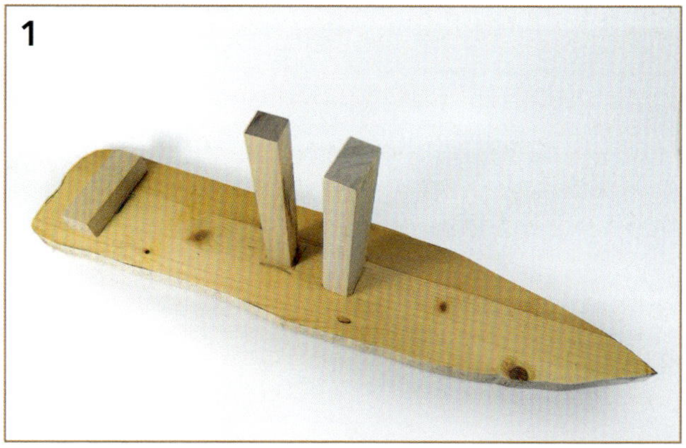

2
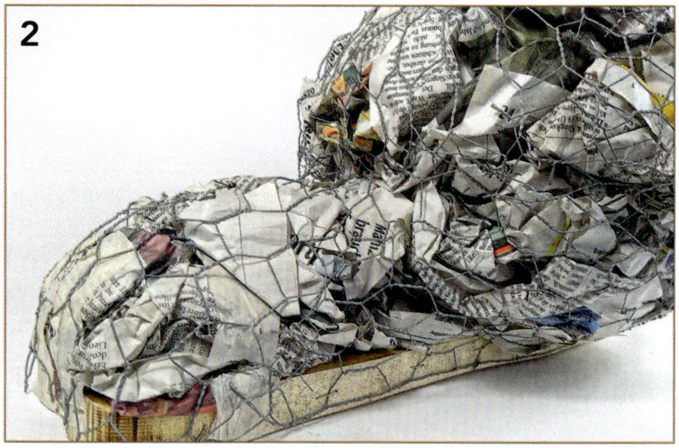

Dabei wird der Zaun am Holz festgetackert oder mit kleinen Krampen befestigt (Abb.2). Die Form sollte gut mit zerknülltem Zeitungspapier ausgefüllt werden (Abb.3). Herausstehende Drahtenden werden nach innen gebogen (Handschuhe verhindern Kratzer und Verletzungen!).

3

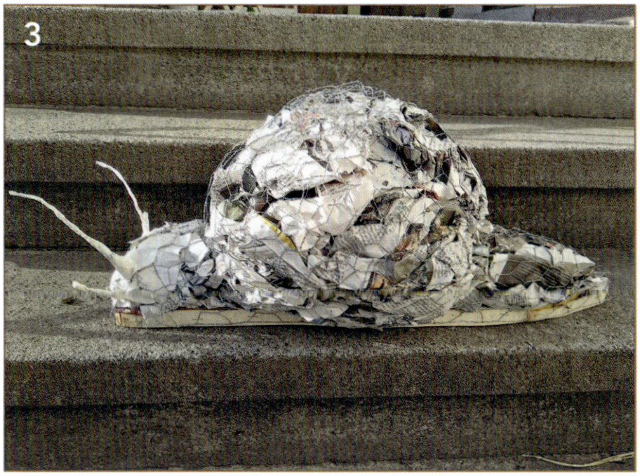

Dann bestreicht man größere Zeitungspapierstücke mit Kleister, umkleidet die Kaninchendraht-Form flächig damit und lässt alles gut trocknen (Abb.4).

4

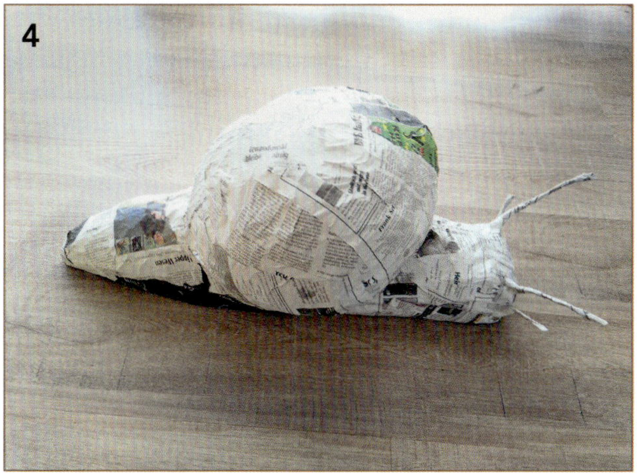

5

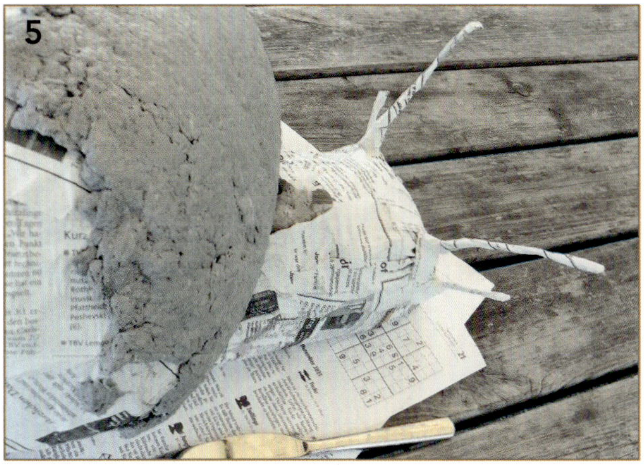

Auf die nun geschlossene Oberfläche kann jetzt nach und nach Pappmaché aufgetragen, modelliert und glattgestrichen werden (Abb.5). Lieber nicht zu dicke Schichten auftragen, sondern trocknen lassen und erst dann weitere Schichten aufbringen (Abb.6)!

6

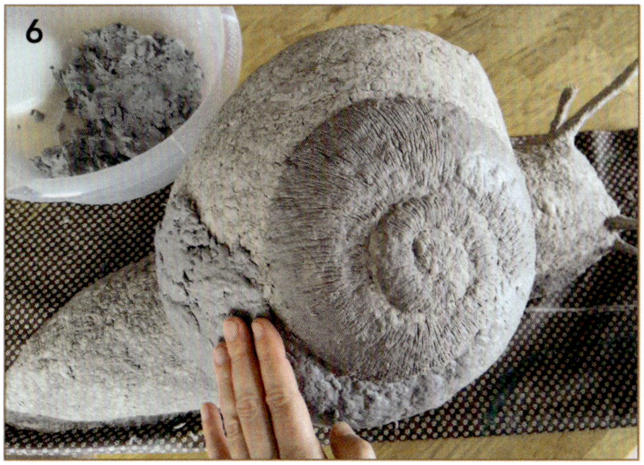

Beim Trocknen treten gerade bei größeren Objekten mit hoher Wahrscheinlichkeit Risse auf, die mit frischem Teig (aus dem Kühlschrank) zugestrichen werden.

Nach dem gründlichen Trocknen kann ein deckender Anstrich mit Wandfarbe oder Gesso den Untergrund für eine individuelle Bemalung bilden (Abb.7).

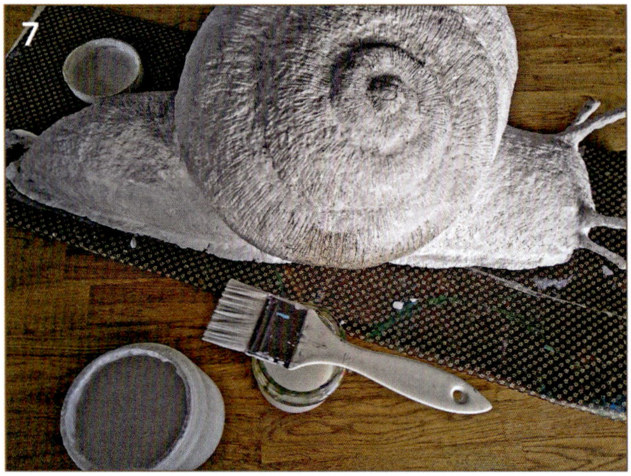

Auch eine Nachbearbeitung der Form durch Schleifen oder Feilen ist natürlich möglich. Eine ausführlichere Anleitung für die gezeigte Schnecke findest du in meinem Blog unter www.pirlipause.de.

TIPP:
Man muss bedenken, dass die Papiermasse im feuchten Zustand – je nach Größe des Objekts – sehr schwer sein kann. Das Untergestell muss diesem Gewicht auch standhalten können!

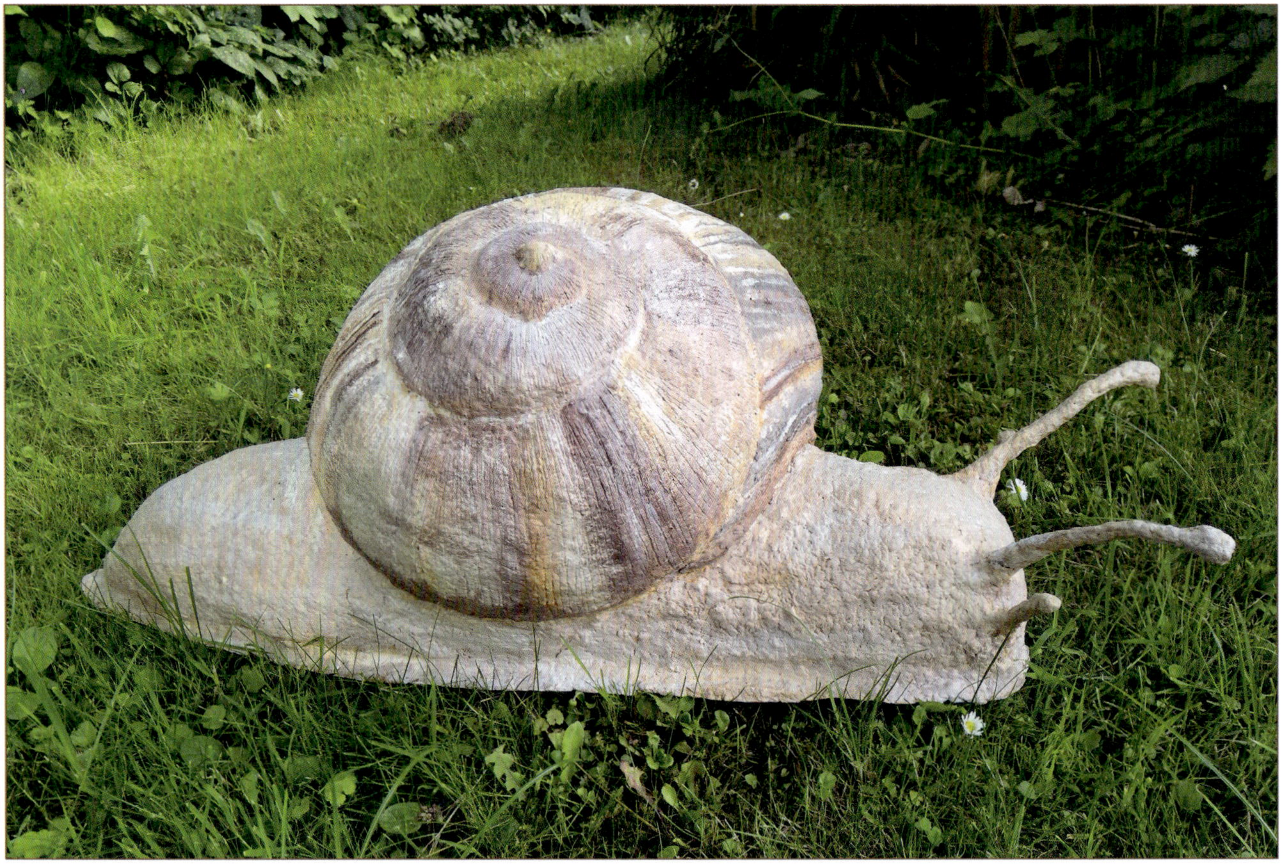

Nachhaltigkeit

Beim Arbeiten mit Pappmaché ist für mich ein ganz wichtiger Aspekt die Wiederverwertung von Abfallmaterial. Das spart im Vergleich zur Herstellung von neuen Dingen:

- Wasser
- Energie
- Material
- Transportwege
- Kosten

Zwar benötigt man für die Reinigung der Abfallstoffe im Haushalt ebenfalls Wasser und Energie. Im Vergleich zur industriellen Neuherstellung ist das jedoch deutlich weniger.

Nachhaltiges Handeln macht mich einfach glücklich – besonders, wenn bei der Wiederverwertung auch noch wirklich schöne Dinge entstehen. Mag sein, dass Knetmasse aus Kunststoff in mancher Hinsicht bequemer ist: Die Masse kann fertig gekauft werden, sie ist meist geschmeidiger und trocknet schneller. Aber nachhaltiger ist Pappmaché.

Bei der Arbeit an meinem Buch tauchten für mich allerdings immer wieder Grundsatzfragen auf: Das Internet ist z.B. voll von Pappmaché-Rezepten, bei denen ausschließlich und große Mengen Toilettenpapier verwendet werden. Ja, Toilettenpapier löst sich besonders gut in Wasser und die Papiermasse wird etwas geschmeidiger. Aber will ich, dass Toilettenpapier (oder ungebrauchtes Kopierpapier) energieaufwändig produziert wird, damit ich Pappmaché herstellen kann – wenn es auch anders geht? (Eine Ausnahme für ganz kleine Pappmaché-Mengen finde ich in Ordnung.) Außerdem las ich auch von diversen Zusätzen, die die Verarbeitungseigenschaften von Pappmaché-Masse wirklich zu verbessern scheinen, z.B. Fliesenkleber. Bei der genaueren Auseinandersetzung mit den Inhaltsstoffen habe ich dann aber für mich beschlossen, dass ich den Einsatz solch giftiger und umweltschädlicher Substanzen für den Hobbybereich nicht rechtfertigen kann.

Das führt zu einem schwierigen Bereich: den Farben. Sehr viele Künstler- und Bastelfarben, die es auf dem Markt gibt, sind nicht umweltfreundlich. Auch Acrylfarben nicht. Es gibt zwar Alternativen (z.B. Eitemperafarbe oder Farben auf Kaseinbasis). Allerdings ist deren Handhabung meist erheblich komplizierter, die Kosten sind höher, die Beschaffung ist aufwändiger. Diese Hürden wären wahrscheinlich für die allermeisten Menschen dann doch zu hoch ... Aus diesen Gründen konnte ich die Acrylfarbe nicht, wie ich es mir eigentlich gewünscht hätte, aus diesem Buch verbannen.

Ich zeige aber einige Möglichkeiten, um den Einsatz von Acrylfarben zumindest zu reduzieren:

- über die Farbigkeit des Papierteiges, die sogar mit ganz natürlichen Farben aus Gemüsen oder Gewürzen erreicht werden kann (s. S. 98 Farbliche Gestaltung, Gewürzschalen)
- mit Kaschiertechnik (Osterhasen, Vögel, Kühlschrankmagneten)
- durch Einsatz von Wasserfarben (s. S. 64 – Kühlschrankmagneten, Girlande)

Vielleicht werden sich in Zukunft auch umweltfreundlichere deckende Farben auf dem Markt etablieren – wobei die Entwicklung einer guten, nachhaltigen Farbe gar nicht so einfach ist! Es kommt auch vor, dass neue Farbrezepturen als revolutionär umweltfreundlich vermarktet werden – bei näherem Hinsehen sind sie es aber gar nicht. Auch auf meiner Website (www.pirlipause.de) setze ich mich mit diesem Thema auseinander.

Wie ist es zu bewerten, wenn man Plastikmüll mit Papierteig umkleidet? Ich bin mir unschlüssig. Einerseits ist es Upcycling. Andererseits schafft man eine Verbindung zwischen Plastik und Papier, die nachher bei der Entsorgung eine Mülltrennung schwierig macht. Entscheide selbst! Du kannst überall da, wo Plastik als Inneres für eine Pappmaché-Figur vorgeschlagen wird, auch aus Zeitungspapier und Malerkrepp eine Alternative schaffen.

Vielfach wird von Künstlern mit viel Styropor/Styrodur oder mit Bauschaum als Gerüst für Pappmaché-Projekte gearbeitet – das sind dann oft große Mengen an Kunststoff! Oder es wird Alufolie oder Frischhaltefolie eingesetzt, um Abformungen zu machen oder als Trennmittel zwischen Teig und Form (s. S. 119). Ich versuche, Alternativen zu finden und verwende als Trennmittel zum Beispiel lieber Stoff oder Fett. Wenn wir mal etwas ins Haus bekommen, was in Alufolie gewickelt ist, bewahre ich (unverschmutzte) Folie für Bastelzwecke auf.

Es kommt einem manchmal so wenig vor, was man tun kann, um zum verantwortungsvollen Umgang mit unserem Planeten beizutragen. Aber wichtig finde ich vor allem, dass man beginnt, sich wirklich Gedanken zu machen über das eigene Verhalten. Denn „wenn viele kleine Leute an vielen kleinen Orten viele kleine Schritte tun, werden sie das Gesicht der Welt verändern" (afrikanisches Sprichwort).

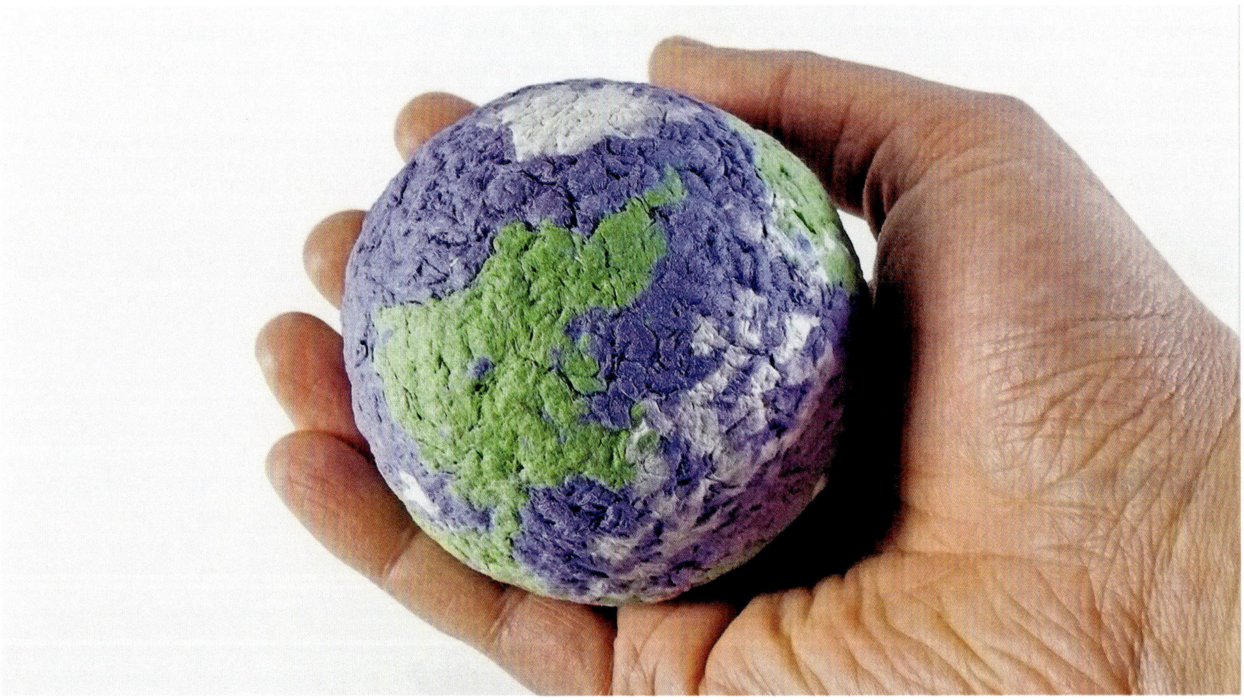

Weiterführende Links

www.martinareis.de – Martina Reis ist eine deutsche Künstlerin, die viel mit Pappmaché arbeitet und einen sehr virtuosen Umgang mit diesem Material hat. Auf ihrer Seite findest du inspirierende Videotutorials und Infos zum Thema. Sie hat auch zwei Bücher über Pappmaché geschrieben.

Hier eine (ungeordnete) Sammlung von Künstlerinnen aus aller Welt, deren Websites zeigen, wie unglaublich verschieden Pappmaché aussehen kann:
https://annettemeinckenagy.com
https://www.koenigsfigurine.de
http://www.paetel-kunst.de/index.html (Die Objekte von Roswitha Paetel sind aus Pappmaché, auch wenn sie nicht so aussehen!)
https://melaniebourlon.com/sculpture-papier-mache/
http://pulphokblog.blogspot.com/
https://fattidicarte2.wixsite.com/mariapiagambino
https://www.ultimatepapermache.com
https://www.annavanbohemen.nl/
https://masayokeizuka.com/
https://cathpreusscreations.com/creations

Danke

Meiner Familie für ihre Toleranz und ihr Verständnis, wenn es in der Küche mal wieder so aussah, als gäbe es in nächster Zeit nur noch Papierbrei zu essen! Im Besonderen meinem Mann Joachim, der mir immer wieder Mut für dieses Buchprojekt gemacht hat.
Und meiner Tochter Henrike, die mittlerweile meine Leidenschaft für kreatives Werkeln mit mir teilt und schon richtig gute Ideen einbringt (Der lesende Hase auf S. 129 ist von ihr).

Ein ganz besonderer Dank gilt meiner Fotografin Anne Schulz. Wenn ich ihre Fotos von meinen Objekten zum ersten Mal sehe, ist das für mich wie Weihnachten und Geburtstag zusammen. Sie macht eine unglaublich professionelle Arbeit mit ganz viel Liebe und Hingabe.

Dr. Jens Schaak, der mir bei meiner Recherche zum Thema „Umweltfreundlichkeit von Acrylfarben und mögliche Alternativen" sehr unterstützt hat – hier brauchte es das Fachwissen eines Chemikers. Das Ergebnis war gleichzeitig ernüchternd und erhellend und wird mich noch eine Weile weiter beschäftigen.

Meiner Ansprechpartnerin beim Christophorus Verlag, Svenja Wiglinghaus, für eine stets freundliche und konstruktive Zusammenarbeit.

Impressum

Autorin: Dorothea Katharina Schmidt
Stepbilder: Dorothea Katharina Schmidt
Moodfotos & Styling: Anne Schulz
Produktmanagement: Svenja Wiglinghaus
Lektorat: Sigrun Borstelmann
Korrektorat: Anna Maier
Umschlaggestaltung: Irina von Feury, Kathleen Baumann
Layout und Satz: Ina Mielkau
Repro: LUDWIG:media
Herstellung: Kathleen Baumann
Printed in Slovakia by Neografia

★★★★★

Sind Sie mit diesem Titel zufrieden? Dann würden wir uns über Ihre Weiterempfehlung freuen. Erzählen Sie es im Freundeskreis, berichten Sie Ihrem Buchhändler oder bewerten Sie beim Onlinekauf.
Und wenn Sie Kritik, Korrekturen oder Aktualisierungen haben, freuen wir uns über Ihre Nachricht an Christophorus Verlag, Postfach 40 02 09, 80702 München oder per E-Mail an lektorat@verlagshaus.de.

Unser komplettes Programm finden Sie unter

www.christophorus-verlag.de

 In diesem Buch wird aus Gründen der besseren Lesbarkeit das generische Maskulinum verwendet. Weibliche und anderweitige Geschlechteridentitäten werden dabei ausdrücklich mitgemeint, soweit es für die Aussage Herstellernachweis:Dieses Buch wurde freundlicherweise unterstützt durch Materialien von www.Rayher.com

Herstellerverzeichnis: buttinette Textil-Versandhaus GmbH, www.buttinette.com

Die Deutsche Nationalbibliothek verzeichnet diese Publikation in der Deutschen Nationalbibliografie; detaillierte bibliografische Daten sind im Internet über www.dnb.de abrufbar.

ISBN 978-3-8388-3811-3

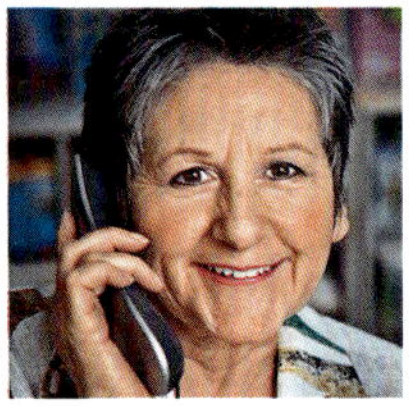

Kreativ-Service

Sie haben Fragen zu den Büchern und Materialien? Frau Erika Noll ist für Sie da und berät Sie rund um alle Kreativthemen. Rufen Sie an! Wir interessieren uns auch für Ihre eigenen Ideen und Anregungen. Sie erreichen Frau Noll per E-Mail: kreativ-service@c-verlag.de oder Tel.: +49 (0) 89 13 06 99 - 577.

Besuchen Sie uns im Internet: www.christophorus-verlag.de & www.selbstgemacht.de